美国早期史研究丛书
主编 李剑鸣

美国早期的商业公司与政治文化

董 瑜 著

生活·讀書·新知 三联书店

Copyright © 2025 by SDX Joint Publishing Company.
All Rights Reserved.
本作品版权由生活·读书·新知三联书店所有。
未经许可，不得翻印。

图书在版编目(CIP)数据

美国早期的商业公司与政治文化/董瑜著.—北京：生活·读书·新知三联书店，2025.6.—(美国早期史研究丛书).—ISBN 978-7-108-07903-9

Ⅰ.F737.129；D771.29

中国国家版本馆 CIP 数据核字第 2024H9M943 号

策划编辑　成　华
责任编辑　芶娇娇
封面设计　刘　俊
责任印制　洪江龙

出版发行　生活·讀書·新知 三联书店
　　　　　(北京市东城区美术馆东街22号)

邮　　编　100010
印　　刷　江苏苏中印刷有限公司
版　　次　2025年6月第1版
　　　　　2025年6月第1次印刷
开　　本　880毫米×1230毫米　1/32　印张　12.5
字　　数　254千字
定　　价　78.00元

总　序

美国历史的分期与我们所熟悉的模式大不一样，早期史并不是美国的"古代史"。一般认为，美国是一个年轻的移民国家，没有自己的"古代"可言。不过，许多美国史家并不接受这种观点。目前在他们中间通行的看法是，美国历史并非欧洲移民及其后裔的独角戏，数万年前迁来美洲的印第安人，17世纪以降大量进入北美的非洲黑人，都是美国历史的主角。这样一来，美国也就有了自己的"古代"，因为印第安人在当今美国范围内的繁衍生息已达数万年之久，而构成美国历史角色的其他族裔，也大都拥有自己悠久的历史和文化传统。尽管如此，美国史学界惯用的历史分期，却没有采用"古代""中古"和"现代"这种常见的三分法，而是通常分成"殖民地及建国时期""19世纪"和"20世纪初以来"三大段。

照这样说来，"殖民地及建国时期"很自然地就是美国的"早期史"。可是，事情也不是这样简单。根据目前美国通行的早期史叙事结构，"早期美国"（early America）还可细分为五个阶段。

第一个阶段是印第安人与欧洲人接触以前的漫长时期（也称"前哥伦布时期"或"1492年以前"），而美国的历史教科书或通论性著作，一般都包含1492年以前西欧、西非（乃至整个非洲）和北美（乃至整个美洲）的历史叙述。这也就极大地扩展了美国早期史所涉及的空间范围。第二个阶段称作"三个世界的相遇"，在时间上大致相当于从1492年（或1450年）到1600年（或1620年），也就是欧洲人、印第安人和非洲黑人在今美国版图内开始接触的时期。第三个阶段通称"殖民地时期"，只是其开端的年份向来众说纷纭，有1492年（哥伦布首航美洲）、1585年（英国人在罗阿诺克建立第一个定居地）、1607年（英国人在詹姆士敦建立永久定居地）及1619年（第一批20余名黑人被荷兰人卖到弗吉尼亚）等多种说法。第四个阶段是"美国革命时期"，其起讫年份也不止一说，而较为常见的是1763—1789年。最后一个阶段则是联邦政府成立后的一个时期，美国学者习惯称作"早期共和国"（the early republic）或"建国初期"（early national period）。关于这个阶段的时间下限，美国史家也没有一致的意见。有的把下限置于1812年战争结束（威廉-玛丽学院的"欧姆洪德罗早期美国历史与文化研究所"设定的下限即为1815年），有的延至杰克逊当政时期，还有的把内战爆发前的整个时段都纳入"早期共和国"的范畴（宾夕法尼亚大学的"麦克尼尔早期美国研究中心"所取的时间下限为1850年）。不过，关于"早期美国"的具体时段及起讫，无论存在多大的分歧，对于具体的研究实践都没有太大的影响；许多论著往往跨越不同的时段，有些则依据纯粹的通用历法时间来标示研究的时段。相对而言，最受美国史家重视、研究最为细致深入的时段,乃是17、18世纪,其中尤以关于18世纪的论著为多。目前,中国的美国史研究者还没有就早期史的分期进行深入讨论,一般都采取模糊处理的办法,把19世纪三四十年代以前的时段都归入美国的"早期"。

以往美国史研究界流行一种未曾言明的看法,认为美国成为世界大国后的历史才是关注的重点,这样的研究也更有学术价值和现实意义。这似乎带有某种"学术势利眼"的意味。我们知道,无论是个人的经历,还是一个社会、一个国家乃至全球的历史,都是一个在时间之流中不断变化的过程,没有上游,何来中游和下游;不明了从前,也就无法理解后来。更何况,越早的历史通常越容易遭到遗忘或扭曲,因而也就越需要加以认真地发掘、辨析和诠释。再则,美国历史具有较为突出的连续性,各个种族和族裔之间虽有混血和同化,但其关键的生物学和文化的特征,均得以比较完整地保留和延续;尤其是美国建国时期的价值、原则和制度,一直沿袭至今,当前美国人表达思想的语言,处世和做事的方式,都与早期有着鲜明的联系。这表明,美国早期史具有不可替代的研究价值。不过,有很长一个时期,美国史家习惯于把早期(尤其是殖民地时期)视作美国历史的前奏或背景,研究这个时期的目的在于了解美国制度和文化的渊源。经过数代美国史家的努力,早期美国的方方面面,从整个英帝国到每个殖民地,从滨海城镇到内陆边疆定居点,从政治制度到人口变动,从党派斗争到日常生活,从生产贸易到生老病死,几乎每个角落都被探查过,也几乎没有什么问题未经他们反复讨论。于是,美国早期史研究终于取得了独立的身份,成为一个自主的研究领域。研究美国早期史,首先是为了探究这个阶段自身的历史变迁,其次才是为理解此后及当前的美国提供线索或参照。

在美国史学史上,尽管也曾有人抱怨早期史遭到忽视,但总的趋势还是研究不断扩大和深入,学术积累越来越深厚,大家和名著也指不胜屈。这个领域包含美国历史的若干经典课题,比如美国历史和文化的开端,资本主义的起源,美国革命和建国,以及美国内战的根源等。近年来又有不少颇受关注的新课题,比如奴隶制和种族主义的起源,大西洋世界的形成和演变,英国第一帝国体制的兴衰,等等。围绕这些课题,美国史学界争议频发,新说迭出,其中自然不乏名家名作。美国史学向来有"趋新求变"的冲动,早期史研究的重点和方向也不断变化,社会史、文化史、情感史迭次兴起,底层民众、边缘群体和其他遭到忽视的人群被视为历史的主角,日常生活和零星的抗争成了热门的题材;在思想取向上则不断挑战精英主义,一心要颠覆"美国例外论"。目前,美国早期史又与"身份政治"紧密结合,同种族(尤其是黑人和印第安人)、性别(尤其是妇女)和性取向(尤其是非异性性取向)相关的题材,成为研究界的"新宠",而传统的重大题材和精英人物则退居边缘。如果说早先美国早期史研究的核心旨趣,在于探求美国走向伟大强盛的根源,那么当前美国早期史学者的最大关切,则是揭示美国的歧视、压迫和不公的由来,以及相应的抗争和变革的缘起。

长期以来,国内美国史研究者并未完全忽视早期史,黄绍湘、刘祚昌、齐文颖等前辈学者曾做过不少开拓性的努力,然则较大的进展还是出现在最近20余年。这主要得益于两方面的有利因素。一是研究条件的改善,特别是史料和其他文献的获取日趋便利;二是参与这方面研究的年轻学者不断增多,其论著的学术水准也大有提升。毫无疑问,任何点滴收获的取得都是饱含艰辛的,因为美国的早期史研究积累深厚,学说众多,学派林立,若要提出略有新意的见解,就必须穿越一条连峰叠嶂的险路。令人欣喜的是,国内的美国早期史研究者不惮艰难,稳步前行,在选题、史料、方法、框架和写作等各个环节,均取得了足可称道的进步。为了集中呈现国内美国早期史研究的可喜成绩,在生活·读书·新知三联书店的大力支持下,我们特意策划和推出这套丛书。

这套丛书的缘起和出版,也有一个颇为曲折的故事,得到过许多机构和师友的帮助。复旦大学历史学系和全球史研究院给予了有力的支持,生活·读书·新知三联书店在出版过程中更是不避烦难,终于玉成其事。常绍民、成华、黄洋、谭徐锋、王秦伟等好友,在出版方面提供了形式不一的帮助。此外,这套丛书还有几个值得留意的特点。丛书的每本书都出自年轻学者之手,其底稿大多是他们的博士学位论文,凝聚了多年苦心孤诣研究的所得。与美国史学界的情况类似,这些书在时段上也偏重18世纪和19世纪前期。在题材和主旨方面,这些书则属于政治史和文化史的范畴,或是两者的结合。由于我个人多年来的兴趣集中于美国早期史,所指导的研究生大多也从这个领域选题,因之本丛书的作者大多曾与我有过师生关系。在协助他们完成博士学业的过程中,我从他们那里获得了许多信息和启发,也经常得到他们的帮助,他们的研究成果和独立见解更让我倍觉欣悦。我相信,凡有兴趣翻阅丛书中任何一本的读者,也很可能会有喜出望外的收获。

李剑鸣

2024年8月于上海

目 录

引 言 001

第一章　为"公共利益"服务的设想　035

一　北美殖民地时期的特许公司　039
二　建国初期各州对商业公司的界定　045

第二章　各州建立商业公司的实践过程　081

一　围绕商业公司的利益竞争　083
二　相信美德与追求私利交织的世界　104
三　各领域商业公司的建立　126

第三章　商业公司引发的争论　135

　　一　各种反对商业公司的"声音"　138
　　二　关于商业公司授予权归属的争论　175

第四章　商业公司引发的社会冲突　193

　　一　乡村居民与商业公司之间的冲突　195
　　二　城市工匠与商业公司之间的冲突　223

第五章　商业公司属性的再界定　261

　　一　1819 年经济危机与民主化呼声　264
　　二　建国初期财产观念的变化　292
　　三　商业公司属性的变化与社会民主化　308

结　语　340
参考文献　348
索　引　379
后记　390

引 言

一

自19世纪末20世纪初,大企业在美国的社会经济中可谓叱咤风云,不仅促进了资本主义的发展,而且对社会结构和政治文化具有重要影响。作为大企业的前身,18世纪末到19世纪初的商业公司也具有举足轻重的地位。它从"公共组织"转变为"私人所有",从"特权机构"转变为"自由竞争的公司",这些关键演变对19世纪美国经济的发展产生了不可替代的影响,也奠定了后期大企业崛起的基础。那么,商业公司发生了何种演变?这些演变与美国建国初期政治文化之间有怎样的密切关联?这就是本书拟讨论的核心问题。

美国革命[①]后,国家面临严峻的经济衰退。各州政府不仅背

---

① 本书所论"美国革命",专指American Revolution,而非独立战争时期。在英文语境中,美国革命与独立战争是两个不同的概念。从概念的内涵上看,独立战争发生于 (转下页)

负了巨额债务,而且面临通货膨胀和金银匮乏的问题。随着人口定居点在不断扩张,糟糕的交通状况成为阻碍地区往来的障碍。为了改善国内经济状况,推动社会的"共同福祉",当时的一批政治精英提议在各州建立商业公司。在他们的推动下,商业公司相继涉足银行、交通、制造业和保险等各个领域。

在主张建立商业公司的政治精英看来,公司由各州政府颁发特许状而建立,其宗旨是增进公共利益,因此具有公共属性,是与自治市镇、医院、学校以及慈善机构没有分别的公共机构。各州政府赋予商业公司特权,并可直接参与对公司的管理与监督。此外,这些政治精英并不认为所有人都能组建商业公司。他们提出,要保持商业公司的公共服务目标,就要把组建资格限制在社会精英手中。在这样的原则下,建国初期商业公司的投资人与管理人几乎都是各行各业的精英。不过,建立与参与投资管理商业公司的社会精英并没有"无私"地为公共利益服务。相反的是,这些精英常常因为个人利益、党派利益和区域利益而极力支持有益于自己的商业公司,阻碍对自己无益的商业公司。可以说,商业公司的建立包含着各种复杂的利益关系。

这样的商业公司引发了极为激烈的争论和社会冲突。从 18

(接上页)1775—1783 年,是英属北美殖民地为争取独立,与英国发生的军事冲突。而美国革命不仅涉及战争,还代表了美国政治与思想意识上的巨变。美国革命包含三个相互关联的历史运动:独立战争、国家构建与社会改造。约翰·亚当斯(John Adams)在谈及美国革命的内涵与意义时提到,革命不等于独立战争,"人民在原则、意见、观点和感情方面的剧烈变化,乃是真正的美国革命"。参见李剑鸣:《从政治史视角重新审视美国革命的意义》,《史学集刊》2017 年第 6 期,第 5 页;李剑鸣:《意识形态与美国革命的历史叙事》,载李剑鸣著:《"克罗齐命题"的当代回响:中美两国美国史研究的趋向》,北京大学出版社 2016 年版,第 164 页。

世纪80年代起,众多反对派政治家、报刊编辑、政治经济学家和普通劳动者开始强烈批判商业公司。在众多反对者看来,拥有特权的商业公司加剧了社会的不平等,根本没有推动社会的"共同福祉",反而伤害了社会的共同利益。这些反对者有着各自不同的利益诉求,都在争取实现自己的主张。在反对商业公司的过程中,不同的利益群体汇合在一起,形成了"反特权"的联盟,与商业公司的支持者之间展开对抗。他们不断质疑国家权力运用的合理性,要求政府以更加平等的方式扩大利益分配。还有一些更加激进的人士则要求政府取消商业公司的特权。

在激烈的冲突中,各州政府对商业公司的态度发生了变化。政治精英以商业公司中的私有财产为根据,将商业公司与不含私有财产的自治市镇等公共机构区别看待。商业公司中的私有财产得到承认和保护,很多商业公司承担的职责减少了。投资人的个人职责开始与其在公司的资产份额相匹配,不再对公司的全部债务负责。到1830年,在关于商业公司的法律中普遍包含有限责任制。与此同时,商业公司拥有的特权开始松动,特权不被看作"永恒和绝对的"。各州法院的一部分法官开始相信,拥有特权的商业公司并不一定能推动社会的"共同福祉"。在19世纪30年代以后,各州相继撤销了商业公司的特权。虽然各州政府没有放弃利用商业公司推进社会的"共同福祉",但是可以看出,政府关于商业公司的制度安排改变了。商业公司的投资人和建立者不再局限于社会精英,更多的人参与投资,并从中获益;原先为了保证商业公司"公共特征"而采取的一系列政策被修改或者撤销。这些改变意味着,各州政府对商业公司属性的界定发生了变化。

实际上,商业公司之所以引发激烈的争论与冲突,与美国建国初期政治文化和社会经济变动密切相关。从18世纪80年代到19世纪30年代,在不同的历史语境中,政治精英对公共利益与个人利益的关系、私有财产观念等有复杂多样的理解。建国初期的政治精英为何通过建立商业公司推进"共同福祉"?不同政治立场、职业与社会地位的反对者又基于什么理念以反对商业公司?商业公司的支持者与反对者之间的分歧意味着什么?对商业公司属性界定的变化又意味着什么?笔者通过考察政治精英建立商业公司的设想与实践、商业公司引发的一系列冲突与争论,以及商业公司的变化,来一一解答这些问题。笔者将这场冲突看作国家与社会之间的博弈,对这场冲突引发的思想意识与制度变化进行探讨。通过这些探讨,本书探寻美国早期商业公司演变与政治文化之间的复杂关联,进一步分析美国建国初期的社会民主化进程。

二

在过去的100多年间,美国史学界涌现出相当多研究建国初期商业公司的论著。随着研究的不断深入,与商业公司相关的政策制度、思想意识、法律法规与社会变迁都成为研究重点。透过史学家的研究,商业公司的发展与转变已经不是单纯的经济问题,而是展现了一个时代的发展。

① "制度主义"与商业公司的研究

对美国建国初期商业公司的研究可回溯至 20 世纪初。在此之前,18 世纪末到 19 世纪初美国国内的经济状况被学者们忽视,他们认为这段时期美国经济发展主要依靠进出口贸易,国内经济的复苏停滞不前。[①] 直到 1903 年,西米恩·艾本·鲍德温在《美国历史评论》发表文章《1789 年之前的美国商业公司》,介绍了殖民地时期和建国初期商业公司的组建过程。[②] 在这之后,约瑟夫·斯坦克利夫·戴维斯借助大量书信、商业记录、报刊、杂志、小册子以及地方史材料等,对商业公司早期的发展进行全面描述,分析了商业公司的源起、发展阶段与种类。[③] 时至今日,他的著作仍然被视为研究商业公司的权威资料,其内容被众多研究论著引用。学者们的研究表明,美国建国初期并不是经济发展的"黑暗时期"。各州政府为推动商业和公共建设,颁发了一系列特许状,联合私人资金建立银行和保险公司,建设公路、铁路、运河和桥梁,发展制造业,这些商业公司为促进国内经济发展具有重要意义。而且,从制定的商业公司法来看,有学者认为在 1830 年代出现统一标准的公司法之前,各地的银行法、制造业公司法、运

[①] James L. Huston, "Economic Landscapes Yet to be Discovered: The Early American Republic and Historians' Unsubtle Adoption of Political Economy," *Journal of the Early Republic*, Vol. 24, No. 2 (Summer, 2004), p. 220.

[②] Simeon Eben Baldwin, "American Business Corporations Before 1789," *The American Historical Review*, Vol. 8, No. 3 (April, 1903), pp. 449 - 465.

[③] Joseph Stancliffe Davis, *Essays in the Earlier History of American Corporations* (Cambridge: Harvard University Press, 1917).

河法等已经具有现代法律的特征,反映了不断壮大的商业阶层的需要。① 但是,这个时期的研究成果也有明显缺陷。它们单纯地叙述美国早期商业公司和法令制定的发展过程,缺乏对美国早期社会历史情境的考察,论著长于叙事,疏于分析。

20 世纪 40 年代以来,"制度主义"学者为建国初期商业公司的研究带来新的视角。早在 20 世纪初,伴随着"进步主义运动"的改革浪潮,在经济史学家中就涌现出一批"制度主义"学者。他们没有秉持自由市场体系的理论,而是关注"政府、劳动团体、公司与其他社会利益集团"在经济发展中的作用。他们的研究不仅深化了大家对社会变迁的理解,而且将经济与政治主题拓展到更广阔的历史层面。②

在"制度主义"学者影响下,学者们认为早期商业公司的建立与发展并非由市场这只"看不见的手"主导,而是同各州政府密切相关。在他们看来,州政府没有实施自由放任的政策,而在内部改进、建立商业公司和公共援助等方面发挥了重要作用。正如罗伯特·A.莱夫利所说:"政府官员取代了私营业主,成为释放资本主义能量的关键;公共财富取代私人财产,成为资本的主要来

---

① Edwin Merrick Dodd, Jr., "The First Half Century of Statutory Regulation of Business Corporations in Mass.," in Morton Carlisle Campbell, Roscoe Pound, eds., *Harvard Legal Essays, Written in Honor of and Presented to Joseph Henry Beale and Samuel Williston* (Freeport: Books for Libraries Press, 1967); Shaw Livermore, "Unlimited Liability in Early American Corporations," *Journal of Political Economy*, Vol. 43, No. 5 (October, 1935), pp. 673 - 687.

② Cathy Matson, "A House of Many Mansions: Some Thoughts on the Field of Economic History," in Cathy D. Matson ed., *The Economy of Early America: Historical Perspectives & New Directions* (University Park: Pennsylvania State University Press, 2006), p. 4.

源;在发展地方经济的大目标中公共目的重于个人野心。"①在20世纪40到50年代相继出版的四部著作分别就马萨诸塞、宾夕法尼亚、新泽西以及佐治亚州政府在19世纪经济发展中的角色进行考察,论证了各州政府在广泛的经济活动中,特别是建立商业公司中发挥的重要作用。②不过,作者运用的研究方法不同,考察的侧重点也有差异。路易斯·哈茨分析了支持与反对商业公司的观点,肯定了宾夕法尼亚州政府在建立商业公司中的积极作用。他认为商业公司从公共机构演化为"私有",是美国民主进程的结果。汉德林夫妇则将考察重点放在商业公司建立与转变过程中的思想与社会根源上。他们指出,1820年之前,马萨诸塞殖民地以及村镇传统使人们相信"共同体是经济的有效动

---

① Robert A. Lively, "The American System: A Review Article," *Business History Review*, Vol. 1, No. 29 (March, 1955), p. 81.
② Oscar Handlin and Mary Flug Handlin, *Commonwealth: a Study of the Role of Government in the American Economy: Massachusetts, 1774 – 1861* (New York: New York University Press, 1947); Louis Hartz, *Economic Policy and Democratic Thought: Pennsylvania, 1776 -1860* (Cambridge: Harvard University Press, 1948); John William Cadman, Jr., *The Corporation in New Jersey: Business and Politics, 1791 – 1875* (Cambridge: Harvard University Press, 1949); Milton Heath, *Constructive Liberalism: The Role of the State in Economic Development in Georgia to 1860* (Cambridge: Harvard University Press, 1954). 研究州政府和国家推动经济发展的论著还包括:Guy Stevens Callender, "The Early Transportation and Banking Enterprises of the States in Relation to the Growth of Corporations," *The Quarterly Journal of Economic*, Vol. 17, No. 1 (November, 1902), pp. 111 – 162 (http://www.jstor.org/stable/1884713, 2009年4月2日获取); Carter Goodrich, *Government Promotion of American Canals and Railroads 1800 -1890* (New York: Columbia University Press, 1960); Carter Goodrich, "Internal Improvements Reconsidered," *The Journal of Economic History*, Vol. 30, No. 2 (June, 1970), pp. 289 – 311 (http://www.jstor.org/stable/2116870, 2009年4月2日获取); Goodrich ed., *Canals and American Economic Development* (New York: Columbia University Press, 1961).

力"。① "公共利益"是使商业公司特权合理和合法的关键。② 但是,1820年之后,社会一致性变弱,州政府需要建立针对个人的判断标准,以确保对所有人公平的条件,公司法便应运而生。③ 小约翰·威廉·加德曼以辉格党与民主党针对商业公司产生的政治分歧为线索,探讨了影响州政府颁发特许状成立商业公司的政治和经济因素。与前三者的历史分析方法不同,米尔顿·希思运用数学计量模式,通过精确数字论证佐治亚州政府在经济建设中的投入。他提出"建设性自由主义"的概念,指出"个人自由与群体行动互补,前者是后者的目标"。他认为州政府是经济推动者、保护者与规划者,这有别于自由放任,也与17—18世纪的重商主义不同。

总之,从政府政策入手考察商业公司,在研究方法上实现了突破。学者们运用的不再是高度抽象的市场调控理论,而是从具体的法律与政府制定制度的过程中探寻商业公司的发展。在他们看来,市场是看不见、摸不着的概念,相比之下,社会政策与经济制度对商业公司具有更直观的影响。而政府政策实际上是一种引导行为的态度与价值观,包含了可以接受的思考与行动的方式,汉德林夫妇在《共同体》中就对建立商业公司的社会价值观念进行了初步探讨。可见,从政府政策角度出发,研究的对象不仅有商业公司发展的行为本身,还有人们对待商业公司的态度。不过,无论分析具体的政府政策,或是探讨行为的价值观念,都无法

---

① Oscar and Mary Handlin, *Commonwealth*, p.61.
② 同上,第130页。
③ 同上,第186—191页,第203页。

勾画出商业公司发展的清晰轮廓,因为建国初期商业公司的发展变化涉及思想文化、法律与社会变迁等多个层面。只有对各专题不断深入研究,才能增进对商业公司转变的了解。

② 社会科学的运用与多角度探讨

20世纪50年代以后,史学家深受社会科学的影响,将经济学、政治学、文化人类学、心理学、社会学等领域的理论与方法融入历史研究。在研究领域不断扩大的同时,随着研究领域的交叉与新材料的涌现,专题化也成为史学发展的趋势。研究者在考察建国初期的商业公司时,分别结合了思想史、新社会史与法律史的研究成果,展现出更加丰富的商业公司发展景象。

1) 政治史领域的切入

20世纪60年代以来兴起的共和学派对商业公司的研究产生了重要影响。以伯纳德·贝林(Bernard Bailyn)、戈登·伍德(Gordon Wood)、约翰·波科克(J. G. A. Pocock)、兰斯·班宁(Lance Banning)为代表的一批史学家挑战了自由主义传统史学,认为"古典共和主义传统是美国革命话语和建国理念的思想来源"。[①] 尽管他们各自研究的重点有异,在具体问题上还存在分歧,但是他们的共和主义研究范式证实了美国思想的丰富与多元,为进一步理解美国早期史提供了新途径。于是,学者们将共和思想框架引入美国早期经济史研究,抛开经济自由主义发展线

---

① 袁靖《探寻美国革命的思想渊源——保罗·拉厄的〈古代和现代的共和国〉与共和主义范式之争》,载《史学集刊》2009年第5期,第38页。

索,重新审视美国的经济政策。德鲁·R.麦考伊(Drew R. McCoy)的《难以捉摸的共和制:杰斐逊时期的政治经济》(*The Elusive Republic: Political Economy in Jeffersonian America*)就分析了共和思想在革命后对经济政策的影响。作者认为,古典共和主义在与更加现代的美国社会互相碰撞与冲突中,发生了转变。时人意识到农业共和国不能维护共和体制,开始在商业与制造业体系下重新界定共和思想。古典共和思想同现代商业社会结合,形成新的更加复杂的共和思想。《哈佛法学评论》的一篇未署名文章中,作者考察了关于商业公司的争论与共和主义思想之间的关系。作者认为,随着商业公司发展为私人公司,共和主义的概念被重新界定。① L.雷·冈恩明确提出古典共和思想与流动的社会经济存在矛盾。他指出,在经济政策中,纽约政府完成了从积极参与者到监督者的角色转变。19世纪初期,受共和主义思想影响,政府积极参与组建商业公司,直接参与伊利运河(Erie Canal)建设,规范银行行为,以合法的秩序引导商业。但是19世纪30年代之后,政府的政策却成为经济发展的阻碍,州政府和立法机关权力逐渐衰落。最终,纽约在1846年修改州宪法,规定有限的立法权力,复苏司法机关,促成思想价值观念与体制的变革。② 总之,他们都认为在商业公司发展的背后,蕴藏着共和思想的变化。

伍德在《美国革命的激进主义》中则更彻底地将古典共和主

---

① "Incorporating the Republic: The Corporation in Antebellum Political Culture," *Harvard Law Review*, Vol. 8, No. 102 (June, 1989), pp. 1883-1903.
② L. Ray Gunn, *The Decline of Authority: Public Economic Policy and Political Development in New York, 1800-1860* (Ithaca: Cornell University Press, 1988).

义理想与民主制社会区分开来。他指出,美国革命后,"多种新型的关系"把人民凝聚在一起,使美国社会最终成为更加民主、平等、自由的民主制社会,而非古典共和主义者所设想的那种社会。其中,商业关系就是"多种新型关系"中的重要一环,商业公司的转变与发展是民主制社会进程中的一部分。①

不过,波林·梅尔(Pauline Maier)对伍德的观点提出挑战。她认为,建国初期的商业公司不能反映出美国社会由"共和"走向"自由民主",而意味着回归美国革命的思想。在《美国特许组织的革命传统》一文中,她指出1776年的革命是美国历史上的关键转折,带来思想上的创新,确立了共和制政体。这个时期的商业公司是人民主权的机构,在州议会的威权下为公共利益服务,代表了革命后最重要的集体主义形式,是美国革命的产儿。对于时人来说,商业公司的繁荣标志着美国联邦主义涵义的扩大,"整个政治体系"就是各种商业公司的延续。直到1900年之后,商业公司的公共服务目的才逐渐消失,转为获取私人利益的机构。② 可以看出,伍德与梅尔都从美国革命思想中寻找商业公司发展的答案,伍德强调竞争与利益是商业公司转变的关键,梅尔则认定为公共利益服务才是建国初期商业公司的基本特征。

伍德与梅尔的分歧可以说是在古典共和主义解释框架中的异议。但是,乔伊斯·阿普尔比(Joyce Appleby)却对共和主义范式解释革命和建国初期的历史提出质疑。作为坚持传统自由主

---

① Gordon S. Wood, *The Radicalism of the American Revolution* (New York: A. A. Knopf, 1992).
② Pauline Maier, "The Revolutionary Origins of the American Corporation," *The William and Mary Quarterly*, Vol. 50, No. 1 (January, 1993), pp. 51 - 84.

义观点的代表,她认为,共和主义解释框架并不能对开放和转变的社会做出信服的解释。18世纪90年代以来,全新的、追求平等和物质生活的社会是多种理性传统和巨大经济转变磨合互动的产物。在她看来,商业资本主义在美国革命之前就影响着人们的精神世界,革命后的政治经济思想复杂多样,在与环境反复互动中发展变化。① 根据阿普尔比的观点,无论是古典共和主义转向新共和主义,还是共和制走向民主制,都不能解释商业公司的发展与转变,其发展转变是多种思想混合推动的结果。

思想史学家的研究打破了经济自由主义的说法。长久以来,"自由主义"作为美国永恒的精神和一成不变的概念,被用来解释任何时期的任何发展。"史学家脑海中先入为主的概念定义总在界定作为研究客体的思想内容的含义。"② 然而,无论是共和学派史学家还是阿普尔比,都从人类的"语言"出发,通过解读话语解释行为的内涵与意义。他们将话语置于当时的历史情境中,探寻特定情境中人类行为的来龙去脉。根据他们的研究,建国初期商业公司的发展不能再以主观的自由主义概念进行解释,而应该从时人的书信、日记、辩论以及报刊与小册子中寻找看待商业公司的蛛丝马迹,进而分析商业公司发展过程中复杂的思想变化。

2) 新社会史研究的引入

1960年代以来,蓬勃发展的新社会史拓宽了对商业公司的

---

① Joyce Appleby, *Capitalism and a New Social Order: The Republican Vision of the 1790s* (New York: New York University Press, 1984); Joyce Appleby, *Liberalism and Republicanism in the Historical Imagination* (Cambridge: Harvard University Press, 1992).

② 满运龙《思想·意识形态·语言——共和修正派与美国思想史学》,齐文颖编《美国史探研》,中国社会科学出版社2001年版,第240页。

研究范畴。新社会史学家关注普通人的日常生活,妇女、黑人、手工业者、农民以及其他少数族裔与弱势群体都进入他们的研究视野。他们主张"自下而上"看待历史,通过研究社会结构与社会流动,探索不同阶层、种族、性别与文化的人群之间的互动。受新社会史影响,学者们在考察商业公司发展变化时,开始探讨商业公司对多种社会关系、不同地区、各种社会阶层以及复杂的价值观念产生的影响,关注经济发展与社会文化之间的关联。

新研究沿着两条路径进行。

一些学者认为商业公司的发展变化伴随着不同价值观念和社会阶层的冲突与矛盾,加剧了社会差异。加里·J.科恩布利思(Gary J. Kornblith)指出,在共和国初期,大多数农民、手工业者和劳动者支持的经济形式同商人、金融家以及大制造业主赞成的经济形式不同,被称为农业经济、家庭经济或民主经济。[①] 塔玛拉·普莱金斯·桑顿(Tamara Plakins Thornton)就分析了农民与商业公司之间的冲突。他以马萨诸塞某保险公司为个案,记述了公司通过乡村抵押贷款,使农民进入规范的商业进程的过程。因为公司执行严格规则,按照合约标准进行商业活动,与传统的家庭经济方式格格不入,所以产生了巨大的冲突。这场冲突揭示了农民从家庭经济到市场经济的艰难转变,以及转变中的经济文化。[②] 克里斯托弗·克拉克(Christopher Clark)的《乡村资本主义

---

① Gary J. Kornblith, "The Artisanal Response to Capitalism Transformation," *Journal of the Early Republic*, Vol.10, No.3 (Autumn, 1990), pp.315–321.
② Tamara Plakins Thornton, "'A Great Machine' or a 'Beast of Prey': A Boston Corporation and Its Rural Debtors in an Age of Capitalist Transformation," *Journal of the Early Republic*, Vol.27, No.4 (Winter, 2007), pp.567–597.

的根源》以康涅狄格河谷地区为个案,探讨了该地区家庭经济从革命至内战时期发展的历史。作者认为,革命后的75年中,家庭经济与资本主义转型中的矛盾是政治与社会斗争的核心。① 史蒂文·汉恩(Steven Hann)与乔纳森·普鲁德(Jonathan Prude)总结指出,乡村的经济与生活方式与资本主义经济存在冲突,导致乡村农业经济在资本主义转型过程中步履缓慢。②《宾夕法尼亚的无产者:1780年代的大萧条与私有化》一文则更加尖锐地认为"经济发展"的观点造成了一个盲点,这个盲点就是银行私有化对农民造成的伤害。③ 总之,不同阶层和利益集团之间的冲突是他们的研究重点。建国初期的报刊与小册子中充斥着对商业公司垄断的强烈批评,当时大多数人对具有特权的商业公司极端不满。

但是,也有学者认为,不同阶层和职业的人在商业公司发展过程中都会成为市场经济活动的参与者,资本主义转型毁掉农民和手工业者的黄金时代这一说法并不成立。温尼弗雷德·B. 罗腾伯格(Winifred B. Rothenberg)运用经济学理论分析18世纪末马萨诸塞州农民的账簿和遗嘱,指出农民试图将粮食卖出高价,依据市场价格调整生产。他们参与股票和债券市场,根据他们的

---

① Christopher Clark, *The Roots of Rural Capitalism: Western Massachusetts, 1780 – 1860* (Ithaca: Cornell University Press, 1990).
② Steven Hann, Jonathan Prude, ed., *The Countryside in the Age of Capitalist Transformation: Essays in the Social History of Rural America* (Chapel Hill: University of North Carolina Press, 1985), pp. 3 – 21.
③ Terry Bouton, "Moneyless in Pennsylvania: Privatization and the Depression of the 1780s," in Cathy D. Matson ed., *The Economy of Early America: Historical Perspectives & New Directions* (University Park: The Pennsylvania State University Press, 2006), p. 234.

能力进行投资。作者认为农民的行为已经像是理性的经纪人。他们稳定发展农业,促进农业生产力发展,并非完全是商业和市场经济的受害者。① 艾伦·库利科夫(Allan Kulikoff)在1989年将持有这种观点的学者归为"市场历史学家","市场历史学家"强调,农民和其他生产者希望从发达地区和跨地区货物、土地和劳动力市场中赚得收入,将市场的发展看作美国经济发展的首要转变动力。② 他们关注工资劳动力和市场发展的积极作用。③ 例如,理查德·斯托特指出,工资相比个人店铺能够提供更多的经济和社会独立机会。④

在罗腾伯格的讨论之后,很多经济史学家对各地乡村社区和家庭进一步考察。他们发现,尽管在一些地区出现农场工资劳动和商品市场,但是传统农业劳作与家庭经济方式依然流行。⑤ "家庭生产、制造业、交通、信息网络、银行、商业以及政策制定各方面相互交错",⑥不同地区的多种经济活动很难用一种

---

① Winifred B. Rothenberg, "The Market and Massachusetts Farmers, 1750 – 1855," *The Journal of Economic History*, Vol. 41, No. 2 (June, 1981), pp. 283 – 314; Rothenberg, *From Market-places to a Market Economy: The Transformation of Rural Massachusetts, 1750 – 1850* (Chicago: University of Chicago Press, 1992).
② Allan Kulikoff, "The Transition to Capitalism in Rural America," *The William and Mary Quarterly*, Vol. 46, No. 1 (January, 1989), pp. 120 – 144.
③ Gary J. Kornblith, "The Artisanal Response to Capitalism Transformation," *Journal of the Early Republic*, Vol. 10, No. 3 (Autumn, 1990), p. 320.
④ Richard Stott, "Artisans and Capitalist Development," *Journal of the Early Republic*, Vol. 16, No. 2 (Summer, 1996), pp. 257 – 271.
⑤ Thomas S. Wermuth, *Rip Van Winkle's Neighbors: The Transformation of Rural Society in the Hudson River Valley, 1720 – 1850* (Albany: State University of New York Press, 2001); Martin Bruegel, *Farm, Shop, Landing: the Rise of a Market Society in the Hudson Valley, 1780 – 1860* (Durham: Duke University Press, 2002).
⑥ Cathy Matson, "A House of Many Mansions: Some Thoughts on the Field of Economic History," in Matson ed., *The Economy of Early America*, p. 57.

模式进行概括,资本主义转型中包含了重叠的经济形式,商业公司对社会生活的影响复杂而多元化。

新社会史研究提出了社会结构的概念,使不同阶层的人都成为研究对象,进一步扩大了对商业公司的研究视野。社会学家认为,每个社会都有一个组织结构,每当出现一个新事件、新制度或者新政策,就会导致国家和社区内部结构发生变化。通过探索社会结构的思路,"使生活在其中的人们能够了解他们生活的意义"。① 根据新社会史研究,对商业公司的考察从社会精英转向农民、手工业者以及工人等普通民众,透过商业公司对普通人生活的影响,探讨其对社会结构的作用。不过,新社会史学家研究的对象往往是微观世界,他们考察商业公司时,通常会以某个村落或城市的某些特定人群为个案。通过他们的分析,读者只会越来越多地了解到普通人生活中的细枝末节,以及某个地域中商业公司的影响。因为参与商业活动中的人员与地域差异,情况纷繁复杂,所以新社会史学家笔下商业公司发展的历史变得支离破碎。

3) 法律史视角下的商业公司

20 世纪 50 年代以来,法律史学家扩大了研究范畴。他们不再只聚焦于法院和法官的活动,开始思考法律与社会生活之间的相互影响。他们认识到法律关系权力与利益分配在政治和经济领域具有重要作用。② 建国初期,法律推动了资本主义发展与商

---

① Alice Kessler-Harris, "Social History," Eric Foner, ed., *The New American History: Critical Perspectives on the Past* (Philadelphia: Temple University Press, 1997), p. 236.
② James Willard Hurst, "Old and New Dimensions of Research in United States Legal History," *The American Journal of Legal History*, Vol. 23, No. 1 (January, 1979), pp. 1 - 20.

业公司转型。各州政府颁发特许状,允许私人在法令范围内建立银行、建设桥梁、铁路与运河等。在工程建设过程中,法院放宽了对商业公司的限制。

詹姆斯·威拉德·赫斯特(James Willard Hurst)是强调法律的经济与社会功能的代表学者。20世纪50年代,赫斯特对19世纪美国资本主义经济成长和法律的关系做了精辟论述。他指出,"律师和法院如何定义各种政策抉择,他们如何在政策进程中获知和积累长期、短期的损失和利益",都影响着经济发展。他提出了著名的法律工具论和释放能量说。[①] 他认为,19世纪的美国正处于以发展生产力为准则的时期,在工业化初期,"实践的法律"反映了促进经济生产力的准则,被视为用来支持个人、团体、社群以及企业追求各自目标的工具,"保护和促进个人释放创造性能量"。这种法律建立在"中产阶级努力奋斗、追求商业的价值观"之上。[②] 同时,赫斯特也指出自由追求经济利益并非国家唯一目标,国家承认团体和公共利益的重要性,所以国家权力和法律在被用于促进经济发展和市场运转的同时,也期望实现更广阔的目标。[③] 赫斯特强调积极的法律形成市场机制,规范市场动力,展现了18世纪90年代以来美国法律带来的经济活力。此外,埃德温·梅里克·多德侧重考察了马萨诸塞的商业公司。他将1860年之前建立的公司法置于资本主义发展框架中,分析了

[①] 参见韩铁《美国法律史研究领域的"赫斯特革命"》,载《史学月刊》2003年第8期,第92—100页。

[②] James Willard Hurst, *Law and the Conditions of Freedom in the Nineteenth-Century United States* (Madison: University of Wisconsin Press, 1984), p.226.

[③] 参见韩铁《美国法律史研究领域的"赫斯特革命"》,载《史学月刊》2003年第8期,第92—100页。

法令内容与法院受理的案例，认为政府会以促进经济发展为目标，对公司法进行适时调整。①

受赫斯特与其他法律史学家影响，1970年以后，很多学者探讨了议会与法院在特权分配与经济活动中的重要地位。他们甚至认为市场本身"就是机制"，"它的结构和优势分配很大程度上由政治决定"，"由公共资金投资决定"，"由财产权和特权分配决定"。②斯坦利·I.库特勒通过查尔斯河桥案论证了赫斯特的解释。在案件中，法院不顾查尔斯河桥桥主反对，判定在查尔斯河桥附近修建沃伦桥合法。库特勒认为，法院以适合经济发展为原则，努力在尊重既得权利和特权与适应社会经济转变之间寻求对利益要求来说精准的平衡。赫斯特的法律"释放能量说"成为库特勒论述的基本框架。③马克·奥尔本·克劳森在他的博士论文中分析了公司法随19世纪美国经济、社会和技术巨变发生的一系列变化。他指出，议会通过法令允许商业公司根据自己的意愿联合，减少对商业公司的限制，促进了商业公司从最初的公共服务机构变为联合获取经济利益的组织。④而罗纳德·E.西维尔(Ronald E. Seavoy)更深入地追溯了公司的根源。他指出，公

---

① Edwin Merrick Dodd, *American Business Corporations until 1860, with Special Reference to Massachusetts* (Cambridge: Harvard University Press, 1954).
② Harry N. Scheiber, "'Private Rights and Public Power: American Law, Capitalism, and the Republican Polity in Nineteenth-Century America' Reviewed The People's Welfare: Law Regulation in Nineteenth-Century America by William J. Novak," *The Yale Law Journal*, Vol.107, No.3 (December, 1997), p.836.
③ Stanley I. Kutler, *Privilege and Creative Destruction: The Charles River Bridge Case* (Philadelphia: Lippincott, 1971).
④ Mark Alban Clawson, *The Development of Business Combinations Doctrine in American Corporate Law*, Stanford University Doctoral Dissertation in 1997.

司最初是具有公共服务特征的特权组织,各州颁发的法令使它从特权组织转变为民主公司,法律在各州从不发达农业社会转向工业社会的过程中发挥着重要的作用。① 唐纳德·J.皮萨尼也认同法律在经济活动中的积极作用,而且,他强调法律提供了监督和保护经济活动的规则。他提出,宪法的本质就是使不同价值观达成有序和平衡,而不是消除差异。宪法、普通法、州立法和州宪法都反映了最大限度平衡个人机会和公共利益的原则。②

不过,还有学者关注法律在经济活动中造成的社会差异。1977年,莫顿·J.霍尔维茨在《美国法的变迁》中虽然承认法律推动了资本主义经济发展,但是对法律造成的经济利益失衡与社会差异扩大持批判态度。③ 他集中讨论了"谁通过什么方式获得了多少利益"的问题。他认为通过法律和法官的判决,商业公司在获得社会财富和权力的同时,也意味着财富和权力分配无法均衡,社会的客观需要难以一致,形成合法的不平等。虽如赫斯特所说,法律"释放了能量",促进资本主义的发展,但是"释放能量"的结果是一切向权力倾斜,引导释放能量的一方一旦获利,就会牢牢掌握权力,法律成为法官手中可以变化的政策工具,以维护特权者的财富,而另一方则处于无助状态。这导致的直接后果是美国法律回到形式主义,以维护工商资本家有利的地位。总之,

---

① Ronald E. Seavoy, *The Origins of the American Business Corporation, 1784 - 1855: Broadening the Concept of Public Service During Industrialization* (Westport: Greenwood Press, 1982).
② Donald J. Pisani, "Promotion and Regulation: Constitutionalism and the American Economy," *The Journal of American History*, Vol. 74, No. 3 (December, 1987), pp.740 - 768.
③ Morton J. Horwitz, *The Transformation of American Law, 1780 - 1860* (Cambridge: Harvard University Press, 1977).

他认为国家通过法律促进经济发展,同时,美国社会中财富与权力重新划分。大企业发展和少数人富有的代价就是相当一部分人的利益受损。在他看来,社会冲突是法律的经济作用中的重要结果。与此同时,威廉·E.纳尔逊也提出,18世纪末19世纪初美国法律出现变革,公司法从最初维护公共利益发展到鼓励个人获利,但是利益集团在竞争中控制法律的制定,获得社会大部分财富,法律在某种程度上成为利益集团的工具。①

以霍尔维茨为代表的法律史学家将阶级分析引入美国建国初期法律与经济的研究,指出经济发展背后的利益冲突与矛盾。受这种解释框架影响,克里斯托弗·L.汤姆林斯探讨了美国革命后法律秩序对构建社会关系的作用。他指出,法律在19世纪压制工人阶层,它蕴含的等级权力制与革命时期的共和思想完全对立。这种法律制度提供了体制化的管理体系,形成了"合法的不对称"。②托尼·艾伦·弗里尔也认为,伴随经济发展而来的是生产者和资本家之间的紧张对立关系。但是他强调,宪法机制在对立双方不断调和,在使资本家受益的同时,也使地方生产者受益,缓和了阶级紧张关系,商业公司和金融家得到宪政的合法保护,确保了资本主义的发展。③

威廉·J.诺瓦克则否定了赫斯特与霍尔维茨的观点。④在他

---

① William E. Nelson, *Americanization of the Common Law: The Impact of Legal Change on Massachusetts Society, 1760-1830* (Cambridge: Harvard University Press, 1975).
② Christopher L. Tomlins, *Law, Labor, and Ideology in the Early America Republic* (Cambridge: Cambridge University Press, 1993).
③ Tony Allan Freyer, *Producers Versus Capitalists: Constitutional Conflict in Antebellum America* (Charlottesville: University of Virginia Press, 1994).
④ William J. Novak, *The People's Welfare: Law and Regulation in Nineteenth-Century America* (Chapel Hill: University of North Carolina Press, 1996).

看来,19世纪美国政府建立商业公司具有为公共利益服务的特征。他分析了19世纪的法律、政策规定与案例,认为当时的美国社会秩序良好,政府功能强大,公共政策主导经济发展,个人不能纯粹追求私利,个人利益只是公共利益目标的附属品。[1] 他全面质疑19世纪自由资本主义与个人主义盛行的说法,也否定了法律与自由主义之间互动的解释。他指出,州政府的目标是用规范的权力保护公共健康、安全、道德以及公共利益,这也是共和主义思想的实践。不过诺瓦克的观点一经提出,就遭到质疑。有学者认为他片面考察了联邦与各州决议,所援引的政策实施数据并不充分,只着重强调一些政府强制实施的案例。实际上,政府不能妥善处理私人利益的例子有很多,很多情况下,私人借助公共力量获取私利。[2]

总之,当法律史学家将法律与社会经济联系起来时,也为读者提供了思考政治权力、商业公司与资本主义发展之间关系的线索。通过法律组建的商业公司是破坏了社会公正,还是在社会多种利益集团中间斡旋,努力达成了一些共识？研究者从没有给出一致的答案。但无论如何,法律的确构筑了社会秩序。对商业公司的研究,仅从思想或不同阶层人的生活中无法获得最直接的认识,应该考察与商业公司相关的法律与案例,从中探寻商业公司

---

[1] William J. Novak, "Public Economy and the Well-Ordered Market: Law and Economic Regulation in America," *Law & Social Inquiry*, Vol.18, No.1 (Winter, 1993), pp.1-32.

[2] Scheiber, "'Private Rights and Public Power: American Law, Capitalism, and the Republican Polity in Nineteenth-Century America' Reviewed The People's Welfare: Law Regulation in Nineteenth-Century America by William J. Novak," *The Yale Law Journal*, Vol.107, No.3 (December, 1997), pp.823-861.

发展带来的社会经济影响。

③ 研究成果的新综合

民主与资本主义转型是研究建国初期商业公司的学者关注的两大主题。他们分别结合当时的政治思想、社会生活与法律制度,围绕商业公司的发展讨论了民主与资本主义转型之间的关联。一些学者强调,作为资本主义转型中的重要一环,商业公司的发展转变扩大了经济与政治机遇,使更多的人参与市场活动,推动了民主进程。[①] 而还有一些学者更倾向于认为商业公司在发展过程中,少数人掌握了多数的财富与权力,大多数人成为经济上的依附者,民主成为权贵维护他们地位的话语方式。[②]

近年来,学者们综合了思想史、社会史以及法律史的研究成果,将建国初期的商业公司置于当时的历史情境中,通过商业公司的转变,探讨了整个时代的历史转变。约翰·劳里茨·拉森的《国内改进:美国早期的全国公共建设与人民政府的承诺》就是这样一部综合著作。他在序言中说,论著的"目标不是讲述道路或者运河本身",而是讲述政府,特别是联邦与州在不断冲突中实践

[①] 例如 Gunn, *The Decline of Authority*; Wood, *The Radicalism of the American Revolution*; Rothenberg, "The Market and Massachusetts Farmers, 1750 – 1855," *The Journal of Economic History*, Vol. 41, No. 2 (June, 1981), pp. 283 – 314; Hurst, *Law and the Conditions of Freedom in the Nineteenth-Century United State*。

[②] 例如 Hann, Prude, ed., *The Countryside in the Age of Capitalist Transformation*; Horwitz, *The Transformation of American Law*; Charles G. Sellers, Jr., *The Market Revolution, Jacksonian America, 1815 – 1846* (New York: Oxford University Press, 1991)。

共和制自由的过程。① 拉森指出,革命后政治精英在组建商业公司、促进国内建设的过程中面临各种矛盾,既有思想意识上的差异,也有地区间的利益冲突。政治家们在互相指责中放弃了共和目标。普通人也对政治家失去了信心,认为他们无法促进公共利益,开始寄希望于"自由政治经济学说来恢复他们的自由和平等的希望"。但是,当政府减少对商业公司的限制,允许它们自由竞争时,随之而来的却不是普通人(包括手工业者和小业主等)的黄金时代。相反,新经济秩序产生了商业和工业交织的体系,使农民、手工业者、小商人进入新的依附状态,这比商业公司与政府联合时期更复杂。而且,当普通市民权利的支持者批评新企业"垄断"专权时,企业执行者、联邦法院以及所有腐败的政治家反而用反对派的那套自由话语进行反驳,提醒他们不要干涉公民的自由与财产,因为公司已经成为法律上的"个人"了。在商业公司转变过程中,美国共和主义的承诺被现代工业资本主义机制俘获,经济自由主义微妙地取代了政治共和主义。作者认为,这是一场普通劳动者的悲剧,他们的财富被公司与大股东获取,新兴富有阶层则依靠手中的财富与权力维护他们的特权。②

建国初期美国社会由"共和"转向"自由"是史学家讨论的"热门"主题,他们要么从政治思想角度分析转变历程,要么将视角转向经济生活。拉森却另辟蹊径,他以内部改进为主线,将思想、政

---

① John Lauritz Larson, *Internal Improvement: National Public Works and the Promise of Popular Government in the Early United States* (Chapel Hill: University of North Carolina Press, 2001), p.3.
② Larson, *Internal Improvement*.

治与普通人的日常生活紧密联系,通过分析联邦与州政府处理商业公司问题上的心态与对策变化,讲述商业公司转变过程对普通人生活的影响。在他看来,"共和"向"自由"的转型是极其复杂的过程,夹杂着不同政治派别、区域以及各种利益集团之间的矛盾。而经济自由主义带来的结果也并非完全理想,加剧了社会不平等。

相比拉森的批评态度,安德鲁·M.肖科特看待商业公司发展的观点更加包容。他认为商业公司掌握了越来越多的经济权力,并不意味着民主与资本主义的发展之间是简单的矛盾关系。恰恰相反,商业公司权力的扩大与政治民主同时发生。他以费城为个案,指出在内部改进过程中,经济精英通过商业公司的合法机制扩大了经济权力。尽管获利最多的是商业公司的大股东与掌权者,平等主义逐渐丧失,但是通过生产与分配价格低廉的商品、改善交通状况与开通更多的运河等,商业公司的受益范围更加广泛,扩大了投资机会与工作前景,并促进了中产阶级队伍的扩大,使"市场革命和政治民主化"成为可能。另外,他还探讨了商业公司反对派的思想,认为归根到底是因为利益差异。总之,在他看来,共和国初期是一个空前的民主与广泛经济参与的时期,同时,也是政治与经济权力集中的时期。商业公司就像一个"棱柱体",集合了各种权力,同时又将其分散开来使他人受益。美国从"商业和农业社会转变为不同阶层组成的资本主义社会"。[①]

[①] Andrew M. Schocket, *Founding Corporate Power in Early National Philadelphia* (DeKalb: Northern Illinois University Press, 2007).

虽然拉森与肖科特对商业公司发展的影响做出了截然不同的判断，但是他们在研究思路与方法上却有共同之处。首先，他们都以商业公司的发展为研究主脉，意图书写美国政治、经济与社会生活中发生的巨大转变。其次，在研究方法上，他们都结合了政治思想史、社会史、劳工史与法律史等的最新研究成果，更加宏观与清晰地展现建国初期商业公司的影响与意义。相比以往的研究者分别从政治思想、社会经济生活和法律制度方面做的考察，他们的研究更能体现建国初期的历史进程。

除了拉森与肖科特的著作，埃里克·希尔特的文章也反映了近年来关于美国早期商业公司的研究趋向，即将早期商业公司的发展与政治关联起来。希尔特论及纽约市18世纪末到19世纪初的商业公司时，借助大数据的统计方法，对1791—1826年商业公司的股东变化进行分析。他指出随着政治生活的民主化，商业公司的股东范围变大，越来越多普通人参与到公司的经营活动中。公司的变化始终与政治生活的变动息息相关。政治精英颁布特许状建立商业公司，其中涉及复杂的党派利益，而各州政府通过一般公司法后，公司涉及政府腐败的现象减少了。[①]

可以说，学者们将商业公司的发展转变看作一个综合体，涉及社会各层面与领域的因素。在这个意义上，经济史变成了政治史和社会史。他们开始思考观念与制度之间的互动，以及不同社

[①] Eric Hilt, Jacqueline Valentine, "Democratic Dividends: Stockholding, Wealth, and Politics in New York, 1791 - 1826," *The Journal of Economic History*, Vol. 72, No. 2 (June, 2012), pp. 332 - 363; Eric Hilt, "Early American Corporations and the State," in Naomi R. Lamoreaux and William J. Novak, eds., *Corporations and American Democracy* (Cambridge: Harvard University Press, 2017), pp. 37 - 73.

会力量之间的冲突与妥协。资本主义的转型对社会公正具有什么影响?政治思想是如何作用于商业公司发展转变的?这些都是商业公司发展中的重要问题,也涵盖了政治、法律、思想、经济与社会各领域,若孤立地研究政治史、经济史或者社会史,则无法做出合理的解释。只有从不同领域的研究中找到线索,不同社会群体和个人才有可能站到历史大舞台上。因此,专题研究也为综合研究提供了资源。从目前的研究成果来看,商业公司对社会民主的影响是研究的主流。学者们大多将笔墨集中在联邦与各州的商业公司法律、不同阶层的利益冲突以及商业公司带来的社会流动上,却较少关注政治文化与价值观念对商业公司的影响。而政治文化与价值观念关系到资本主义转型的方向,也值得学者们进一步深入研究。

建国初期的商业公司是美国历史研究中的一个小题目,但是随着美国史学界广泛而深入地研究,也可以"因小见大"。[①] 最初,学者研究商业公司的经济作用以及各州政府对商业公司的政策;20世纪50年代以后,史学家借鉴社会科学理论与方法,分别考察思想意识、社会生活与法律制度同商业公司的关联;近年来,研究者以"大历史"的眼光,将政治精英的态度、大股东活动与平民百姓生活融入对商业公司发展转变的叙述中,展现出一幅不同阶层之间利益冲突与互动的画卷。当然,关于商业公司发展转变的思想渊源以及商业公司对民主进程的影响等问题,史学界还存

---

① "因小见大",意思是要将"小问题"与本领域的基本问题联系起来,为解答这些基本问题提供知识或思路,并通过若干"小问题"的连缀,最终能够看出"大历史"的一斑。引自李剑鸣《历史学家的修养和技艺》,上海三联书店2007年版,第350页。

在争论。不过,随着史料的积累,史学家将调动更多的理论与方法,他们会对建国初期商业公司做出更加公允的评价,也会不断接近"历史的真实"。

④ 国内研究状况

国内几乎没有专门研究美国建国初期商业公司的论著。但是一些学者在考察公司与公司法时,分析了美国建国之初公司的发展演变过程。韩铁的《试论美国公司法向民主化和自由化方向的历史性演变》一文探讨了美国公司法在建国后发生的重要历史演变。他指出,从18世纪末,各州议会颁发特许状建立的公司在"公司身份和特权"问题上遇到了极大的挑战。在强烈反特权的批评中,各州自19世纪30年代开始先后通过一般公司法,逐渐保证"每个人都有组建公司的平等权利",这意味着公司法走向民主化。公司法的民主化也促进了法律观念的变化,为公司法的自由化创造了条件。在19世纪末和20世纪初,公司从"法律的人造之物"转变为"具有公民法律人格的自然实体"。从而减少了对公司的限制,"促进了公司产权和管理权的分离",为公司的自由发展提供了法律空间。[①] 他的另一篇论文《美国公司的历史演变和现代大企业的崛起》在联邦主义体制的视野中考察公司的发展,虽然侧重点在19世纪后期到20世纪的大企业,但是文中讲述了建国初期商业公司的公共特征和其享有的特权引发的争议。

[①] 韩铁《试论美国公司法向民主化和自由化方向的历史性演变》,载《美国研究》2003年第4期,第42—63页。

尤其是作者提到了这场支持还是反对公司的论战促使"公司的特权和责任发生了演变","使公司的性质发生了重要变化",为笔者的研究提供了重要思路。① 程文进对特许公司到一般公司的转变过程进行了分析,探讨了发生转变的原因及其意义。作者认为美国早期的特许公司"不符合美国当时崇尚的思想潮流,而且在经济上、政治上、社会生活上造成了一些弊端",进而转变为一般公司。② 他还探讨了公司法人地位确立和股东有限责任原则的历史转变过程。③ 漳州师范学院的王建红以查尔斯河桥为个案,考察了特权与宪法保护的财产权在法理概念上的矛盾。他认为查尔斯河桥公司被判定取消特权,反映了美国司法原则的转变过程。④

另外,还有一些学者探讨了政策与法律对"公司"发展的影响。胡国成指出,美国建国初期,重商主义思想是经济政策的主导思想。19世纪中期开始,经济政策由重商主义向自由放任转化。⑤ 任东来和胡晓进在《联邦最高法院与现代美国公司的成长》一文中回溯了19世纪至20世纪初美国公司的形成过程,作者从法律史的角度论述了联邦最高法院在现代美国公司出现、发展过程中的作用。在考察美国早期公司时作者指出,"从特许状

---

① 韩铁《美国公司的历史演变和现代大企业的崛起》,载《南开大学学报》2002年史学增刊。
② 程文进《美国公司现代化历程的起步——从特许公司到一般公司》,载《西北师大学报》2000年第1期,第95—98页。
③ 程文进《美国公司法人地位及股东有限责任原则确立的历史考察》,载《济南大学学报》2000年第1期,第74—77页。
④ 王建红《论美国早期特许财产权观念的转变》,载《漳州师范学院学报》2003年第4期,第73—79页。
⑤ 胡国成《塑造美国现代经济制度之路——美国国家垄断资本主义制度的形成》,中国经济出版社1995年版。

公司向一般性公司演变","从人造之物转化为自然实体"的过程中,联邦最高法院发挥了重要功能。①

洪朝晖在探讨"美国现代化进程"的过程中,也分析了美国的公路、运河、铁路以及制造业工厂在现代化进程中的发展及其作用。②

一些法律史研究领域的论文虽然没有聚焦于建国初期的商业公司,但是分析了19世纪美国法律在社会经济发展中的创新性和工具角色,特别在保护私有财产方面,起到平衡私人产权和经济发展长远利益的作用。韩铁对赫斯特法律史研究成就的论述,有助于我们了解法律史对商业公司研究的影响。③

何顺果的《特许公司——西方推行"重商政策"的急先锋》一文介绍了15—18世纪特许公司在西欧的历史地位,虽然没有涉及美国建国初期的特许公司,但是他分析了特许公司的渊源和特征。④

可以说,国内学术界对于美国早期商业公司的研究刚刚起步,仍有不少可以深入讨论的问题。如能将商业公司引发的争论与冲突置于具体的历史情境中,深入理解美国早期政治文化、经济以及社会生活之间的关联,就会为解释商业公司的演变提供新

---

① 胡晓进,任东来《联邦最高法院与现代美国公司的成长》,载《南京大学学报》2005年第4期,第38—46页。
② 洪朝晖《社会经济变迁的主题——美国现代化进程新论》,杭州大学出版社1994年版。
③ 韩铁《美国法律史研究中有关私人产权的几个问题》,载《美国研究》2003年第1期,第30—47页;韩铁《英属北美殖民地法律的早期现代化》,载《史学月刊》2007年第2期,第61—80页;韩铁《美国法律史研究领域的"赫斯特革命"》,载《史学月刊》2003年第8期,第92—100页。
④ 何顺果《特许公司——西方推行"重商政策"的急先锋》,载《世界历史》2007年第1期,第46—62页。

的研究思路。

三

学界对美国建国初期的商业公司进行了比较丰富而全面的研究。"制度主义"学者将早期商业公司的建立与发展同各州政府联系起来,考察了各州政府在商业公司的建立过程中发挥的重要作用。思想史学家则关注商业公司建立背后的政治思想渊源。社会史学家探讨了商业公司对多种社会关系、不同地区、各种社会阶层以及复杂的价值观念产生的影响。法律史学家分析了法律与商业公司发展之间的关联。近年来一些学者围绕商业公司的发展,讨论了民主与资本主义转型之间的关联。然而,长期以来,早期商业公司与政治文化之间的关联还有待深入考察、分析。目前,学术界还缺乏关于商业公司冲突背后复杂的政治文化变迁的诠释。

本书借助"国家与社会"为分析工具,探寻在商业公司建立与实践的过程中不同社会群体的观念与行动,以及这些观念与行动如何推动了商业公司的演变;梳理政治精英建立商业公司的设想与实践、商业公司引发的争论与社会冲突、反对者的利益诉求以及各州政府对商业公司属性界定上的变化,揭示18世纪末到19世纪初期美国政治文化与社会经济复杂的变动,探讨这场争论与冲突在社会民主化进程中的意义。

本书的内容主要包括三个方面:

第一,考察商业公司的建立与美国建国初期政治世界和社会经济变动之间的关联。支持商业公司的政治精英将商业公司看作公共机构,认为各州政府赋予少数精英特权,建立商业公司,能够推动社会的"共同福祉"。在他们的支持下,少数精英汇聚私人资金,建立商业公司,并被赋予特权,将商业公司界定为推动社会"共同福祉"的国家工具。然而,在建立与运行商业公司的过程中,这些精英常常因为个人利益、党派利益和区域利益而极力支持有益于自己的商业公司,阻碍对自己无益的商业公司。从18世纪末到19世纪初,美国的政治文化与社会经济一直处于复杂变动的状态。古典共和思想中对美德与公共利益的追求,现实世界中对私人利益与财富的渴求,这些看似矛盾的思想交织在一起。更重要的是,强调精英美德与公共利益至上的价值观念正在逐渐被削弱,强调合理的个人利益与公共利益存在一致性的自由主义观念在美国政治文化中的地位开始上升。美国建国初期商业公司的建立恰恰反映了政治文化与社会经济变动中各种复杂思想错综交织的状态。

第二,探讨商业公司引发的争论与冲突。在18世纪末,这些政治精英的信念和主张没有获得大多数人的认同。反对者强烈批评少数精英利用商业公司的公共属性,以权谋私。他们主张政府应该推动利益的平等分配,限制国家权力的扩张,反对将建立与经营商业公司的特权赋予少数精英。与此同时,一批反对者因为追求私人利益受到阻碍,或是私人财产受到侵犯,也展开了一系列反对商业公司的活动。在围绕商业公司的争论与冲突中,财产观念和对私人利益与公共利益关系的态度都呈现出多样化。越来越多的人认为,私人利益与社会"共同福祉"之间存在一致性。个体对私人利益的追求,能够推动社会的"共同福祉"。更多的人倾向于将财产看作追求私人利益的资源。他们不接受财产被赋予的公共属性,认为商业公司中的私有财产与他们的财产并无区别。

第三,研究19世纪初期美国各州政府对商业公司属性的重新界定。此部分探讨包括美国政治文化与社会生活的变迁,以及各州政府如何对商业公司进行"改造"。当社会中的大多数人都认为私人利益能推动社会"共同福祉"时,当大多数人将财产看作获取财富的途径时,人们对商业公司的界定也发生了变化。商业公司开始"去公共化"和"去特权化"。各州政府将商业公司和市镇等公共机构区分开来,承认商业公司中的私有财产,不再认为其具有公共权威性。商业公司从"公共机构"变成了"私人组织"。另外,各州政府也不再认为商业公司拥有特权是推动公共利益的必要条件。它们斩断了特权与商业公司之间的联系,相继通过一般公司法,使商业公司实现"去特权化"。当对商业公司的界定发生变化后,建立商业公司不再是少数精英的特权,更多的人获得了平等的机会,参与商业公司的建立与经营活动,人们追求个人利益变得合法化和合理化。

在具体研究中,本书采取主题与时间两个维度相结合的方式。在美国革命后,商业公司建立之初,重点关注促使建立商业公司的社会经济环境,分析政治精英对商业公司的界定所展现的政治文化内涵,考察商业公司建立过程中交织的复杂利益;在18世纪末至19世纪初商业公司的运营过程中,集中讨论精英政治模式的兴衰以及市场经济的发展,及其对商业公司界定的影响;

在重新界定商业公司的行动中,侧重讨论推动商业公司演变的具体司法案例,以及商业公司演变与政治文化变动之间的关联。

在研究方法上,本书以历史分析方法为主,并采用语境分析和历史语义学的方法,在对原始文献进行考辨和解读的基础上,具体分析不同语境中社会各群体的诉求与反应,进而考察美国早期商业公司的演变历程及其对政治文化变动与经济发展的意义。另外,还适当吸收政治学与社会学等学科的理论与研究方法,借助"国家与社会"的理论,分析国家权力与私人领域之间的关系变化,揭示早期商业公司"去公共化"的演变过程。

第一章

为"公共利益"服务的设想

第一章 为"公共利益"服务的设想

"特许公司"(corporation)这种组织形式历史悠久。早在罗马帝国时期,就出现了由王室颁发特许状,享有合法特权的"特许公司"。在北美殖民地,"特许公司"被应用于行政管理、经济以及公共事业等各个领域。美国建国初期,为了复苏国内经济,推动社会的"共同福祉",各州政府纷纷在银行、交通、制造业以及保险业等各个领域以"特许公司"的形式建立了"商业公司",以聚集私人资金从事国家暂时无力进行的公共事业。

在主张建立商业公司的政治精英看来,这种组织形式并非为了私人获取利益,而是为了公共利益[1],各州政府赋予商业公司特权,也旨在推动社会的公共利益。因此,商业公司被界定为"公共机构"[2],各州政府将它限制在公共服务的范畴中。国内外很多学者都关注过美国建国初期的商业公司。[3] 对于各州建立商

---

[1] 不同学者对公共利益的界定有所不同,但总体来说,公共利益的概念"内在于集体性自我意识的本质之中",它不同于地区或集团性利益,也是不受时间限制的,是超越每个社会成员暂时利益的,并且能影响每个社会成员的共同的、普遍的利益。关于公共利益的概念,参见[美]爱德华·希尔斯《市民社会的美德》,李强译,载邓正来、[美]杰弗里·亚历山大主编《国家与市民社会——一种社会理论的研究路径》,上海人民出版社2006年版,第44页,第50页;Franklin A. Kalinowski, "David Hume and James Madison on Defining 'The Public Interest'," in Richard K. Matthews, ed., *Virtue, Corruption, and Self-Interest: Political Values in the Eighteenth Century* (Bethlehem: Lehigh University Press, 1994), p.175.

[2] "公共机构"(public agencies)是借用了波林·梅尔在《美国公司的革命根源》一文中的用法。在18世纪末到19世纪初美国关于商业公司的文献中,经常提到商业公司是一种公共事业(public utility),在颁布商业公司的特许状中,明确表示建立商业公司是为公共利益服务。参见 Pauline Maier, "The Revolutionary Origins of the American Corporation," *The William and Mary Quarterly*, Vol.50, No.1 (Jan., 1993), pp.51 - 84。

[3] 相关论著有:Pauline Maier, "The Revolutionary Origins of the American Corporation," *The William and Mary Quarterly*, Vol. 50, No. 1 (Jan., 1993), pp. 51 - 84; Oscar and Mary Handlin, *Commonwealth*; "Incorporating the Republic: The Corporation in Antebellum Political Culture," *Harvard Law Review*, Vol.102, No.8 (June 1989),(转下页)

业公司的缘由,大多数学者强调商业公司的目标是促进社会的"共同福祉",并且探讨商业公司作为公共机构的特征。汉德林夫妇认为,至少在马萨诸塞州,运用商业公司发展经济的方式是来自共同体(commonwealth)思想的。在共同体中,运用一些传统的管理机构完成它发展经济的目标,是共同体的职责。通过为共同的目标和相同的利益建立的商业公司,共同体渗透到马萨诸塞州居民的生活中。① 波林·梅尔则认为,接受并使用特许公司的形式,是蕴含在新英格兰地区文化中的特征。北美殖民地时期的清教徒为了一致的目标联合组织团体,他们建立契约,组成村镇和教会。而形成公司汇聚资源的习惯逐渐扩展到全国范围。她还将美国革命后的政体体系看作"复合型公司"的形式。② 汉德林夫妇从古老的共同体思想中探究商业公司的源起;梅尔从社会文化中寻找建立特许公司的根源。但是,政治精英建立商业公司的设想与当时的政治文化之间有什么关联,无论汉德林夫妇,还是梅尔,都没有给出明确的解释。因此,将政治精英建立商业公司的设想置于美国建国初期的政治文化中进行考量,或许有助于从新的视角审视商业公司的建立。

(接上页) pp. 1883 – 1903; Dodd, *American Business Corporations until 1860*; Seavoy, *The Origins of the American Business Corporation, 1784 – 1855*; Larson, *Internal Improvement*;韩铁《试论美国公司法向民主化和自由化方向的历史性演变》,载《美国研究》2003 年第 4 期;韩铁《美国公司的历史演变和现代大企业的崛起》,载《南开学报》2002年增刊。

① 参见 Oscar and Mary Handlin, *Commonwealth*, pp. 94 – 98。
② Maier, "The Revolutionary Origins of the American Corporation," *The William and Mary Quarterly*, Vol. 50, No. 1 (Jan., 1993), pp. 57 – 58, 82.

一 北美殖民地时期的特许公司

① "Corporation"的定义与渊源

公司(corporation)作为一种组织形式历史悠久,在美国建国以前就被运用于政治、经济与社会服务等领域。"corporation"来自拉丁语"*corpus*",直译为许多人联合起来形成的"机构"(body)。根据18世纪英国法学家威廉·布莱克斯通(William Blackstone)的研究,公司的渊源可追溯至古典罗马努马·庞皮里乌斯(Numa Pompilius)执政时期的世俗与宗教组织。[①] 在中世纪的欧洲,享有特权的商业行会、教会以及地方政府等都被视为公司。18世纪末,首位探讨英国公司法的学者斯图尔特·基德(Stewart Kyd)为公司下了这样的定义:由许多人形成的机构,这个机构被赋予权力,它可以获得或转让财产,可以被起诉或诉讼,享有一定的特权和豁免权,可以行使各种政治权利,能够永久存在。总之,在法律规定内,它像人一样活动。[②] 从公司的定义可以看出,它与现代意义上的公司不同,是被赋予特权、因一些人共同的信仰或目标而形成的组织。

在18世纪以前的英国,公司的建立与王室权威密切相关。

[①] William Blackstone, *Commentaries on the Laws of England* (Philadelphia, 1771), p.468.
[②] Stewart Kyd, *A Treatise on the Law of Corporations* (London, 1793 – 1794), Vol.1, pp.12 – 13.

在都铎王朝之前相当长的一段时间里,行会与自治市镇为了保持垄断和权威地位,促使国王或议会颁发特殊许可,赋予它们合法的特权,从而形成了公司。到了都铎王朝时期,随着王权进一步加强,王室需要树立合法的权威,所以由王室颁发特许建立自治市和镇。贸易行会成为通例,于是这些机构自建立之日起,就拥有了特权。[1] 可以说,在16世纪的英国,公司代表了王室的权威,是国王授予"名誉、司法权、自由权、豁免权和特许权的一个组成部分"。到了17世纪初,查理一世仍把建立从事经济活动的公司视为王室垄断的权力。在他看来,"所有的经济活动都从属于国王的特权"。而且,通过颁布特许状,王室能获取大量收入,在17世纪20至30年代,查理一世能从兜售特权建立公司的过程中"获得100 000英镑甚至更多的年收入"。[2]

"corporation"在不同的历史语境下,其内涵在不断变化。在现代社会中的经济领域,"corporation"特指一部分人为了获得经济利益,根据合法的规则建立起来的法人组织形式。当"corporation"从一种"公共机构"变成私人组织,其特权被撤销,它就演变成了现代意义上的"公司"。另外,在黑格尔笔下,"corporation"则是那些"能自觉进行自我管理,并按自己的方式整合进国家的实体",有人将其翻译为"同业公会或公司法人"。[3]

按照不同目标与功能,特许公司可分为多种类型,包括宗教、

---

[1] James Willard Hurst, *The Legitimacy of the Business Corporation in the Law of the United States, 1780 - 1970* (Charlottesville: University Press of Virginia, 1970), pp.1 - 3.

[2] Ron Harris, *Industrializing English Law: Entrepreneurship and Business Organization, 1720 - 1844* (New York: Cambridge University Press, 2000), pp.17 - 18, 41, 47.

[3] [加]查尔斯·泰勒《市民社会的模式》,冯青虎译,载邓正来、[美]杰弗里·亚历山大主编《国家与市民社会——一种社会理论的研究路径》,上海人民出版社2006年版,第38页。

行政、慈善以及商业等,但它们具有共同的特征。首先,特许公司是法律实体,由法律设定的产物,是一个"虚拟的人"。原有成员的退出或者新成员的加入都不能影响它在法律意义上的存在。其次,它是具有特权的机构,特权由王室授予,在不违反基本法的前提下,可以行使一定的特权。1719年的《泡沫法》(The Bubble Act)中强调了商业公司必须是特许的,规定没有经过特许的联合股份公司是非法的。1741年,《泡沫法》波及北美殖民地,规定没有颁发的特许状,不得建立商业公司。不过,这项法令从没有对殖民地特许公司产生过任何影响。最后,它的财产不对成员负责,成员的私人财产也不能被用于支付它的债务。

② 北美殖民地时期公司的类型与特征

16世纪末,欧洲开始向北美拓展殖民地,同时将特许公司移植到美洲。从此,特许公司成为开发殖民地的有效工具。它在殖民地居民的生活中占据重要地位。几乎每个领域都少不了特许公司。例如在英属北美殖民地,公司涉及政治、经济与文化等多个领域,这时期的法律还没有将这些组织进行明确分类。它们最初由英王直接颁发特许状组建,当殖民地政府更加成熟后,殖民地经营者、总督或议会都有权颁发特许状。在颁发特许状时,通常需要经过当地参事会同意,以英王的名义,加盖殖民地印章。

在16世纪末和17世纪初,很多涉足北美殖民活动的公司获得特许状,成为特许组织。这些公司的"最高权力属于由特许状设立的'股东大会',管理机构则由一名总督和若干名助理组成,均由公司成员选举产生"。公司不仅从事商业活动,还承担"较多的政治控制和社会管理功能"。比如弗吉尼亚和马萨诸塞殖民地的前身分别是弗吉尼亚公司和马萨诸塞海湾公司。公司获得英王颁发的特许状,使其具有合法性。而罗得岛和康涅狄格先是移民通过订立契约而建,之后获得英国当局颁发的特许状,其殖民地身份得到英国的承认。此外,马里兰、新罕布什尔、北卡罗来纳、南卡罗来纳、纽约、特拉华、新泽西、宾夕法尼亚和佐治亚是通过颁发殖民地特许状,由大业主建立而成的。这些获得特许状的殖民地都承担着政治和经济两方面的职能。它们一方面担负日常行政管理的工作,另一方面开拓疆土,发展商业和贸易,获取财富。[1]

在各个殖民地,管理者相继建立起单一的、小型的公司,其中包括一些行政机构。殖民地经营者和总督可以建立自治市镇。1635年,马萨诸塞最高法院通过决议建立村镇,后经过几次修改,在1713年议会上通过法令,允许持有土地的个人建立特许公司。他们提出,因为早期的定居者为定居和开发土地付出了巨大代价,所以村镇公共土地是最早定居者的个人财产。[2] 马萨诸塞总督托马斯·哈钦森在《马萨诸塞历史》中记录到,这些村镇是"特许公司,可以挑选管理村镇事务的官员,这些官员也是村镇规章制度的法官"。[3]

---

[1] 参见李剑鸣《美国的奠基时代(1585—1775)》(修订版),中国人民大学出版社2011年版,第87—134页。
[2] Ronald E. Seavoy, *The Origins of The American Business Corporation, 1784-1855*, p.4.
[3] Thomas Hutchinson, *The History of Colony of Massachusett's Bay* (London, 1765), p.175.

另外，各个殖民地还建立了一些商业公司。[1] 1732 年，新伦敦贸易公司申请建立公司，在申请书中他们表示："为了促进英国的贸易、商业以及美国的种植园经济，促进渔业，为了共同利益与私人利益，……我们要团结在一起，组成公司，持有股票。"[2] 最终，他们成立新伦敦协会（New London Society），被赋予权力与职责。协会享有永久存在权，可以提出诉讼，也能被起诉。[3] 协会每年定期选举管理者，组成仲裁者、书记和会计"三人委员会"，由三人委员会"安排指导协会的建立，按照规范执行，促进协会共同利益"。[4] 虽然新伦敦协会具有商业公司的一些特征，但是在法令中却没有出现"特许公司"的字眼。1733 年，公司成员试图向议会提出申请，希望拥有明确的发行票据和贷款的权力，却最终被驳回。[5] 不过此后，在宾夕法尼亚、罗得岛、新泽西和纽约等地相继建立了一些商业公司，包括费城火灾损失保险局、供水公司、道路与摆渡公司等。这些商业公司在履行法律规定职责的同时，

---

[1] 最先研究美国早期商业公司的学者西米恩·艾本·鲍德温将进行经济活动的公司称为"商业公司"，之后的学者沿用了商业公司的说法。参见 Simeon Eben Baldwin, "American Business Corporations Before 1789," *The American Historical Review*, Vol. 8, No. 3 (April, 1903), pp. 449 - 465; Joseph Stancliffe Davis, *Essays in the Earlier History of American Corporations* (Cambridge, MA: Harvard University Press, 1917), Vol. 2, p. 3; Oscar Handlin, Mary F. Handlin, "Origins of the American Business Corporation," *The Journal of Economic History*, Vol. 5, No. 1 (May, 1945), pp. 1 - 23; Ronald E. Seavoy, *The Origins of the American Business Corporation, 1784 - 1855: Broadening the Concept of Public Service During Industrialization*, pp. 3 - 7.

[2] Andrew McFarland Davis, *Currency and Banking in the Province of the Massachusetts Bay* (New York, 1901), vol. 1, p. 121.

[3] Charles J. Hoadly, *The Public Records of the Colony of Connecticut (1636 - 1776)* (Hartford: Press of Case, Lockwood, and Brainard, 1868), Vol. 4, pp. 500 - 501.

[4] Hoadly, *The Public Records of the Colony of Connecticut (1636 - 1776)*, Vol. 7, pp. 390 - 392.

[5] Davis, *Essays in the Earlier History of American Corporations*, Vol. 1, pp. 23 - 25.

也享有特权。比如,1772—1773 年在罗得岛建立的三家供水公司,都拥有挖掘公路、铺设管道的权利,公司成员还有将渡槽中的水引入他们住所的权利。① 1765 年,在新泽西组建的道路公司具有征收通行费的权力。不过,从总体上看,北美殖民地的商业公司在数量上屈指可数,规模上也不具有影响力。当然,影响商业公司发展的因素有很多。首先,各殖民地相对独立的政治环境阻碍了人们之间的合作;其次,技术落后、劳动力匮乏而且缺乏足够的权力,这些都不利于商业公司的发展。况且,在殖民地母国商业公司也不多见,而且英国当局对商业公司有一系列限制。②

最后,在各个殖民地,还有一类特许公司是以宗教、教育或慈善为宗旨的。经英王授权,殖民地在 1649 年建立"新英格兰传播福音公司",1701 年建立"国外传播福音公司",1709 年建立"苏格兰传教公司"为北美印第安人传播基督教。这些教会公司经常为穷人提供教育。在康涅狄格地区,政府给公司颁发特许状,赋予它们法律权力建立并管理学院。③ 在教育方面,1693 年,英王颁发特许状建立威廉与玛丽学院。哈佛大学的前身哈佛学院也是通过马萨诸塞最高法院颁发特许状建立的。④ 美国革命爆发前,几乎每个殖民地都有一所特许教育机构。另外,各行政区议会也颁发特许状,建立了一部分慈善机构与公共教育机构,比如 1754

---

① Davis, *Essays in the Earlier History of American Corporations*, Vol. 1, pp. 89 - 90.
② 同上, Vol. 2, 第 5—6 页。
③ Gordon S. Wood, "The Origins of Vested Rights in Early Republic," *Virginia Law Review*, Vol. 85, No. 7 (Oct., 1999), p. 1431.
④ 参见 Josiah Quicy, *The History of Harvard University* (Boston: Crosby, Nichols, Lee. Co., 1860), Chaps. 4 - 6, 8。

年在新泽西建立的伊丽莎白镇贫民院,1772年在马萨诸塞建立的波士顿济贫所。[1] 另外,通过颁发特许状,殖民地还建立了一些图书馆,如费城图书馆等。[2]

总之,英属北美殖民的特许公司涉及政治、经济贸易、文化教育等多个领域。从它们的活动与职责来看,基本都带有公共职能。在合法拥有特权的同时,它们在一定程度上可以被看作"公共机构"。这为革命后商业公司的建立埋下了伏笔。

二 建国初期各州对商业公司的界定

美国革命后,年轻的美利坚不再由英王统治,这是否意味着原先以英王名义或者由英王直接颁发特许状建立的特许公司逐渐衰落了呢？实际上,建国初期,各州政府不仅以特许公司的形式建立为数众多的村镇与城市、学校、教会、图书馆、医院以及慈善机构,而且赋予少数精英特权,建立银行、修建桥梁、公路、运河、组建保险公司和少量制造业公司等,以推动经济的发展和社会的"共同福祉"。商业公司被赋予了公共属性,支持建立商业公司的政治精英相信,具有公共属性的商业公司,在少数精英的管理与经营下能服务于公共目标。

---

[1] Davis, *Essays in the Earlier History of American Corporations*, Vol.1, p.73.
[2] 同上,第100页。

① 美国革命后的社会经济状况

值得注意的是,随着社会观念与政治体制的变迁,关于商业公司的认知也在发生变化。相比 16 世纪和 17 世纪初期的英国,建立商业公司既不意味着要加强各州政府权力、树立政府权威,也不是要建立特权集团。建立商业公司的直接推动力是美国建国初期面临的经济困境。革命后,各州不仅担负着战争中的巨额债务,还面临通货膨胀、金银硬币缺乏的问题。据统计,1784 年,邦联政府的全部债务总数达到 39 323 000 美元,债务的年息是 1 875 000 美元。然而,1785 年和 1786 年,邦联的总收入只有 1 110 000 美元,这意味着邦联两年的收入还不足以偿还债务的年息。到 1790 年 1 月 1 日,全国的总债务累计达到了 52 788 000 美元。① 在 18 世纪 80 年代中期,大多数州议院都依靠提高赋税的办法解决债务危机。然而,高额的赋税给美国普通家庭带来沉重的负担。1779 年以后,依靠海外贸易为生的商人还能保持生意繁荣,但在乡村,农民不仅面临着需求减少,产量下降的困境,还要缴纳高额税款。② 而赋税也成为激化社会矛盾的导火索。1786 年,马萨诸塞爆发了"谢斯起义"(Shays' Rebellion)。丹尼

---

① Davis Rich Dewey, *Financial History of the United States* (New York: A. M. Kelley, 1968), p. 56; Merrill Jensen, *The New Nation: A History of the United States during the Confederation, 1781–1789* (New York: Knopf, 1950), p. 387.

② Arthur Harrison Cole, *Wholesale Commodity Prices in the United States, 1700–1861* (Cambridge: Harvard University Press, 1938), p. i, p. 5, p. 117; Victor Leroy Johnson, *The Administration of the American Commissariat during the Revolutionary War* (Philadelphia: University of Pennsylvania, 1941), p. 154.

尔·谢斯(Daniel Shays)带领武装起来的民众,反对进口货物、反对征收高额税款、反对奢侈。在逐渐"升级"的抗税活动中,马萨诸塞政府只好放弃了高额赋税的方式,退回到正常的赋税。

各州在担负巨额债务的同时,还面临通货膨胀的问题。各州在战争中发行的不兑现纸币(fiat money)迅速贬值,变得不值钱。战争后,一些州继续发行不兑现纸币,将各种充当钞票的票据用于流通,很多票据在其他州一文不值。纽约、康涅狄格、宾夕法尼亚与新泽西等州之间展开海外贸易竞争。没有人关心它们对邦联财政的职责,邦联的债券、股票和现金完全贬值。① 各州的纸币价格也不断改变,借贷的利率极不稳定。一些地区的纸币几乎成为废纸。纸币和债券等价格的不稳定直接导致"信用的剧烈振动"。除非以高利借贷,否则没有人愿意在这样不稳定的情况下借款。②

金银硬币的缺乏更使新国家雪上加霜。革命后,贸易上的逆差使硬币源源不断流入欧洲各国。1785年,埃尔布里奇·格里(Elbridge Gerry)指出,"我们过度进口英国无用的货物导致金钱稀缺,贸易停滞"。查尔斯顿的一份报告指责金钱的缺少将毁掉商人。詹姆斯·沃伦(James Warren)也感叹说,"金钱的缺乏超乎想象"。③ 总之,缺乏有信用的纸币和金银硬币阻碍了商业的

---

① John Lauritz Larson, *The Market Revolution in America: Liberty, Ambition, and the Eclipse of the Common Good* (New York: Cambridge University Press, 2010), pp. 15 - 16.
② François Jean, George Grieve, George Washington, et al., *Travels in North America in the Years 1780 -81 -82* (New York, 1828), p.152.
③ Curtis P. Nettels, *The Emergence of A Nation Economy, 1775 -1815* (New York: Holt, Rinehart and Winston, 1962), p.61.

发展，一些地区甚至开始广泛地使用物物交换的形式。阿尔伯特·加勒廷(Albert Gallatin)指出，宾夕法尼亚西部的农民就依靠物物交换。在这种情况下，发行有信用的纸币成为发展商业迫切的需要。在马里兰和弗吉尼亚，投机商通过出版物提议由州"发行纸币"，解决他们现存的债务问题。大商人查理斯·里奇利(Charles Ridgely)和威廉·帕卡(William Paca)等人也提出类似的要求。①

建国初期，人口定居点不断扩张，然而糟糕的交通状况却成为地区往来、增进地域居民之间情感交流的障碍。泥土、山脉和小溪影响了农民补充生活必需品和商人运送货物的速度。即使在居住人口密集的地区，几乎每个人都抱怨泥泞的道路、车轮的阙如和小石块影响行进速度。在建国初期，东部海岸和西部处于水路隔绝的状况。一位航行者发现，大多数河流"无法支持航行"。有人指出，斯库尔基尔河就是"一个装饰品"，"它较低的水位和积石的河床"，使它对城市和商业毫无价值。② 对于各州来说，架桥、铺路和筑运河不仅是为了满足不断扩展的人口定居点的需要，而且是与其他州进行商业竞争的重要基础。在谈及扩展内陆航线时，有人提到，发展内陆航线能够使沿线土地升值，同时带来农业利益与商业利益的增长。"制造业通过廉价生产原则和充足的资金支持，会得到鼓舞。"总之，州内"会出现难以置信的财

---

① Henry Adams, ed., *The Writings of Albert Gallatin* (Philadelphia, 1879), Vol. 3, pp. 315 – 316; Bray Hammond, *Banks and Politics in America: From the Revolution to the Civil War* (Princeton, N.J.: Princeton University Press, 1985), p. 98.

② François Jean, George Grieve, George Washington, et al., *Travels in North America in the Years 1780 – 81 – 82*, p. 151.

富和人口增长"。①

显然,如何重建货币的信用并为经济发展提供充足的资金,以及在西部扩张和人们逐渐增多的往来中,如何改善国内航线和村镇之间的交通,成为各州政府亟待解决的问题。当时的政治精英们面临多种选择:依靠个人力量来解决,或者由政府直接承担这些项目,或者采用其他的方式。

诚然,建立具有信用的银行是解决资金和货币信用问题的一条途径,但有能力建立私人银行的富人极少。如果个人没有足够的名誉和财富,就不能得到足够的信任,他们发行的货币也不能被广泛接受。不仅如此,由他们管理运行的银行还缺乏必要的法律保障。由于缺少州政府的认可,私人银行发行的货币也不能用来支付税款。直到19世纪第二个十年,大商人史蒂芬·吉拉德(Stephen Girard)建立私人银行之前,费城就没人有足以建立大型私人银行的资源。② 各州政府如果直接发行纸币,则易造成权力滥用,很可能形成有害的结果。还有人指出,政府发行货币没有可遵循的标准,会导致流通货币的数量过剩。③ 事实上,当时各州政府负债累累,根本就没有充足的资金建立银行。

在改善交通方面,仅仅依靠个人或政府的力量同样困难重重。首先,大部分交通沿线的居民无法承受改善交通所需的高额费用。④ 一部分土地投机商和大村镇的商人倒是拥有资金,而且

---

① "Miscellany. For the New-York Journal," *New-Jersey Journal*, Jan. 28, 1792.
② Andrew M. Schocket, *Founding Corporate Power in Early National Philadelphia*, p. 26.
③ "Treasury Department, Dec. 13, 1790," *Pennsylvania Packet*, Dec. 23, 1790.
④ Carter Goodrich, *Government Promotion of American Canals and Railroads, 1800 - 1890* (New York: Columbia University Press, 1960), p. 9.

对修路、建桥和筑运河也有直接兴趣,因为他们有可能从资本投资中获得收益,使土地增值,扩大其获得贸易利润的地区。① 但是,从投资回报速度的角度来看,改善交通的项目工程时间长,不会马上获得利润,即使最终的利润可能很高,也要经过长期收回成本的过程。② 投资人往往不愿意为此而牺牲眼前获利的机会。另外,河流与道路都属于公共设施,私人投资修建运河、桥梁和公路后,如果没有地方政府的同意,他们就没有合法的权利收取过路费或者过桥费,一旦他们的工程影响到交通沿线土地所有者的权利,还会遭到强烈的抵制和破坏。

有些地区为了改善公路状况,成立了地方公路委员会。但是委员会的监管和所依靠的劳动力都是普通农民,他们的工作都是临时的。当他们需要农耕时,就无法进行道路维护。而临时性的工作使他们缺乏维护公路所需要的专业技巧和责任心。这极大地减缓了公路维护的效率。③

那么,州政府直接出资进行交通建设可行吗?每当有议员向州议会提议政府出资建设交通体系时,往往遭到众多议员的反对。一方面,纳税人本已痛恨高额税款,当政府可能用他们缴纳的税款去改善其他地区的交通时,很多议员担心这会引发强烈的抵制活动。毕竟,改善交通带来的结果可能是一些地区率先受

---

① Joseph Austin Durrenberger, *Turnpikes: A Study of the Toll Road Movement in the Middle Atlantic States and Maryland* (Valdosta, Ga.: Southern Stationery and Printing Company, 1931), pp. 46 - 48.
② Goodrich, *Government Promotion of American Canals and Railroads*, p. 8.
③ Daniel B. Klein, John Majewski, "Economy, Community, and Law: The Turnpike Movement in New York, 1797 - 1845," *Law & Society Review*, Vol. 26, No. 3 (1992), p. 474.

益，而另一些地区的利益受损。另一方面，随着居所的扩展和人口不断向西迁徙，很多出行者并非本土居民。即使是改善当地交通状况，当地纳税人也不愿意将自己缴纳的税款用于建设使外来者受益的交通。① 此外，还有人担心一旦政府直接进行交通建设，就有可能滥用权力，建立官僚体系，形成专制统治。他们也担心州政府不能合理地建设，造成资金浪费。②

由此可见，无论是依靠政府还是依靠个人来解决新国家亟待解决的难题都面临种种弊端与阻碍。在一些地区出现了私人银行，也有地方政府直接出资进行交通建设，但是政治精英还有第三种选择，就是建立商业公司。这种公司由政府颁发特许状建立，汇聚私人资金，有时也可由政府注入一定的资本，在接受政府的监督与限制的同时，被赋予一些必要的特殊权利，以解决必须应对的前述各种经济问题。

建国初期的政治精英对这种组织形式并不陌生。在英国，就有建立特许银行和特许运河公司的先例。1649年，英王颁发特许状，建立英国银行(Bank of England)，为国王提供稳定的信用，为军队装备提供资金支持，同时使投资者获益。苏格兰的三家特许银行率先使用银行票据，为发展经济提供货币补充，还开设分行以满足地理扩张的需要。18世纪，英国开始建立内陆航线，范围从矿区发展到沿海，尤其是人口中心地区。从

---

① Durrenberger, *Turnpikes: A Study of the Toll Road Movement in the Middle Atlantic States and Maryland*, pp.46-48.
② Charles G. Paleske, *Observations on the Application for a Law to Incorporate "The Union Canal Company"* Respectfully Submitted to the Members of Both Houses of the Legislature of Pennsylvania (Philadelphia: Dunae, 1808), 5.

1760年代开始，运河发展迅速，越来越多的内陆制造业和商业中心开始连接，形成全国性市场。① 而北美殖民地也有利用商业公司的形式解决交通与供水问题的例子。当时有意建立商业公司的人与支持建立商业公司的政治精英们，从书籍中汲取英国建立特许银行和内陆航线的经验，了解到申请获得特许的程序以及涉及商业公司特许状的有关条例等详细信息，并在北美进行了一些尝试。② 到美国革命时期，为了解决战争中的资金需要，亚历山大·汉密尔顿（Alexander Hamilton）提议建立国家银行，并得到罗伯特·莫里斯（Robert Morris）和詹姆斯·威尔逊（James Wilson）等人的积极响应。尽管包括詹姆斯·麦迪逊（James Madison）在内的政治精英表示反对，但大陆会议最终还是授权建立了北美银行，以集合潜在的资源，缓解战争中的财政困境。

在商业公司的支持者看来，在靠政府或个人单独行动难以复苏经济的情况下，这种特许组织由于政府提供的政策保障而易于筹集资金，堪当重任。于是，在银行业、交通业、保险业等各个领域都出现了建立商业公司的积极支持者。这些支持者自然包括希望通过商业公司获利的商人，比如曾担任北美银行主管的大商人托马斯·威林（Thomas Willing）就是其中之一。不过需要指出的是，在建立商业公司过程中，起到关键作用的是各州的政治精英。这些政治精英并非来自单一的政治派别，也不一定具有相同的政治理念，却都成了某些商业公司的支持者。从18世纪末

---

① Schocket, *Founding Corporate Power in Early National Philadelphia*, p.29.
② 同上，第37—39页。

第一章 为"公共利益"服务的设想

到19世纪初,联邦党和共和党①都曾选择性地支持建立一些商业公司。当纽约州需要修建运河时,就有人提议说,"如果我们有价值的商业公司"被议会批准建立,投资人"聚集一些资金",开通运河,"就会极大地促进城市的贸易",越来越多的人将会来这里定居,"提升这块土地的价值"。"一个安全且容量大的港口就这样形成","所有类型的轻舟和船只在这里停泊",很快会形成市场,为城市提高生产力。"有谁会拒绝参与"建立这样的商业公司呢?② 在费城,城市委员会也有促成建立运河公司的强烈愿望,他们认为这项计划有助于完成内陆航线与城市供水的双重目标。③

在保险业领域,一些城市的大商人已经组成了发展保险业的公司。支持商业公司形式的人指出了建立公司的好处。一方面,公司能够为保户提供充足的保证,减少个人损失。商业公司资金充足,不会像私人公司一样轻易失败,不会拒付或者拖延支付款项,比私人公司更有优势。另一方面,支持者提出,"这种商业公司是政府的一部分",通过议会颁发特许状,保险公司有更多的信用。政府通过合法的方式,使公司的事业更有效率。而且较之"没有关联的个体","人们更信任结合在一起的公司"。公司资金

---

① "共和党"也称"民主共和党"。在美国18世纪末的文献中,党派冲突中的两派通常被时人称为"Federalist"和"Republican"。18世纪末的"Republican"不同于美国现代政党政治中的"共和党",他们主张忠于美国革命精神与宪法,建立共和形式的政府。之后的政治学家在论著中将其称为"Democratic-Republican",即"民主共和党"。而美国的大部分历史学论著中则仍然称其为"Republican"。文中为了与18世纪末美国文献保持一致,将"Republican"译为"共和党"。
② "Miscellany. For the New-York Journal," *New-Jersey Journal*, Jan. 28, 1792.
③ "The Philadelphia Gazette, Wednesday, Sep. 3, 1800," *Philadelphia Gazette*, Sep. 3, 1800.

充足,不会像私人组织一样因为缺乏资金而失败,更不会拒付或者拖延支付款项,因此能为保户提供充足的保证。①

在银行业中,也有支持者指出利用商业公司形式的益处。1785年,在宾夕法尼亚州议会的讨论中,有州议员提出,在私人借贷过程中,贷方"会根据个人喜好办事","任意行使权利"。相比私人借贷,特许银行的贷款程序更加规范,交易过程更加透明。它不依靠特殊的联合方式,就能使不同党派、宗教信仰和职业的人汇聚在一起。这种组织形式没有破坏平等,而是支持平等。因此,在这位州议员看来,商业公司能推动公民平等和独立。② 一年之后,在国会上,有联邦议员再次强调特许银行对建立公共信用是必要的。该议员认为,特许银行的运行是在具有高度信誉的公共机构监督下进行的,故具有以下的优势。首先,公款存在银行是安全的,政府放心;第二,个人在同银行交易时,也会安心,因为银行具有稳定性,在它们那里存款是安全的;最后,银行还能使买卖交易更加便捷。③ 1789年,纽约银行的主席向州议会申请特许状时表示,银行能为政府在紧急状况下提供援助。④ 到了18世纪90年代,这一观点为商业公司的支持者广为接受。他们坚持认为,只要银行的资金数目合理,不仅不会产生危险,而且可在政

---

① "For the American Daily Advertiser," *Dunlaps' American Daily Advertiser*, Jan. 1, 1793.
② "Proceeding of the Third Session of the Ninth General, of the Freemen of the Commonwealth of Pennsylvania, Monday, September 5, A. M.," *Pennsylvania Evening Herald*, Sep. 7, 1785.
③ "General Assemble, Saturday, April 1, 1786, A. M," *Pennsylvania Evening Herald*, May 10, 1786.
④ "The Petition of the President, Directors and Company of the Bank of New York," *New-York Packet*, Sep. 24, 1789.

府出现财政危机的时刻帮助政府。①

总而言之,商业公司的支持者认为,这种特许组织本身受到州政府的监督,必须依法正当经营,而且运行起来比州政府或者个人更有效,开销也更低。从投资人的角度来看,这种组织被赋予特权进入特定的市场,拥有垄断权,使他们的收益有所保障。从政府的立场上看,商业公司带来的好处就更多。首先,州政府拥有商业公司的部分股票或股息,财政部便可和其他股份持有者一样从成功的商业活动中获得分红,控制税率上涨。其次,政府还能从特许银行借贷资金,而不再直接设立抵押贷款,贷款时间也能延长,使之作为保持商业公司的条件。最后,政府还能安排特许银行为公路或者桥梁建设提供贷款。② 曾任马萨诸塞州州长的詹姆斯·沙利文(James Sullivan)尽管不支持建立特许银行,但是认为建立桥梁和运河公司都是有益的。他在谈及商业公司的益处时指出,政府通过法令,使商业公司在共和政体下具有合法身份,从而"能够更便捷、更安全地以较低利率借款",使更多的投资人为整个州的经济贡献力量,可以说,一些商业公司在这方面提供了"很大的公共便利"。③

② 作为"公共机构"的商业公司

建国初期,同支持建立桥梁与运河公司的沙利文一样,在主

---

① "For the Minerva," *Herald*, Feb. 18, 1795.
② Edwin J. Perkins, *American Public Finance and Financial Services, 1700 – 1815* (Columbus: Ohio State University Press, 1994), p. 279; p. 270.
③ James Sullivan, *The Path to Riches* (Boston, 1792), p. 44, pp. 53 – 54.

张建立商业公司的政治精英眼中,这种组织形式并非为了使私人获取利益,恰恰相反的是,他们将其视为公共服务团体。在共和思想的影响下,商业公司的支持者都将建立商业公司看作推动社会公共利益的有效途径,强调商业公司是公共机构,宣称他们支持建立的商业公司会推动社会繁荣。

对于建国精英来说,商业公司是国家管理社会经济的辅助工具。这种态度体现了他们的价值取向。作为革命一代的政治精英,他们普遍相信,社会存在着超越个体的"共同福祉"。建国初期,作为建国之父之一的约翰·亚当斯在公开演说和政论文章中先后几次提到,除了多样的相互斗争的利益,社会中还存在更广阔的利益。他批评那些沉迷于为各自阶层利益斗争的人,并且认为,"在多样性的背后有超越各种利益的、社会所有成员的共同利益",它"在国家政治中表现为一个道德整体"。国家是共同财富,有着它本身的利益,不同于各个集团的利益。[1] 塞缪尔·亚当斯(Samuel Adams)在其信件中重复着亚里士多德和西塞罗的名句:"公民的全部都属于共同体。"[2] 威尔逊在作题为"大共同体下的个人"的演讲时提到,"每个成员的财产实际上是整个国家的财

---

[1] John Adams, "Address of the Convention to the People," *Journal of Convention for Framing Constitution of Government for the State of Massachusetts Bay, from The Commencement of their First Session, September 1, 1779, to the Close of their Last Session, June 16, 1780* (Boston, 1832), p. 216; John Adams, "Defense of the Constitutions of Government of the United States of America, against the Attack of M. Turgot, in his Letter to Dr. Price," in Charles Francis Adams, ed., *The Works of John Adams* (Boston: Little, Brown and Co., 1865), Vol. 4, p. 404.

[2] "Samuel Adams to Caleb Davis, Apr. 3, 1781," in Harry Alonzo Cushing, ed., *The Writings of Samuel Adams* (New York: Octagon Books, 1968), Vol. 4, p. 255.

产"。① 在制宪会议召开之前，一些政治精英继续宣扬牺牲私人利益、为公共利益服务的价值观。本杰明·拉什表达了与威尔逊类似的态度。他提到，"在一个共和国，每个人都是公共财产。他们的时间和才智，他的青年、壮年和老年，而且还有他的生命，他的一切，都属于他的国家"。②

在革命一代的政治精英眼中，国家的职责就是维护和推进社会的"共同福祉"。国家的一切制度安排，都必须有助于实现和增进这种"共同福祉"。③ "在他们心目中，'自由政府'的目标必然是'人民'的'普遍福利和幸福'。"④ 约翰·亚当斯强调，共和制政府要以积极的态度，超越所有私人情感，服务于公共利益。⑤ 在这样的政府中，全体"人民"都应该遵守推动公共利益的法律。⑥ 在共同体大多数成员的思想中，共和国有责任控制人类的

---

① "Of Man, As an Individual," Robert Green McCloskey, ed., *The Works of James Wilson* (Cambridge: Harvard University Press, 1967), Vol.1, p.275.
② Benjamin Rush, "On the Defects of the Confederation (1787)," in Dagobert D. Runes, ed., *The Selected Writings of Benjamin Rush* (New York, 1947), p.3; Rush, "Address to the People of the United States," in Nikes, ed. *Principles and Acts of the Revolution*, pp.235-236. 参见李剑鸣《"共和"与"民主"的趋同——美国革命时期对"共和政体"的重新界定》，载《史学集刊》2009 年第 5 期，第 13 页；Wood, *The Creation of the American Republic* (Chapel Hill: The University of North Carolina Press, 1998), pp.53-70.
③ 李剑鸣《"人民"的定义与美国早期的国家构建》，载《历史研究》2009 年第 1 期，第 124 页。
④ 李剑鸣《"共和"与"民主"的趋同——美国革命时期对"共和政体"的重新界定》，载《史学集刊》2009 年第 5 期，第 9 页。
⑤ Massachusetts Historical Society, ed., *Warren-Adams Letters, Being Chiefly a Correspondence Among John Adams, Samuel Adams, and James Warren, 1743-1814* (Boston, 1917-1925), p.135.
⑥ "A Constitution or Frame of Government," *Journal of Convention for Framing Constitution of Government for the State of Massachusetts Bay, from The Commencement of their First Session, September 1, 1779, to the Close of their Last Session, June 16, 1780* (Boston, 1832), p.222.

私欲。① 1789年,当国家出现党派分歧时,乔治·华盛顿在国会演说中提到,积极的政府要为共同利益而行动,国会要鼓励采取对公众有益的措施,珍惜对人类有益的体制。他从不认为个人在追逐私利的过程中能主动地完成有益于社会的事业,他相信利益需要"智慧"来指导,而美国政府作为一个共和制的政府,当下是最能运用自己的权力来推动"共同福祉"的。在华盛顿看来,唯有正确的国家政策才能保证国家的商业和边疆。② 在他看来,政府要有益于公众,他向往建立能推动"共同福祉"的共和制国家。③ 在制宪时期,联邦主义者认为,政府的职责是保护"人民"的权利,推动公共利益。他们强调,建立政府就是为了保护社会的公共利益。约翰·杰伊(John Jay)指出,"政府是人民的政府,所有的机构都是他们的机构,运行人民委托给他们的权力"。所有的政府成员履行其职责不是为了他们的私人利益,而是为了"人民"的"共同福祉"。④ 总之,在这些精英的话语中,他们更强调州或联邦的公共职能和整体利益,国家与社会的

---

① Wood, *The Creation of the American Republic*, p.64.
② "Washington to Thomas Johnson, July 20,1770," in John C. Fitzpatrick, ed., *The Writings of George Washington from the Original Manuscript Sources, 1745 - 1799* (Washington: U. S. Government Printing Office, 1931 - 1944), Vol. 3, pp. 18 - 19; "Washingtong to Jefferson, Mar. 29,1784," in Julian P. Boyd, et al., eds., *The Papers of Thomas Jefferson* (Princeton: Princeton University Press, 1950), Vol.7, p.51.
③ George Washington, "First Annual Message to Congress," in John C. Fitzpatrick et al., eds., *The Writings of George Washington from the Original Manuscript Sources, 1745 - 1799*, Vol.30, pp.491 - 492.
④ Jonathan Elliot, ed., *Elliot's Debates: The Debates in the Several State Conventions on the Adoption of the Federal Constitution* (Washington, 1836), Vol.3, p.225; John Jay, *An Address to the People of the State of New York, on the Subject of the Constitution, Agreed upon at Philadelphia, the 17th of September, 1787* (New York, 1788), p.10.

"共同福祉"紧密相连。

基于这种国家观念,虽然商业公司是集合私人资金而建,但各州政府普遍将商业公司界定为"公共机构"。在主张建立商业公司的政治精英看来,这种组织形式的存在就是为了社会的"共同福祉"。在交通领域,商业公司的支持者普遍将这一领域的公司看作"公共机构"。长期以来,马萨诸塞州首府与新罕布什尔州之间的陆路交通为河流所阻隔。于是,在查尔斯河、米斯蒂克河和梅里马克河建造桥梁,成为马萨诸塞州建立市场和获得商品货物资源的前提。为了推动当地经济发展,各村镇展开了一场建立桥梁的竞争。1785年,在梅福德、查尔斯顿以及波士顿地方政府的支持下,雷塞尔的查尔斯河桥公司(Charles River Bridge Company)获得了州议会颁发的特许状,建立了查尔斯河桥。商业公司的支持者认为,建立这样的商业公司将会"推动公共利益,帮助村镇发展,同时协助他们负担战争中繁重的债务"。[①] 还有人在支持建立查尔斯河桥公司时表示,商业公司"是一种服务",公共服务与"被赠与的特权是等价的"。[②]

在银行业,支持商业公司的政治精英也将公司视为具有"公共属性"的机构。在宾夕法尼亚州议会上,有议员直接宣称,"实际上,银行是人民的服务者"。[③] 1790年,汉密尔顿在提议建立合众国银行时明确表示,合众国银行是促进金融繁荣的最重要机

---

① Oscar and Mary Handlin, *Commonwealth*, p.109.
② "For the Centinel," *Columbian Centinel*, Jan.21,1792.
③ "Proceedings of the Third Session of the Ninth General Assembly, of the Freemen of the Commonwealth of Pennsylvania, Monday, September 5 A. M.," *Pennsylvania Evening Herald*, September 7,1785.

构，它能够促进资金流通，最大限度地支持公共信用，为政府提供资金资助，是为公共利益而建。① 他亦将各州银行称为"公共"银行。在银行数量增加后，他担心过度的投机活动会毁掉银行的公共信用，而他政策的最终目标是支持公共信用。正如弗里茨·雷德利克（Fritz Redlich）所言，在18世纪90年代银行成倍增加之前，它们都被认为是"半公共"的商业公司，银行董事会在一定程度上是公共服务机构。② 直到19世纪初期，仍有不少政治精英将商业公司视为公共服务机构。北卡罗来纳州的一位法官在1805年提到，"很难想象一个商业公司仅仅是为了个人目的而建立的。建立每一个这样的机构的基础都是促进某些公共利益或实现某些公共目标"。③

　　商业公司服务于公共利益的理念，不仅反映在政治精英的话语中，而且体现在各州议会制定的商业公司法令中。1784年，建立马萨诸塞银行的法令前言中写到，建立银行是"为了公共信用，……而且尤其会促进贸易"；法令中特别提出有关准时和信用的标准，要求银行维持合法的利益比例，保障储蓄的安全。④ 同年，马里兰建立萨斯奎汉纳河航线的法令中提到，建立航线推动

---

① "National Bank: Communicated to The House of Representatives, December 14, 1790," *American State Papers 09* (Washington, D.C.: Gales and Seaton, 1834), Finance Vol. 1, 1st Congress, 3rd Session, p. 68.
② Fritz Redlich, *The Molding of American Banking: Men and Ideas* (New York: Hafner, 1951), Vol. 1, p. 98.
③ R. Kent Newmyer, *Supreme Court Justice Joseph Story: Statesman of the Old Republic* (Chapel Hill: University of North Caroline Press, 1985), p. 132.
④ *The Laws of the Commonwealth of Massachusetts: from November 28, 1780 to February 28, 1807* (Boston, 1807), Vol. 1, p. 115.

"公共事业",会带来"有益的结果",能"扩大贸易"。① 1789年,马萨诸塞通过法令建立贝弗利棉花制造厂。法令指出,通过建立特许公司,发展制造业,"特别是以美国本土原料生产的制造业,有助于促进农业发展,扩展国内商业,进而提高国家福利和人民的共同福祉"。② 在1790年关于修建跨梅里马克河铁索桥的特许状中,马萨诸塞州议会指出,在适时的规范和限制下,这项事业会促进公共利益,同时对个人也有利。③ 进入19世纪以后,政府建立商业公司的法令依然明文规定,商业公司的建立是为了公共利益。1811年,宾夕法尼亚通过法令组建联合运河公司。该法令宣称,修建运河会增进不同地域之间人民的交流,促进农业和制造业发展,推动商业繁荣。④ 1818年,马萨诸塞通过法令组建内陆运河公司。该法令断言,修建运河会带来巨大的社会利益,促进商业发展,不仅使州内经济得到增长,而且繁荣国家经济。⑤ 可以说,从18世纪末到19世纪初,几乎所有建立商业公司的法令都将商业公司界定为"服务于公共利益"的机构。

政治精英认为,既然公司的目标是增进"共同福祉",那么无论是商业公司,还是其他特许公司,它们的权力都不是与生俱来

---

① *An Act of the General Assembly of the State of Maryland, Entitled, An Act for Making the River Susquehanna Navigable from the Line of This State to Tide Water* (Annapolis, 1784), p.4.
② *Private and Special Statutes of the Commonwealth of Massachusetts*(1780 – 1805)(Boston, 1805), Vol.1, pp.224 – 226.
③ 同上,第265页。
④ *An Act to Incorporate the Union Canal Company, of Pennsylvania, with the Bye-Laws, Rules, Orders and Regulations* (Philadelphia, 1811), p.3.
⑤ *An Act to Establish the Navigation Canal Corporation* (Boston, 1818), p.1.

的,而是为推进"共同福祉"而被赋予的。时人甚至认为,商业公司与医院、学校或具有行政职能的公司没有分别。有人曾提出,村镇和其他特许公司都是由个人组成,分别属于"共同体"不同类型的"公司",人们通过"适当的法律与规范",对它们进行管理,推进社会的"共同福祉"。① 沙利文进一步解释说,公司的权力来自于"主权州"(sovereign states),一旦公司滥用权力,它们的"公权"都能"被收回",也就意味着"民事死亡"(civil death)。不过,除了剥夺公司的"公权","主权州"不能有其他的惩罚。② 在美国,国家遵循"人民主权原则",国家的一切权力来自"人民",因此与其说公司的权力是"主权州"赋予的,不如说是来自"人民"。有人对比了英国与美国各州的公司,认为在英国,建立公司在理论上由国王立法;在宾夕法尼亚,王室并不存在,如果将公司移植到美国,赋予公司的权力实际上就来自"人民"。③ 根据时人对公司的解释可以看出,在他们眼中,公司的权力是一种"公权",是被"主权者"赋予的权力,商业公司的建立与运行都属于更大的"共同体"范畴。

支持建立商业公司的政治精英认为,公司被赋予的特权是推动社会"共同福祉"的手段。美国建国后,权力的分配与行使始终是建国精英关注的焦点,他们设计分权与制衡体系就是为了

---

① "For the Massachusetts Magazine," *The Massachusetts Magazine; or, Monthly Museum*, Vol. 2, No. 10 (Oct., 1790), p. 598.
② James Sullivan, "Observations upon the Government of the United States of America," *The Massachusetts Magazine*, Vol. 3, No. 8 (Aug., 1791), p. 505.
③ *Proceedings and Debates of the Convention of the Commonwealth of Pennsylvania, to Propose Amendments to the Constitution* (Harrisburg: Packer, Barrett and Parke, 1837 - 1839), Vol. 14, pp. 6 - 12.

防范任何分支或团体权力的扩大与滥用。不过,这并不等于说特权绝对不能被授予。马萨诸塞的《权利宣言》规定,如果是出于推进"共同福祉"的目的,特权能被授予给一些人、组织或者联盟,使他们具有与共同体其他人不同的优势。在其他州的《权利法案》中也有类似的条款。①政治精英在主张建立银行时表示,银行的目标是公共利益而非私人利润。政府就是要根据这样的原则建立银行,并赋予其特权。②可以说,正是由于建立商业公司的初衷是推进"共同福祉",所以商业公司拥有的特权具有合法性。

到了19世纪初期,政治精英们仍然坚信,政府赋予商业公司特权是推进"共同福祉"的方式。1808年,时任财政部长的加勒廷在提议政府协助建造运河和修筑公路时就提到,当公共利益大于私人利益时,政府应该能够给予这些长远项目一些投资支持。在他看来,国家应该引导"共同体"的发展。③《政治经济手册》的作者威拉德·菲利普斯(Willard Phillips)也指出,不是所有的特权、赠与或者垄断都是可憎的。因为"在各种雇佣中有关系链","共同利益包含在产业的不同阶层中",只要"集体的共同利益还是目标",对特殊团体的援助就有益于整体。"每个阶层和个人获得政府援助,都有某些理由",一个重要的理由就是:他从事的事

---

① "A Declaration of the Rights of the Inhabitants of the Commonwealth of Massachusetts (1780)," *The Revised Statutes of the Commonwealth of Massachusetts* (Boston, 1836), p. 21; *Virginia Bill of Rights*, June 12, 1776.
② "National Bank, Dec. 13, 1790," *New York Daily Gazette*, Dec. 25, 1790.
③ Albert Gallatin, "Report on Roads and Canals (1808)," *American State Papers*, *Class X*, *Miscellaneous*, Vol. 1, pp. 753–762.

业是为了集体的利益。① 尽管政府赋予某些团体特权,存在导致腐败的潜在可能性,但是很多社会精英似乎并不拒绝通过专断权力追求共同利益。他们反而相信,为了团体和共同关注的利益,不鼓励推动某种生产力才是愚蠢的。②

各州议会在颁发的特许状中,都明确列出了这些公司投资人拥有的特权。一般来说,各个商业公司都具有地方垄断性。1792年,宾夕法尼亚授权组建公路公司的法令就规定:"公司和公司的管理者拥有在该路段的所有水域建立永久性桥梁的权力。"③ 1818年,马萨诸塞赋予波士顿-罗克斯伯里磨坊厂特许状的法令中提到,磨坊厂能够"出售或租赁水域,期限和条件由他们决定"。④ 1784年,马里兰州批准建立萨斯奎汉纳河航线的法令中提到,获得授权的公司在沿线"有完全的权力建立谷物磨坊和其他水力项目",其他人不得在此地另建运河,也不得对运河航线造成损害。"公司拥有完全的权力使用河流的水资源,为建立的运河作补给,或者用于水利项目"。⑤ 在19世纪20年代初期,纽约州法官詹姆斯·肯特(James Kent)在判决中还强调,如果政府"邀请个人投资大型的、花销大的、风险高的公共工程",比如道路和桥梁,而且这些工程负责人还必须进行"长期和良好的维护",

---

① Willard Phillips, *A Manual of Political Economy* (Boston, 1828), pp. 181 - 183.
② 同上,第193—195页,第200页。
③ "An Act to Enable the Governor of this Commonwealth to Incorporate a Company, for Making an Artificial Road from the City of Philadelphia to the Borough of Lancaster," *Dunlap's American Daily Advertiser*, Apr. 18, 1792.
④ *Boston and Roxbury Mill Corporation* (Boston, 1818), p. 15.
⑤ *An Act of the General Assembly of the State of Maryland, entitled, An Act for Making the River Susquehanna Navigable from the Line of this State to Tide Water* (Annapolis, 1784), pp. 10 - 11.

那么，个人就有权获得"排他性的收费权"。①

从主张建立商业公司，到赋予商业公司特权，政治精英的目标都是通过国家权力推动社会的"共同福祉"。他们始终视商业公司为公共服务组织，并通过国家权力将它限制在公共服务的范畴中。对此，汉德林夫妇总结道："商业公司被认为是政府机构，被赋予公共属性、特权和政治权力，系为州的社会功能而建立"，"因为是社区共同体（community）而不是冒险的资本家限定了它的活动领域"。② 虽然商业公司中相当多的资金来自私人，但是在主张建立商业公司的政治精英看来，它却是"公共机构"。可以说，商业公司是国家的延伸，是为了推动社会经济的发展而形成的国家辅助机构。

③ 商业公司服务于公共利益的制度安排

为作为公共机构的商业公司设计一套确保其公共服务功能的管理制度，成为各州政治精英的重要任务。在建国初期，深受古典共和思想影响的政治精英将"精英治国"与"信奉美德"的思想付诸实践，制定了各项法令与规则，按照他们对如何保障商业公司发挥公共职能的理解，打造他们理想中的商业公司。

虽然商业公司被界定为公共机构，不过，它的资金毕竟来自

---

① Morton J. Horwitz, *The Transformation of American Law, 1780－1860*（Cambridge: Harvard University Press, 1977）, p.126.
② Oscar Handlin, Mary F. Handlin, "Origins of the American Business Corporation," *The Journal of Economic History*, Vol.5, No.1（May, 1945）, p.22.

个人。对此,主张建立商业公司的政治精英心知肚明。而且,他们还懂得,投资人的私人利益是实现公共利益的隐患。因此,早在建立合众国银行时,政治精英们就曾为此展开讨论。汉密尔顿认为,银行资本中的大部分来自私人,而不是公共财源;"是以**个人利益**,而不是**公共政策**为指导"。这有可能会成为一个弊端,结果腐蚀银行的根本目标。① 他进一步解释说,在合众国银行的运作中,持股人自然希望股票价值提高,增加分红,于是便会反对银行增加它迫切需要增加的认股资本,结果股东的利益反而成为银行的根本出发点,而公共利益受到忽视。他还指出,公共功能确实是公共银行的目标,政府组建特许公司也是以此为原则,但是私人利益才是很多人参与这项事业的根本动机,公共利益对他们并不具有吸引力。由于银行的董事并不是由社区选举产生,所以不会由持不同立场的人组成,而是由相同阶层的少数人所构成,他们代表着这个阶层中最有影响的人,具有共同的目标。这些人代表的是本利益集团的利益要求,而非公共利益,遂成为银行的一大垢弊,很难不引起不满和怀疑。②

显然,政治精英们不是没有看到,商业公司在获得政府授予的特权后,其投资人可能会滥用特权,在获取私人利益的同时损害公共利益。一些支持商业公司的政治精英和政论作家就曾直截了当地指出,投资人的私人利益会带来危害。在1786年的邦联国会辩论中,有议员表示,"银行的管理者由股东选择",这样的

---

① "Treasury Department, Dec. 13, 1790," *Pennsylvania Packet*, Dec. 23, 1790.
② "National Bank: Communicated to the House of Representatives, December 14, 1790," *American State Papers* 09, Finance Vol. 1, 1st Congress, 3rd Session, p.72.

机构具有危险性。因为当所有的工作由少数几个人来完成时,银行就可能变成暴政的工具,"成为少数人的代表"。[1] 19世纪20年代,威拉德·菲利普斯也曾警告,如果一个阶层的利益与整体利益不同,可能会产生亚当·斯密所说的"有害的垄断"。[2]

  与此同时,很多人也的确被商业公司的形式所吸引,希望从中获得特权,赚取更多的利润。在运河、道路与保险业等各个领域,都有人向州议会申请颁发特许状。他们在陈述中纷纷表示,其申请建立的商业公司有利于增进社会的公共福祉。不少私人公司寻求州议会颁发特许状成立水渠公司,称其是为公共服务,承诺会无偿帮助村镇救火。[3] 在马里兰州,巴尔的摩的商人向州议会申请建立保险领域的商业公司,他们制定了详细的管理章程,认为这样的公司容易获得大众的信用,可以照顾到"最广泛地区的多方面利益"。[4] 在马萨诸塞州,商人们看到公路"泥泞不堪","在马车途经地区花销巨大",向议会申请组建商业公司以解决这些问题。[5] 木材商希望控制安德罗斯科金河附近的木材,也在1788年向议会提出申请建立商业公司,满足公共利益与私人利益。[6] 1804年,商业会所的主席约翰·默里(John Murray)向参议员请愿,要求批准他们建立商业公司。他宣称,"这样的组织不仅使他们获利,而且与国家的安全、信用和繁荣休戚相关",并

---

[1] "General Assembly Saturday, April 1, 1786, A.M.," *Pennsylvania Evening Herald*, May 10, 1786.
[2] Willard Phillips, *A Manual of Political Economy*, pp. 181–183.
[3] Oscar and Mary Handlin, *Commonwealth*, p. 107.
[4] "Advertisement," *Federal Intelligencer*, Sep. 21, 1795.
[5] "The Sixth Massachusetts Turnpike Corporation," *Massachusetts Spy*, Sep. 3, 1800.
[6] Oscar and Mary Handlin, *Commonwealth*, p. 106.

信誓旦旦地说,他们"希望与正义和公共利益保持一致"。他们相信,"企业家的精神符合社会环境,会使美国成为发达的商业国家"。①

既然建国之初的政治精英们坚信商业公司可以服务于公共利益,同时意识到商业公司有将私人利益置于公共利益之上的危险性,那么如何保证建立商业公司的公共目标不被私利吞噬,以及如何判断申请人的项目是否真正有利于公共福祉等问题,就自然成为这些政治精英们关注的中心。简言之,他们必须找到能确保商业公司服务于公共利益的对策。

考虑到商业公司的特许状是各州议会直接颁发的,政治精英们认为,各州政府应该承担起保证商业公司公共职能的重要责任。他们相信,政府通过对商业公司的建立与运营加以规范与控制,就能够制约投资人拥有的权力,保证公司的公共特征。沙利文于1792年在小册子《致富之路》中指出,任何公司的建立都应该是小心谨慎的,公司的运营也应该被严格规范。他认为,政府应采取必要和有效的约束措施,要确保公共利益和私人利益均有保障,防止"垄断、欺骗和课税"。② 1788年,在弗吉尼亚关于联邦宪法的讨论中,反对批准联邦宪法的威廉·格雷森(William Grayson)认为,如果特许公司的管理人违反了立法机关的规定,就要受到惩罚。③

---

① "Arming of Merchantmen," Communicated to the Senate, December 28, 1804. *American State Papers 014*, Commerce and Navigation Vol. 1, 8th Congress, 2nd Session Publication No. 94.
② James Sullivan, *the Path to Riches*, p.32.
③ Elliot, ed., *Elliot's Debates: The Debates in the Several State Conventions on the Adoption of the Federal Constitution*, Vol.3, p.284.

第一章 为"公共利益"服务的设想

在建立商业公司的各行各业，政治精英都强调，政府要严格约束商业公司。在银行业中，罗伯特·莫里斯最初认为银行不能受政府控制，但是，当他意识到滥用银行的特权可能产生集权时，转而指出，银行不仅需要受国会控制，而且需要国家的控制。① 特许银行的辩护者约翰·皮克林（John Pickering）也认为银行应该被严格规范。② 1790年，在关于建立合众国银行的讨论中，有议员再次强调，推动公共利益是建立银行的目标，因此，不滥用银行特权"才是政府真正的利益"。他呼吁，要"用真诚的政策，以最慎重的态度来管理和珍视银行"，要仔细而小心地管理银行的财富。③ 在交通领域中，相关人士也认为政府需要对拥有特权的商业公司进行限制。

因此，政治精英找到的第一种对策，就是由政府对商业公司进行制度性规范与监督。也就是说，各州政府设计各种机制，做出各种规定，用以规范商业公司的职责、义务和经营管理，并加以监管。这方面的例证不胜枚举。

在银行业中，各州颁发的特许状中都包含了关于银行的各种职责、义务和管理机制。汉密尔顿认为，为了防范银行董事会滥用特权、操纵垄断，需要施行轮换制，而且要对此做出明文规定，否则更换董事会成员就会沦为空谈。④ 他相信，通过轮换制，定期改变董事，使之进行小心谨慎的管理，就可以维护公共利益。

---

① "General Assembly Saturday, April 1, 1786, A.M.," *Pennsylvania Evening Herald*, May 10, 1786.
② William Soden Hastings, *Remarks Made in the Senate upon the Manufacturing Bill* (Boston, 1809), p.17, pp.9–10, p.12.
③ "Treasury Department, Dec. 13, 1790," *Pennsylvania Packet*, Dec. 23, 1790.
④ 同上注。

汉密尔顿还主张,政府在进行金融管理时,有权根据需要,与银行做出互惠安排。① 根据这一思想,宾夕法尼亚银行的特许状规定,银行有义务向州一次性提供50万美元的借款,并为州的金库保留大笔股份。② 可以说,各州政府拥有相当大的权力来干涉公司的活动。例如,1815年,马萨诸塞州议会通过建立戴德姆银行(Dedham Bank)的法令。法令指出,立法机关有权监督银行的工作,并可以干涉银行的规定。如果银行行使了超过法律规定的权力,或是没有遵守立法机关的规定和限制,它就会被罚款或撤销。③ 此外,在银行投资人承担的责任已远远超过其投资份额的情况下,马萨诸塞州政府还在不断增加股东对银行要负的责任。④

在交通业中,商业公司同样受到州政府的限制。1784年,马里兰州议会要求负责经营萨斯奎汉纳河航线的商业公司建立跨越运河的桥梁,或者为乘客过运河提供渡船。如果不按此要求执行,该公司就会被处以罚款。⑤ 1792年,纽约州州长乔治·克林顿(George Clinton)颁发特许状建立了两个内陆航运公司,同时在特许状中对航运公司加以限制,防止其扩大影响或使富有阶层

---

① "National Bank: Communicated to the House of Representatives, Dec. 14, 1790," *American State Papers* 09, Finance Vol. 1, 1st Congress, 3rd Session, pp. 74 - 75; "Treasury Department, Dec. 13, 1790," *Pennsylvania Packet*, Dec. 23, 1790.

② *Laws of the Bank of Pennsylvania* (Philadelphia, 1811), p. 18.

③ *An Act to Incorporate the President, Directors, and Company of the Dedham Bank* (Dedham, 1815), pp. 8 - 9.

④ Lawrence Meir Friedman, *A History of American Law* (New York: Simon & Schuster, 2005), p. 168.

⑤ *An Act of the General Assembly of the State of Maryland, Entitled, An Act for Making the River Susquehanna Navigable From the Line of This State to Tide Water* (Annapolis, 1784), p. 12.

获利。① 收费公路公司建立时，尽管可以从议会获得收取过路费的特权，但过路费金额已由议会做出规定，不得多收。不仅如此，作为获得诸如收取过路费、占用土地以及横跨公共公路等特权的条件，收费公路公司也承担了一些职责。比如，公司必须在规定时间内建成；收费口以及公路的宽度必须依照法令执行，如果更改要经立法机关的同意；公司必须保证公路通行，如果拖延建设时间或者公路出现缺陷，都要受到惩罚；公司还要允许例行作礼拜者、军人和农民免费通过其收费口。一般来说，州政府"要在特许状颁发20年后降低过路费"，"公司每年赚取12%—15%的利润，在收回成本后，即可解散公司"。根据法令，有关的争议需由法院处理，后来则交由州长专门安排的委员会负责。② 事实上，法院通常裁定在经营活动上不受限制的商业公司违法。换句话说，商业公司只拥有特许状中明确规定的权力。③

此外，各州政府还要求交通领域的各种商业公司支付各种赔偿或维修费用。公路和桥梁因为占用土地，需要承担一些补偿。当农民的土地因建设公路受损时，也能从公路公司获得补偿费。1796年，一家收费公路公司不仅需要"支付占用土地造成的他人

---

① "George Clinton to New York Assembly, January 1791," in David Hosack ed., *Memoir of DeWitt Clinton: with An Appendix, Containing Numerous Documents* (New York: Printed by J. Seymour, 1829), p. 286; "An Act for Establishing and Opening Lock Navigations within this States," in Walter Lowrie and Walter S. Franklin, eds., *American State Papers*, Vol. 10, *Miscellaneous*, Vol. 1, pp. 781-787.

② Oscar and Mary Handlin, *Commonwealth*, pp. 119-120.

③ "Corporations," *American Jurist and Law Magazine*, Vol. 4, No. 8 (Oct. 10, 1830), p. 306.

经济损失",而且要赔偿原本不需支付通行税的人的损失,甚至还要赔偿因为修路而引起的桥梁改造或维修所需的费用。① 1799年,马萨诸塞的收费公路需要对所有的损失负责,其中包括所有人因修路损失的土地。② 总之,商业公司如果伤害了私人财产权,就必须进行补偿。③ 除了赔偿损失以外,这些公司往往还要承担高额的维修费用。像收费公路需要定期重新铺路和维修,而当雨水破坏公路后,重新铺路更是不可避免;航海公司因为洪水常常要重建其工程;桥梁公司则面临火灾的威胁。所有这些维修产生的费用都要由商业公司承担。④

各州政府对商业公司施加如此之多的限制,就是要保证商业公司的公共服务目标。为了使商业公司在各自的领域中服务于公共利益时有安全感,各州政府还禁止其他组织和个人进入商业公司从事经营活动的特许领域。例如,1799 年,马萨诸塞州和新罕布什尔州通过限制法案,禁止私人未经特许建立银行,或者任何其他未获特许状的公司发行货币,从而阻止这些私人及组织与被授予特许状的银行竞争。这些法令保护了作为商业公司的州许银行的特权。到 1815 年,9 个州通过立法,认定私人银行非法。⑤ 其他州虽然有一些大商人建立了私人银行,但是州议会并没有以特许状赋予其特权,所以远不如州议会授权建立的银行在

---

① *Salem Gazette*, Sept. 20, 1796.
② *By Laws of the Sixth Massachusetts Turnpike Corporation* (Worcester, 1799), p. 6.
③ *The Committee of Both Houses, to Whom Was Referred the Several Petitions of Isaac P. Davis ... Exhibit ... a Description of the Works Contemplated* (Boston, 1814), p. 10.
④ John Majewski, "Toward a Social History of the Corporation: Shareholding in Pennsylvania, 1800 – 1840," Cathy Matson, ed., *The Economy of Early America*, p. 307.
⑤ Edwin J. Perkins, *American Public Finance and Financial Services 1700 – 1815*, p. 280.

经营上有优势。①

为了保证商业公司能有效地服务于公共利益,政治精英们不仅对其组成和经营活动严加限制,并将其潜在的竞争对手排除在它们的特许领域之外,还努力塑造商业公司为公共服务的"形象"。这在银行业中表现得尤为明显。银行建筑的外观基本上都给人一种稳重的感觉,在银行入口处往往会设计高耸的大圆柱,衬托出银行的庄严权威。② 就连印刷的纸币都要在公众中展现银行的积极正面形象。于是他们在纸币上设计了一些插画,来体现银行的公共服务精神,甚至还想通过这些插画,增进"人民"的"民族自豪感"。③

除了政府的制度性规范与监管以外,政治精英在确保商业公司服务于公共利益上找到的第二种对策,就是让社会精英来监管、组建和经营商业公司。在美国革命时期至建国初期,精英虽然没有世袭的头衔,但却是在社会中区别于大多数人的富有阶层。在各个地区,由于社会经济形态差异,精英阶层来自不同集团,代表不同利益,是多样化的群体。但从总体上看,政府官员、大种植园主、大土地所有者、富有的商人以及律师被普遍认为是社会精英,他们拥有财富、社会地位和权力,不需要从事体力劳动,在各地政治生活中占据重要职位。美国的建国者

---

① Richard Sylla, "Forgotten Men of Money: Private Bankers in Early U. S. History," *Journal of Economic History*, Vol. 36, No. 1 (Mar., 1976), pp. 173 – 188.

② Richard D. Brown, *Knowledge is Power: The Diffusion of Information in Early America, 1700 –1865* (New York: Oxford University Press, 1989), pp. 110 – 131.

③ Stephen Mihm, *Making Money, Creating Confidence: Counterfeiting and Capitalism in the United States, 1789 –1877*, PhD. Diss., New York University, 2003, pp. 1 – 24.

相信,美国社会中存在一个"天然的贵族"(natural aristocracy)群体,他们是社会精英,具备足够的能力、热情、财富和社会声望,相比普通民众更具有"公共服务"精神,更能超越个人利益而维护公共利益,因此唯有将商业公司交给这些人管理和经营,才可以确保公司驶入公共服务的轨道。① 在费城组建特许银行时,政治精英就曾指出,最好的方式是由富有且有节制的人建立金融机构。② 对于普通民众,他们则表现出极端不信任的态度。在制造业领域建立商业公司的问题上,供职于财政部的联邦党人坦奇·考克斯(Tench Coxe)明确表示,工匠通常都比较"放纵和没有秩序","制造业的模式不需要他们"。③ 这些政治精英倚重社会精英以确保商业公司服务于公共利益的对策,具体表现为两方面的政策实践。

一方面,政治精英作为政府代表进入关键行业的商业公司直接参与管理,并进行监督。在银行领域,各州议会几乎都安排了官员进入银行董事会。1790年,在关于建立合众国银行的讨论中,汉密尔顿提出,"参与银行运作的人不应该拥有所有或者关键部分的股票","如果大部分财富属于公有,如果银行的运行掌握在私人手中","就要将国家的利益交给那些无私的个人",进行适

---

① 关于美国革命时期至建国初期"精英"的界定参见 Gary J. Kornblith and John M. Murrin, "The Making and Unmaking of an American Ruling Class," in Alfred F. Young, ed., *Beyond the American Revolution: Explorations in the History of American Radicalism* (Dekalb, Ill.: Northern Illinois University Press, 1993), pp.43 – 64; Gordon S. Wood, *The Creation of the American Republic, 1776 – 1787*, p.71, p.479; Terry Bouton, *Taming Democracy: "The People", the Founders, and the Troubled Ending of the American Revolution* (New York: Oxford University Press, 2007), p.129。
② Schocket, *Founding Corporate Power in Early National Philadelphia*, p.40.
③ Davis, *Essays in the Earlier History of American Corporations*, Vol.1, p.354.

当的管理。"谨慎的管理需要政府拥有监察的手段,执行起来需要忠诚和细心"。① 在这种思想逻辑下,各州议会选举出一些代表进入银行。在组建费城银行时,议会规定,银行应该有 25 个主管,其中 6 人由州议会选举出,参议院和众议院各选举 3 人,剩下的 19 人由股东选举。② 在建立宾夕法尼亚银行的法令中,有几乎相同的规定:州议会安排 6 名代表进入银行董事会。③ 1785 年,在宾夕法尼亚州议会的讨论中,有政治精英强调说,银行的"目标""不是野心",它们也"不是难以驾驭的"。根据以往的经验,在政府明智的管理之下,它们是可以为公共利益服务的。但是,一旦政府不对其加以控制,它们就会成为"暴政的工具"。④

在银行领域以外的商业公司中,各州议会也指派了管理者或监督者。宾夕法尼亚州议会颁发的公路公司特许状就规定,在建设道路过程中,州长会安排 3 名具有专业精神的代表监督工程。议会要求公路公司随时向他们报告工程进度。⑤ 同样也是在宾夕法尼亚州,州议会为联合运河公司颁发特许状时规定,议会要安排州审计长、财务主管和秘书官做运河公司的董事会成员。⑥

另一方面,且更重要的是,政治精英还让各行各业的社会精

---

① "Treasury Department, Dec. 13, 1790," *Pennsylvania Packet*, Dec. 23, 1790.
② "Advertisements," *General Advertiser*, Jan. 21, 1794.
③ "Bank of Pennsylvania, December 16th, 1793," *General Advertiser*, Jan. 21, 1794.
④ "Proceedings of the Third Session of the Ninth General Assembly, of the Freemen of the Commonwealth of Pennsylvania, Monday, September 5 A. M.," *Pennsylvania Evening Herald*, Sep. 7, 1785.
⑤ "An Act to Enable the Governor of this Commonwealth to Incorporate a Company, for Making an Artificial Road from the City of Philadelphia to the Borough of Lancaster," *Dunlap's American Daily Advertiser*, April 18, 1792.
⑥ Hartz, *Economic Policy and Democratic Thought*, p. 96, Note 49.

英来组建和经营商业公司,当然,他们也把自己视为社会精英的一部分。这些政治精英认为并不是所有人都能组建商业公司。早在建立北美银行时,汉密尔顿也认为,完成这个项目需要将"管理"从国会转移到那些"具有名誉、明显正直、拥有能力和财富的个人"手中,要信任这些商业精英、律师和绅士。① 显然,汉密尔顿是在寻求建立一种依靠并信任富有上层人士的公司机制。此时主管合众国金融事务并支持建立北美银行的罗伯特·莫里斯、北美银行行长托马斯·威林以及《北美银行章程》的起草者威廉·宾厄姆(William Bingham)等人,更是将北美银行的股票卖到一股 400 美元。当时费城人均拥有财产也不过 600 美元而已,一个四口之家每年生活必需品的花销也只有 264 美元,一个裁缝的平均年收入仅 215 美元。北美银行如此之高的股票价格自然使大多数人对认购银行股票,从中分享股份利润望而却步。这就保证了银行的股份持有人都是有钱人,他们牢牢掌握着商业公司的运营。②

在制造业倡导建立商业公司时,很多政治精英也希望它们由社会精英来组建、管理和经营。尽管这样做会伤害很多小商人和手工业者的利益,但是联邦党人费希尔·埃姆斯(Fisher Ames)仍然赞同将制造业控制在具有"公信力"的富有"绅士"手

---

① "Alexander Hamilton to Robert Morris, Apr. 30, 1781," in E. James Ferguson, ed., *The Papers of Robert Morris, 1781-1784* (Pittsburgh: University of Pittsburgh Press, 1973), Vol. 1, pp. 31-32.

② Schocket, *Founding Corporate Power in Early National Philadelphia*, p. 46, p. 54.

中。① 在大多数政治精英看来,普通劳动者没有足够的能力与品德,不适合参与商业公司的组建、管理与经营。1787年,时任新泽西州州长的威廉·利文斯顿(William Livingston)抱怨说,国民"没有展现出支持共和政府所必备的美德"。②《联邦主义者文集》的撰写人之一约翰·杰伊表示,"我们对人民的美德有太多的期望",然而美国人却缺乏"共和美德"。③

事实证明,建国初期商业公司的投资人几乎都是各行各业的精英。在宾夕法尼亚州,诸如罗伯特·莫里斯和托马斯·威林等大商人的主要商业利益在海外贸易领域,但他们也希望开拓新的事业,比如他们也是北美银行的组建者与经营者。④ 在马萨诸塞州,议会在1784年颁发特许状,以"具有声望的共同体名义",授权少数有钱人建立马萨诸塞银行。法院还在1785年颁发特许状给查尔斯河桥公司;在1796年允许磨坊主出租农业土地;赠与投机商人数千万亩靠近缅因地区的土地。⑤ 此外,在18世纪末,各州政府将银行的经营者限制在精英范围内,赋予他们特权,使他

---

① Andrew Shankman,"'A New Thing on Earth': Alexander Hamilton, Pro-manufacturing Republicans, and the Democratization of American Political Economy," *Journal of the Early Republic*, Vol. 23, No. 3(Autumn, 2003), p. 333.
② Theodore Sedgwick, *A Memoir of the Life of William Livingston* (New York, 1833), p. 403.
③ "John Jay to Jefferson, Feb. 9, 1787," in Julian P. Boyd, et al., eds., *The Papers of Thomas Jefferson*, Vol. 11, p. 129.
④ Robert James Gough, *Towards a Theory of Class and Social Conflict: A Social History of Wealthy Philadelphia, 1775 – 1800* (PhD. Diss., University of Pennsylvania, 1978), p. 262.
⑤ Oscar and Mary Hanlin, *Commonwealth*, p. 100, p. 102, pp. 71 – 72, 82 – 86; Alan Taylor, "'A Kind of Warr': The Contest for Land on the Northeastern Frontier," *William and Mary Quarterly*, Vol. 46, No. 1 (Jan., 1998), pp. 3 – 26.

们成为政府的"盟友"。在波士顿和纽约,很多商业精英的经济与政治身份重合,他们既在各州议会发挥着重要影响力,为商业公司颁发特许状,又参与建立商业公司。① 在新泽西,汉密尔顿为了促成建立大型制造业,拉拢了一批"大人物",其中威廉·杜尔(William Duer)是当时最有影响力的大商人。他是赛欧托公司的大股东和主要创办人之一,并在1789年担任汉密尔顿的助理;而伊莱亚·鲍迪诺特(Elias Boudinot)是邦联国会的前主席,是来自新泽西的联邦众议院议员;尼古拉斯·劳(Nichloas Law)和威廉·康斯特布尔(William Constable)则是纽约银行的主要管理者;尼古拉斯·劳、赫尔曼·勒鲁瓦(Herman LeRoy)、菲力普·利文斯顿(Philip Livingston)都是合众国银行的第一届董事会成员。马修·麦康奈尔(Matthew McConnell)是证券商,布莱尔·麦克莱纳根(Blair McClenachan)是富有商人。② 从这些行业精英参与投资的项目来看,有些投资人是多个商业公司的大股东,而这些商业公司之间又有千丝万缕的联系。例如,詹姆斯·沙利文是西波士顿桥梁公司、波士顿水渠公司和马萨诸塞共有保险公司的投资人之一,还在米德尔塞克斯运河公司长期担任董事会主席。③ 从投资人的情况来看,有相当一批政治精英参与了建立商业公司。像罗伯特·莫里斯、托马斯·菲茨西蒙斯(Thomas Fitzsimons)、乔治·克莱默(George Clymer)等人都是宾夕法尼

---

① Schocket, *Founding Corporate Power in Early National Philadelphia*, p.17.
② Davis, *Essays in the Earlier History of American Corporations*, pp.372-373.
③ 同上,Vol.2,第69页。

亚众议会议员，也是银行股份的持有人。①

从安排政治精英参与商业公司的管理，到选择社会精英投资建立商业公司，商业公司不仅渗透着国家权力的导向，而且反映出政治精英对如何保证推进公共利益的态度。可以看出，社会精英受人信任，人们认为将商业公司的管理权与经营权交给他们，能够使商业公司完成"公共服务"的目标。

虽然各州政府安排社会精英掌管商业公司，但他们没有随意增加商业公司的数量。为了维护公共利益，也为了保证政府收益，在19世纪最初十年及此前，各州在建立银行的问题上都显得小心翼翼。在马萨诸塞，州政府担心银行增多后，会使州政府的投资回报率降低，而且因为银行不是一般的商业机构，所以在波士顿以外的地区，每个村镇只允许建立一家银行。州议会制定了禁止在村镇展开银行竞争的条款，重申必须颁发特许状才能建立银行，排除不经授权而建立的机构。② 在宾夕法尼亚，银行分红是州收入的重要来源。1795—1825年，州从银行股份获得的分红大概占了银行总收入的40%。所以，州政府同样担心银行数量太多，供过于求，会降低银行分红。③

到1815年，虽然商业公司数量有限，但它们均为州政府以特许状方式授权建立，并受到政府较为严格的控管。政治精英没有

---

① Bray Hammond, *Banks and Politics in America: From the Revolution to the Civil War*, p. 104.
② Oscar and Mary Handlin, *Commonwealth*, pp. 123 - 124.
③ John Joseph Wallis, Richard Sylla, and John B. Legler, "Interaction of Taxation and Regulation in Nineteenth-Century U. S. Banking," in Claudia Goldin, Gary Libecap, eds., *The Regulated Economy: A History Approach to Political Economy* (Chicago: University of Chicago Press, 1994), pp. 135 - 136.

将建立商业公司的权力向所有人开放,而是将其掌握在所谓具有公共美德的社会精英手中。因此,商业公司仍然被视为"公共机构"。

综上所述,建国之初的政治精英们努力促使各州议会通过立法,授予特许状建立商业公司,实现精英管理,并设计各种法规与机制对这些公司的组建和活动加以制约,同时又积极为之塑造正面的"公共形象",真可谓用心良苦。其之所以如此,是因为这些政治精英将商业公司看作公共服务机构。他们相信,依靠赋予少数社会精英特权而建立起来的商业公司,在政府的监管下可以担当起推进社会"共同福祉"的重任。

第二章

各州建立商业公司的实践过程

第二章 各州建立商业公司的实践过程

主张建立商业公司的政治精英将商业公司界定为公共机构，相信依靠少数精英的公共服务精神，能使商业公司推动社会的"共同福祉"，然而在各州建立商业公司的实践过程中，政治精英是否真正秉持"为公"之心？商业公司是否成了真正意义上的"公共机构"呢？实际上，商业公司的建立夹杂了个人利益、党派利益和区域利益等各种利益追求，有违政治精英的最初设想。那么，究竟是什么造成"理想"与现实之间的巨大落差？尽管一些学者也提到，商业公司建立过程中交织着私人利益，然而，他们却没有进一步解释为何建国初期的政治精英依然将商业公司界定为公共机构。[①] 实际上，无论是建国初期各州政府对商业公司的界定，还是商业公司建立过程中包含的复杂利益关系，都与建国初期的政治文化存在密切的关联。本章将考察商业公司的实践过程与当时复杂的政治文化之间的互动，分析商业公司不同于公共机构的复杂特性，探讨各州政府建立商业公司所体现的政治文化变迁。

一　围绕商业公司的利益竞争

商业公司的建立从一开始就不是仅仅为了服务于公共利益。当初关于建立商业公司的讨论，很大程度上可以说是不同利益集

[①] Schocket, *Founding Corporate Power in Early National Philadelphia*, pp.81-82,89.

团之间的竞争。公司投资人与经营者为了追求个人利益,千方百计维护他们的特权。各州议会里不同的政治派别为了实现自己的政治理念和笼络人心,在支持建立各种商业公司上费尽心机,彼此博弈。各个区域则出于保护地方利益的考虑,支持或阻碍商业公司的建立。如此一来,在商业公司建立的过程中就夹杂了个人利益、党派利益和区域利益等各种利益追求。在这些彼此交织的不同利益影响下建立的商业公司也就不同于 18 世纪 80 年代商业公司支持者的设想,它并非仅以推动社会"共同福祉"为目标,而是承载着更复杂的内容。

① 投资人的利益

尽管商业公司建立的背后有不同的情境、理念和派别关系,但商业公司投资人几乎都有一个共同点:获得个人利益。大部分投资人并没有将商业公司看作公共服务机构,而是将它看作获取私利的工具。在各领域的商业公司中,银行被赋予了明确的经济和金融功能。在很多人看来,所有的特许银行都是创造金钱和利益的机构。费城人佩拉泰亚·韦伯斯特(Pelatiah Webster)解释说,"银行就是钞票储藏地"。[①]

建国初期,不少人已经意识到,商业公司的投资人并没有心怀奉献于公共的精神。乔治·华盛顿在解释投资人行为时指出,

[①] Pelatiah Webster, *An Essay on Credit, in Which the Doctrine of Banks is Considered, and Some Remarks are Made on the Present State of the Bank of North America* (Philadelphia, 1786), p.9.

一些投资人确实受公共精神驱使,但另一些投资人却希望获得"有益的效果"。① 在他提议建立"波托马克公司",发展向西部的内陆航线时,就认为在特许状中应该包含"足够的吸引人们的资金"。②

对于商业公司的投资人来说,他们希望利用政府赋予他们的特权,获得私人利益。而政府的限制则是投资人最不情愿接受的,因为这会阻碍他们获得更多的私人利益。可以说,州政府与投资人之间既相互依赖,又时常出现摩擦。从18世纪末到19世纪初,商业公司投资人与州政府之间的紧张状态一直持续。而造成这种紧张状态的根源在于,投资人的个人利益与州政府维护"共同福祉"的方式之间存在矛盾。

各州政府参与管理并限制商业公司,在一定程度上成为投资人获利的阻碍。很多商业公司因为州政府的限制而面临庞大的开销,无法盈利。总体上看,很多推动国内改进的商业公司很少获利。1795年,西部内陆航运公司和北部内陆航运公司(Western and Northern Inland Lock Navigation Companies)的报告称,因为要补偿土地占用的损失,开销巨大,公司陷入经济困境。为了解决这一问题,公司要求安排评估人重新评估损失,以缓解公司的经济困境。③ 在康涅狄格州,有人注意到,在建设州

---

① "Washington to Thomas Johnson, July 20, 1770," in Fitzpatrick, *Writings of George Washington*, Vol. 3, pp. 18 - 19.
② "Washington to James Madison, Dec. 28, 1784," in Fitzpatrick, *Writings of George Washington*, Vol. 28, p. 19; "Washington to Henry Knox, Jan. 5, 1785," in Fitzpatrick, *Writings of George Washington*, Vol. 28, p. 24.
③ Albert Gallatin, "Report on Roads and Canals(1808)," *American State Papers, Class X Miscellaneous*, Vol. 1, p. 770, p. 772.

收费公路时,"购买土地是一个沉重的负担"。① 到 1807 年,米德尔塞克斯运河的业主(proprietors)共支出了 53.6 万美元,其中 5.8 万美元用于补偿用水权和土地的价值。而且,这还只是全部潜在补偿的一小部分。② 1804 年,纽约的一家运河公司共投资 367 743 美元开凿运河,却只获得 3% 的分红,维修和改善运河占去了大量收入。③ 1807 年,兰开斯特收费公路公司(the Company of Lancaster Turnpike)的报告指出,"高额的建设费用和令人失望的税收使每人的分红每年不足 2%"。④ 在人口更稀少地区的公路获得的利润则更少。实际上,公路产生的分红平均少于他们股本的 1%。内陆航线公司的分红比公路更少。⑤ 收费桥梁的情况要好一些,但是 5% 的分红几乎不能算得上是经济上的收益。⑥ 而西北收费公路公司(North western Turnpike Road Corporation)甚至没有盈利。"它的全部收入来自通行费,但是这些费用不仅要维持它的日常维修,而且要偿还借来的资金,还需补偿借贷人的损失。"一些运河公司和内陆航线公司也几乎没有盈利。詹姆斯运河公司的收入"还不够满足它的花销"。⑦ 1807 年,斯库尔基

---

① Albert Gallatin, "Report on Roads and Canals(1808)," *American State Papers, Class X Miscellaneous*, Vol. 1, p. 869.
② 同上, Vol. 1, 第 828 页。
③ Noble E. Whitford, *History of the Canal System of the State of New York* (Albany: Brandow Printing Company, 1906), Vol. 1, pp. 40 - 41.
④ Albert Gallatin, "Report on Roads and Canals(1808)," *American State Papers, Class X Miscellaneous*, Vol. 1, p. 893.
⑤ Hartz, *Economic Policy and Democratic Thought*, p. 92.
⑥ John Majewski, "Toward a Social History of the Corporation: Shareholding in Pennsylvania, 1800 - 1840," in Cathy Matson, ed., *The Economy of Early America*, p. 307.
⑦ *Richmond Enquirer*, Dec. 2, 1834.

尔与萨斯奎汉纳河(Schuylkill and Susquehanna)内陆航线公司因为需要支付高昂的土地和水使用费，没有完成运河工程。[1]

为了获得私人利益，商业公司的投资人希望摆脱政府对他们的制约。通常情况下，银行需向州政府提供贷款，但是因为贷款数额巨大，限制了银行开展其他业务的灵活性。诚然，州政府要向银行交纳利息，但时常拖延利息的支付，有碍于银行向其他人发放贷款。另外，州政府还限制董事会成员任期，制定董事会成员的资格标准，银行经营者对此也非常不满。在宾夕法尼亚州的农民与手工业者银行，州政府经常替换董事会成员，银行经营者认为，政府的这类限制已经使银行运作不便，希望能够从中摆脱出来。于是，从1780年到1820年，在宾夕法尼亚的银行经营者展开了摆脱州政府监督的一系列行动。他们与州政府尽力讨价还价，希望减少州政府的投资，避免与其"合作"。一些银行经营者还将州议会安排的董事会成员排除出决策圈，并游说州议会减少指定的董事会成员人数，以加强自己的控制力。[2] 经济学家马修·凯里(Mathew Carey)观察说，总的来说，银行家在这方面都成功了。[3] 最初，颁发特许状的一个前提条件是，宾夕法尼亚银行的经营者需要向议会提交一份关于机构总体金融情况的详细年度报告，包括已缴资金、债务、存款、钱币总额以及现有的资金情况，同时，议会也要监督银行记录。但是后来，议会放松了对银行的要求，银行只用在议会需要的时候提交报告。报告的内容并

---

[1] Donald J. Pisani, "Promotion and Regulation: Constitutionalism and the American Economy," *The Journal of American History*, Vol. 74, No. 3 (Dec., 1987), p. 746.
[2] Schocket, *Founding Corporate Power in Early National Philadelphia*, p. 81, p. 88, p. 102.
[3] 同上，第78页。

不需要非常详细,只需提供银行总体的金融状况,而不对银行做其他方面的考察。在费城,费城银行和费城技工农民银行都试图建立一个不受公共限制和官员限制的机构。其他的银行也在进行这样的实践,投资人希望加强银行的独立性。州长威廉·芬德利(William Findlay)1819年在对议院的演说中承认州政府没有监督银行的方式。①

在推动国内改进的商业公司中,私人投资人也为了增加利润,排斥州政府的控制。在宾夕法尼亚州,诺森伯兰桥梁公司(Northumberland Bridge Company)、哈里斯堡桥梁公司(Harrisburg Bridge Company)、威克斯-巴雷桥梁公司(Wikes-Barre Bridge Company)和中央收费公路公司(The Centre Turnpike Road Company)的私人投资人都拒绝州议会选举出的代表参加董事会会议。以至于被指派进入哈里斯堡桥梁公司的政府管理者抱怨说,他们完全被忽视了。斯韦特兰德、明奇、霍巴特和其他州代表也有同样的抱怨,投资人拒绝让他们参与管理和经营。1820年,州议会成立的专门委员会表示,他们缺少萨斯奎汉纳桥梁公司的事务信息。②

为了盈利,投资人还向州议会提出申请,要求减少商业公司的负担。他们不断抱怨他们的窘况,试图让立法机关减少限制。1798年,纽约州的西内河航运公司向立法机关汇报说,当前的评估方式是"有害的、成本高昂的",他们要求遵循正义的原则,修改

---

① Schocket, *Founding Corporate Power in Early National Philadelphia*, p.102.
② Hartz, *Economic Policy and Democratic Thought*, p.100, p.102.

某些法律规定。① 然而,当商业公司向州议会提出一些请求时,州议会往往以州政府没有参与商业公司的经营为由拒绝这些请求。例如,很多公司向议会请求协助解除合法的债务。在1827年,州众议院委员会拒绝这些请求,理由是当债务发生时,州在公司董事会没有代表。②

商业公司投资人除了尽力减少州政府限制之外,还运用其他方式来追求私人利益。他们极力抵制竞争者。经营者担心,州议会授权建立同样类型的商业公司,会损害他们的垄断地位。已经建立的商业公司对州议会授权建立同样类型的商业公司不满,因为这伤害了他们的利益。在宾夕法尼亚州,北美银行的目标是掌握经济权力,建立可以为商业和费城富有商人阶层利益服务的金融机构。不过随着大城市商人掌握的政治权力下降,州政府授权建立能满足中西部地区居民需要的银行,北美银行的投资人开始表现出对州政府的不满与怀疑。③ 类似的情况并不少,宾夕法尼亚银行的投资人就对费城银行的建立表示不满。他们认为这会导致银行之间的"战争",使自己银行的利益受损。④ 在建立宾夕法尼亚银行时,投资人为打破北美银行的垄断而欢呼。然而,主席塞缪尔·M. 福克斯(Samuel M. Fox)却尽可能地阻止其他人组建新的银行。他不愿意和其他人分享这些有利可图的特权,联

---

① Albert Gallatin, "Roads and Canals (1808)," *American State Papers, Class X Miscellaneous*, Vol.1, p.779.
② Hartz, *Economic Policy and Democratic Thought*, p.101.
③ Richard Sylla, John Legler, and John Wallis, "Banks and State Public Finance in the New Republic: The United States, 1790-1860," *Journal of Economic History*, Vol.47, No.2 (June, 1987), p.401.
④ Schocket, *Founding Corporate Power in Early National Philadelphia*, p.89.

合其他大股东,游说州议会,阻止潜在的竞争者。① 已经建立银行的投资人认为,竞争会使他们的硬币储蓄额减少,并降低他们的高额利润。因此,安娜·施瓦茨(Anna Schwartz)评价道,"新机构被看作是已经确立的银行利益的威胁"。② 其他领域的商业公司也不希望产生竞争,与新的商业公司分享特权,因为竞争可能会降低原来的利润,破坏现有的繁荣。③

尽管各州政府赋予各商业公司特权,但是一些商业公司投资人并不因此而满足。他们在要求减少政府监管与限制的同时,却希望增加公司特权,并为此不遗余力。例如马萨诸塞收费公路在盈利困难时,就求助于议会,促使州设立特殊法律,允许他们变更路线、改变收费站的位置、延长修路时间、调整公路收费标准、放弃没有利润的段落。其经营者还向州政府提出,要允许他们建设分公司,希望政府赠与更多免税的土地以及其他特权。④ 一些桥梁公司在修建桥梁的同时,购买了桥梁周围的土地。随着桥梁的建成,周围土地开始升值,他们也因此获得了更多利润。同时,商业公司的投资人也希望已有的权力得到进一步巩固。他们寻求州议会的协助,并保持公共服务的形象。银行通过庄重的建筑、发行稳定的纸币以及州议会参与银行经营等保持自己在经济生活中的稳定地位。州议会持有银行股份并获得银行分红。在州

---

① Stephen Noyes Winslow, *Biographies of Successful Philadelphia Merchants* (Philadelphia: James K. Simon, 1864), pp.168-169.
② Anna Schwartz, "The Beginning of Competitive Banking in Philadelphia, 1782-1809," *Journal of Political Economy*, Vol.55, No.5 (October, 1947), p.417.
③ Oscar and Mary Handlin, *Commonwealth*, p.124.
④ 同上,第120页。

议会看来,分红是对整个政治共同体的贡献。不过,从银行投资人的角度看,无论是分红还是州持有股份,都是他们为获取利润而付出的代价。① 从18世纪末到19世纪初,商业公司经营者与州政府之间的紧张状态表明,大多数公司投资人与经营者想的是借助特权追求利润,不希望因为公共利益而受到政府的限制与监控。

有些商业公司还用限制服务对象的方式,来保证投资人的利益。银行向他人提供贷款的政策高度专断,往往对贷款人进行限制。银行的主席通常直接制定贷款政策。他们要对不了解的贷款人进行个人评估,但评估并不需要贷款人提供详细的金融信息,而只是确保贷款人的可靠性。对银行投资人来说,有信用、可靠的贷款人应该是"廉政、守时、能遵守契约、执行承诺"的人。但他们的标准过于模糊,并没有明确而客观的衡量标准。因此,实际上,一些银行只向大商人和富绅提供贷款,来确保他们的个人利益。②

同时,一些想建立新的商业公司的投资人批评现有商业公司保持垄断,也是因为他们想得到个人利益。1784年,一些投资人抱怨被排除在北美银行之外。身为商人和拥护1776年宾夕法尼亚州宪法的托马斯·威斯塔(Thomas Wistar)提出,莫里斯和他的合作者控制着北美银行,拥有大部分决定权,他们优先向朋友提供贷款,很多银行外部的人被排除在外。他提出自己的设想,如果他们不能购买银行股票或者获得贷款,他们会促成建立一个

---

① Schocket, *Founding Corporate Power in Early National Philadelphia*, p.92.
② Pelatiah Webster, *An Essay on Credit, in Which the Doctrine of Bank is Considered, and Some Remarks are Made on the Present State of the Bank of North America* (Philadelphia, 1786), p.3.

自己的银行。对于他们来说,这个新的银行将与公共服务无关,所有事务都与获得和控制利益有关。①

特别值得注意的是,即使是主张建立商业公司的政治精英也常常为私人利益所支配。在很多情况下,他们既是批准建立商业公司的掌权者,也是商业公司的受益人或投资人,集政治权力与经济权力于一身。弗吉尼亚州出席大陆议会的代表哈利·李(Harry Lee)赞同建立波托马克公司航线,希望在大瀑布地区建立运河。他虽然没有向运河公司直接投资,但是他购买了附近的土地,希望因为运河的建立而使自己的土地升值。② 华盛顿也极力促成建立波托马克公司,发展弗吉尼亚向西的内陆航运事业。这项事业在推动公共利益的同时,还能使他在西部拥有的6万英亩土地增值。③ 康涅狄格州一位银行用户在1791年坦言,如果哈特福德银行的成立依靠康涅狄格州议会授予特许状的话,它的股份就不得不向议员"开放"。因为"议会里有些人希望成为股东,当他们觉得自己能获得股份时,他们当然将尽力促成这个议案;相反,如果股票都已售完,他们就会激烈地反对这个议案"。④ 这些政治精英的做法表明,其中不少人支持建立商业公司,其出发点

---

① "Thomas Wistar to Caspar Wistar, May 15, 1784," in *Leach Collection*, Historical Society of Pennsylvania, quoted in Schocket, *Founding Corporate Power in Early National Philadelphia*, p. 82.

② 参见 Charles Royster, *Light-Horse Harry Lee and the Legacy of the American Revolution* (New York: Cambridge University Press, 1982), pp. 71 - 75。

③ Charles Henry Ambler, *George Washington and the West* (Chapel Hill: The University of North Carolina Press, 1936), p. 173.

④ P. H. Woodward, *One Hundred Years of the Harford Bank, Now the Harford National Bank of Harford, Conn., 1792 - 1892* (Hartford: Case, Lockwood & Brainard, 1892), pp. 50 - 51.

并非推进社会公共利益,而在于他们自己能从中获得经济利益。显然,依靠政治精英维护商业公司公共职能的设想,并不现实。

由此可见,尽管商业公司投资人和经营者的背景截然不同,但他们积累个人财富的欲望是相同的。大多数经营者对私人利益的渴望远胜于对公共事业的追求。他们普遍不希望州政府过度介入商业公司,渴望使自己的阶层获益,他们的私人财富增长优先于城市和州内公共事业,他们要通过经营商业公司,比其他人更加富有。① 费城商人威廉·宾厄姆在1791年写道,"通过银行的引入和基金的流通,我们的财富资本迅猛增长"。② 马萨诸塞州有人在1792年评论建立桥梁公司的申请人时就曾指出,这些人投资的目标大都是获取私人利益。"他们希望有两倍或三倍的利益",即使他们没有如此多的收益,至少他们投资的公司也应是"一个有价值的、可以获利的"事业。说穿了,他们是想借助公共机构来追逐个人利益。很多人宣称他们是在为公共服务,并主动降低自己获得的报酬,甚至自称是"唯一愿意进行这些事业的人",但是此类话语并不代表这些投资人的真实意图。他们其实是想获得特权,"很多人在拥有特权后都愿意参与"投资建立商业公司。③ 可以说,大多数商业公司的投资人与经营者都将商业公司看作是获取私利的工具,他们的私人利益在慢慢侵蚀商业公司原本的含义和建立的初衷。

---

① Schocket, *Founding Corporate Power in Early National Philadelphia*, p.201.
② Thomas M. Doerflinger, *A Vigorous Spirit of Enterprise: Merchants and Economic Development in Revolutionary Philadelphia* (Chapel Hill: University of North Carolina, 1985), p.333.
③ "For the Centinel," *Columbian Centinel*, January 21, 1792.

商业公司的支持者们建立商业公司,赋予它特权,是为了公共目标。在法律上,商业公司与村镇等机构具有相同的基础。然而,各种事例表明,商业公司不同于村镇、大学或其他慈善机构这样的特许组织。村镇的官员是"人民"的代表,是大多数人的统治。但商业公司是一种更加私人化的机构,具有排他性。它更像是经济权力灵活变通的工具,虽然具有法律特权,却只承担最低限度的公共职责。

② 党派利益

不仅是投资人与经营者试图借为公共利益服务的商业公司名义获得个人利益,在18世纪末激烈的党派斗争中,各个政治派别也希望通过建立商业公司获取党派利益。简言之,这些派别认为,支持某些群体需要的商业公司,就可以赢得这些群体的选票,而反对不受某些群体欢迎的商业公司,也可以赢得这些群体的选票,因此,自己的派别赢得选民或者说获得更多的政治资源,才是支持或反对建立商业公司的关键。从18世纪末到19世纪初,政治派别通过建立商业公司谋取党派利益的现象屡见不鲜,一些温和的共和党人是发展国内经济的支持者,也是各种经济活动的参与者。他们追求政治利益,要巩固他们在党派斗争中的优势。[①] 而联邦党人也在利用建立商业公司,试图在1800年以后挽

[①] Larson, *Internal Improvement*, p.58; Roland M. Baumann, "John Swanwick: Spokesman for 'Merchant-Republicanism' in Philadelphia, 1790–1798," *Pennsylvania Magazine of History and Biography*, Vol.97, No.2 (Apr.,1973), pp.131–182.

回败局。无论是拓展萨斯奎汉纳河,还是修建马萨诸塞的塞勒姆公路,或是筑造梅里马克运河,所有这些建立商业公司的国会讨论都孕育了派别利益。①

此外,利益集团为了达到自己的利益需求,进行的利益交换比比皆是。1800年以后,当建立特许银行的申请增多时,互投选票和商业贿赂频频出现在州议会中。② 在国会,为了申请到建立切萨皮克与特拉华运河的特许状,联邦党人詹姆斯·贝亚德(James A. Bayard)与共和党人亨利·克莱(Henry Clay)达成妥协,赠与路易斯维尔航路一块土地。③ 在道路、运河、桥梁和航路等争议不大的项目上,不同派别为了推进自己支持的项目,在各州议会上形成默契,代表不同派别的议员纷纷互相吹捧。在1806年新泽西州的议会上,两个党派"相互合作",为了他们自己的利益,给几十个公路公司颁发了特许状。

18世纪90年代,随着城市人口增加和商业发展,银行成为最受商人和工匠阶层欢迎的商业公司。无论是商人还是工匠,他们都希望州议会能建立为自己服务的银行。在纽约和费城这样的大城市,银行数量极少。在费城,合众国银行分行和宾夕法尼亚银行都由联邦党商人主导。宾夕法尼亚银行是为有限的精英顾客服务的,罗伯特·莫里斯、坦奇·考克斯和托马斯·杰斐逊

---

① Larson, "A Bridge, A Dam, A River: Liberty and Innovation in the Early Republic," *Journal of the Early Republic*, Vol. 7, No. 4 (Winter, 1987), pp. 351 – 375; Ralph D. Gray, *The National Waterway: A History of the Chesapeake and Delaware Canal, 1796 – 1985* (Urbana: University of Illinois Press, 1989), pp. 1 – 42.
② Perkins, *American Public Finance and Financial Services 1700 – 1815*, p. 277.
③ Larson, "A Bridge, A Dam, A River: Liberty and Innovation in the Early Republic," *Journal of the Early Republic*, Vol. 7, No. 4 (Winter, 1987), pp. 351 – 375.

协会的成员都是它的大客户。在 1799 年以前,纽约只有纽约银行和合众国银行分支两家银行,而且其主管大部分是联邦党人,他们更愿意为大商人和富人提供贷款服务。他们不仅拒绝了很多减息贷款申请,还抬高了抵押贷款标准。随着城市人口增多与商业发展,这些银行逐渐难以满足越来越多的客户需求,那些不富有的工匠和小商人感到自己被银行抛弃了。①

对于商人来说,如果有银行向他们提供服务,就能够使资金流动,更安全地经营,或者用更少的资金来经营。商人乔纳森·梅雷迪斯(Jonathan Meredith)就利用银行业务,雇佣了更多劳动力,甚至奴隶,扩大经营。②一旦商人积累了一定的资产,不再想从事经营活动,他还可以投资购买银行股票。尽管股票投资会有失败的风险,但可能获得的利润也比个人债券高很多。而当商人想重新做贸易生意时,银行能将股票折成债券向商人提供贷款,使商人灵活地投资。总之,银行为商人的投资提供了帮助。不过如果没有银行向他们提供服务,那他们就需要有足够的现金以支付开销。另外,没有周转资金,也会降低货币流通速度。而对于工匠来说,他们用银行发行的纸币交易起来相对便利。比起建国初期流通的多种多样的硬币,银行的纸币轻便而且易于辨认。工匠通常将自己手中的硬币交给银行,银行根据市场汇率再兑换成纸币。制梳子的工匠塞缪尔·斯科滕(Samuel Scotten)在 18 世

---

① Robert E. Wright, "Artisans, Banks, Credit, and the Election of 1800," *The Pennsylvania Magazine of History and Biography*, Vol.122, No.3 (July, 1998), p.224.
② *Pennsylvania Gazette*, June 5,1782.

纪90年代就是这样利用银行进行交易的。①

在这种情况下，在1798年，纽约共和党人阿伦·伯尔（Aaron Burr）抓住机会计划建立曼哈顿公司从事银行业，以此争取需要银行服务的工匠和其他选民的支持。伯尔是纽约州的共和党领袖，也是汉密尔顿的政治敌人。他一面强烈批评联邦党银行将财富与权力垄断，一面紧锣密鼓地筹划着银行。将银行的服务范围扩大，使银行的财富不局限在富人的小圈子，是伯尔建立银行的一个考虑因素。然而，他建立银行的初衷也不是这么单纯。他也希望自己能从银行业务中获得利润，摆脱金融困境。而且，更重要的是，他希望通过使更多民众从银行获得贷款，而在党派斗争中赢得民众对共和党的支持。因此，为党派斗争增加砝码是伯尔建立曼哈顿公司的重要目标。但在联邦党人看来，建立新的银行会打破他们对银行的垄断，使他们的政治和经济利益受损。

为了获得占纽约州议会多数席位的联邦党的支持，伯尔决定耍个手段。18世纪末，纽约市的自来水需求增多，偏偏在1798年夏天又暴发了黄热病，很多居民怀疑饮用水源遭到污染。这恰恰成为伯尔利用的条件。他以解决用水危机、建立自来水公司的名义，请其内弟、物理学家和工程师约瑟夫·鲍恩（Joseph Bowne）起草了《曼哈顿水利建设报告》，并向纽约城市委员会提交了建立曼哈顿公司的申请，但他暗中在曼哈顿公司特许状的条款中塞进了可以让该公司从事货币业务的隐晦话语，从而避免议会中反银行人士的反对。城市委员会接受了他的计划，并提交议

---

① Robert E. Wright, "Artisans, Banks, Credit, and the Election of 1800," *The Pennsylvania Magazine of History and Biography*, Vol.122, No.3 (July, 1998), p.220.

会。在经过不断地议会游说后,纽约州议会批准了申请,向曼哈顿公司颁发了特许状。很多联邦党人将资金投入曼哈顿公司,其中包括汉密尔顿、汉密尔顿的内弟约翰·丘奇(John Church)、纽约银行的主席古利安·维普兰克(Gulian Verplanck)等。而且,一些联邦党人还担任公司的管理者。不过,公司在1799年建立后不久,很快合法进入银行业。以伯尔为首的董事会迅速将用于水利项目的资金缩减。他们表面上极力宣传对水利事业的投入。为了获得公众的支持,曼哈顿公司出版了一些会议记录,高度强调管理者对水利事业的努力,却几乎没有谈及银行计划。而实际上,他们将大量精力与资金投入银行建设。①

曼哈顿公司在银行业的投入,为伯尔所属的共和党赢得了政治支持。曼哈顿公司通过各种方式,将股票持有和货币服务范围扩大,解决了当时银行供不应求的问题,使从中获益的工匠改变了政治立场,转而支持共和党人。首先,以伯尔为首的共和党把曼哈顿银行的股票价格调低。以往联邦党建立的银行每份股票价值数百美元,而曼哈顿银行的每份原始股价格最低时只有2.5美元,普通股票每份的价值也只有50美元。低价的股票使更多中等收入的人能够投资于银行业,从中获得利润分红。据统计,股东包括了多样的群体。"除了普通的商人和律师,零售商、食品杂货商、制鞋匠、帽商、陶工、理发师、面点师、木匠、裁缝,甚至赶大车的都拥有了曼哈顿公司的股份。"其次,伯尔还向小商人和工

---

① 曼哈顿公司的特许状条款中,涉及银行的部分写道,"公司将**剩余资金**用于购买公共或其他股份,**或进行任何货币交易或操作**,只要不违反宪法或美利坚合众国的法律,并且符合公司的利益,就是合法的"。*An Act of Incorporation of the Manhattan Company* (New York, 1799); "Manhattan Company," *Albany Sentinel*, June 4, 1799.

匠等群体提供贷款。当其他银行要求归还贷款时,曼哈顿公司却增加了减息贷款。尽管已经无法找到19世纪初获得曼哈顿公司减息贷款的个人详细记录,但是很明显,除了共和党商人以外,银行还向广泛的职业人群提供了贷款,其中包括工匠、小制造业商以及小店主等。① 总之,纽约的小商人和工匠加入共和党的"阵营",不仅使伯尔赢得了1800年纽约州的选举,而且使共和党在纽约州第23届议会中占据多数席位。这届议会正是负责选举纽约州1800年总统竞选中选举人的机构,而纽约选举人的投票在这次总统竞选中又起到至关重要的作用,因此可以说,托马斯·杰斐逊(Thomas Jefferson)赢得1800年选举,与建立曼哈顿公司赢得工匠的广泛支持有很大关系。②

伯尔被同时代人和之后的研究者称为"不在意名誉"的精英。③ 如果按照当初建立商业公司的设想,商业公司的推进者和建立者须是公正无私、能推动公共利益的精英,那么伯尔显然不符合这个标准。而且,伯尔并非是为党派利益促成建立商业公司的个别精英。在19世纪初的纽约州,建立银行很大程度上就是一场政治竞争。1800年总统大选失败后,联邦党试图通过建立银行,获得更多的支持。但他们在纽约建立纽约商人银行

---

① Robert E. Wright, "Artisans, Banks, Credit, and the Election of 1800," *The Pennsylvania Magazine of History and Biography*, Vol.122, No.3 (July, 1998), p.227, p.231.
② 同上,第230页。
③ 汉密尔顿曾提到过,伯尔"从不在意名誉"。参见"Hamilton to James A. Bayard, Jan.16, 1801," in Harold C. Syrett et al., eds., *The Papers of Alexander Hamilton* (New York: Columbia University Press, 1961–1979), Vol.25, p.323; Gordon S. Wood, "The Real Treason of Aaron Burr," *Proceedings of the American Philosophical Society*, Vol.143, No.2 (June, 1999), p.283, p.286.

(Merchant's Bank of New York)来扩大"股东和顾客基础"的努力,却遭到共和党人的重重阻碍。与此同时,共和党也在纽约加紧建立迎合他们支持者的银行,如兰辛博格农业者银行(Farmers Bank of Lansingburgh)和纽约手工业者银行。在这种情况下,纽约的手工业者基本都加入了共和党的阵营。[①] 其他领域商业公司的建立也成为争夺选票的"战场"。1817 年,德威特·克林顿(DeWitt Clinton)当选纽约州州长,他支持建立联邦银行,提议建立运河,在纽约的港口与大湖地区富庶的农户之间建立通道。克林顿的反对者马丁·范布伦(Martin Van Buren)最初反对建立运河的提议,批评这是要建立富人与支持克林顿的集团之间的联合。不过,当范布伦得知这项议案获得州北部居民的欢迎时,他在最后关头改变了立场,说服原本反对克林顿的参议员通过了运河议案。[②] 不可否认,各党派支持或反对建立商业公司,与他们的政治理念密切相关。从 18 世纪末到 19 世纪初,共和党担心联邦党支持建立的银行只满足少数精英的利益,而使大多数人的利益受损,他们希望商业公司能顾及包括城市手工业者和乡村农民在内的普通社会群体的利益。但同时,共和党在与联邦党的竞争中,也从党派利益出发,阻碍反对党建立有益于小商人和手工业者利益的银行。因此,从某种程度上来说,商业公司建立的过程

[①] Robert E. Wright, "Artisans, Banks, Credit, and the Election of 1800," *The Pennsylvania Magazine of History and Biography*, Vol. 122, No. 3 (July, 1998), p. 233, p. 237, p. 239.

[②] Evan Cornog, *The Birth of Empire: DeWitt Clinton and The American Experience, 1769 - 1828* (New York: Oxford University Press, 1998), pp. 127 - 144; Donald B. Cole, *Martin Van Buren and the American Political System* (Princeton: Princeton University Press, 1984), pp. 50 - 52.

卷入了党派利益斗争。

③ 区域利益

除了个人利益和党派利益左右着商业公司的建立与运行外，区域利益也是影响商业公司建立的重要因素。州与州之间的竞争、乡村与城市之间的矛盾、各地区对地方资源的保护都是各地方政府在建立商业公司时考虑的问题。当时的一些作家、评论家就公开发表言论，鼓励通过建立商业公司展开区域经济竞争。例如作家埃尔卡纳·沃森（Elkanah Watson）积极主张在纽约市建立收费公路。他提醒人们说，宾夕法尼亚"扩展了收费公路，跨越了我们的边界"，"紧盯着我们西部郡县的贸易"，其他州也都开始"富有见识"的行动，纽约要与他们展开竞争。在沃森的号召下，有报刊登出文章，讲述了在纽约市与费城、巴尔的摩之间的竞争，并指出西部地区是竞争的直接目标。[①]

在区域性竞争中，交通业和银行业等领域的商业公司的建立不可避免地牵涉到区域利益之间的争斗。费城的社会精英为扩展与内陆的商业往来，资助建立商业公司修建了数条公路，但是却阻碍建立商业公司推动萨斯奎汉纳河下游地区的交通发展，因为他们认为这会使该地区与马里兰州巴尔的摩的商业圈建立密切联系，不利于宾夕法尼亚州内的经济发展。[②] 在 19 世纪 20 年

[①] Daniel B. Klein and John Majewski, "Economy, Community, and Law: The Turnpike Movement in New York, 1797-1845," *Law & Society Review*, Vol. 26, No. 3(1992), p. 476.

[②] Larson, *The Market Revolution in America*, p. 52.

代,为了促进马里兰州河流地区的贸易,巴尔的摩在萨斯奎汉纳地区诸县的支持下,试图建立巴尔的摩和萨斯奎汉纳铁路公司,但被宾夕法尼亚州议会的代表屡次挫败,其中的一个重要原因就是:铁路公司会损害宾夕法尼亚州的利益。① 在弗吉尼亚,为了应对纽约州的国内改进,政治精英也开始讨论州支持建立公路与运河。他们支持建立了詹姆斯河公司(James River Company),连接里士满到俄亥俄河。② 到了1846年,议会终于授权将巴尔的摩的铁路从坎伯兰扩展到匹兹堡,但前提还是,如果宾夕法尼亚铁路公司同年开始这个项目,这项授权就立刻失效。③ 各地方之间的竞争都在推动或阻碍着商业公司的建立与发展,在这种情况下,人口稀疏、议会代表人数少的地区必然遭到其他地区的排挤,无法维护当地的利益。

在宾夕法尼亚州,乡村与城市就在建立银行的问题上存在矛盾。1787年,北美银行重新获得特许状,它所获得的支持主要来自区域利益与北美银行密切相关的费城和周边地区。然而对于山区和西部地区的乡村居民来说,北美银行这类城市银行是压迫乡村利益的工具。④ 6年后,为了本地区经济的发展,来自山区和西部地区的代表要求建立一个新银行,为这些地区的居民提供服务。在他们的支持下,州议会授权建立了宾夕法尼亚银行,允许其在州内开设5个分支,来满足乡村支持者的需求。在地区利益上受惠于

---

① Mathew Carey, *Brief View of the System of Internal Improvement of the State of Pennsylvania: Containing a Glance at its Rise, Progress, Retardation* (Philadelphia, 1831), p.31.
② Larson, *The Market Revolution in America*, p.54.
③ Hartz, *Economic Policy and Democratic Thought*, p.43.
④ 同上,第48页。

宾夕法尼亚银行的西部地区和山区的议会代表,后来在议会表决中反对在费城建立其他银行,以免宾夕法尼亚银行遭遇竞争。① 总之,在乡村居民看来,城市银行是城市压迫乡村利益的工具。②

另外,地方保护政策也会使商业公司受到影响。当其他地区的特许银行试图在当地开设分支时,会遭到当地富商和精英的强烈抵制。他们认为外来机构进入他们的地方经济中,会威胁他们的经济、社会与政治地位。一些地方精英的目标是保护他们建立、管理和从所有地方市场的金融机构获利的特权。他们在州议会行使充足的权力,来保护金融市场不受外来者的威胁。③ 在1820年代中期的宾夕法尼亚州,个人、合作伙伴或者公司都竞相购买煤炭土地,将黑矿运到宾夕法尼亚东部斯库尔基尔或者利哈伊的市场贩卖。1825年,乔舒亚·利平科特(Joshua Lippincott)、曼纽尔·艾尔(Manuel Eyre)联合斯库尔基尔地区的人申请获得建立煤炭公司的特许状。上游的居民鼓励州之外的公司将资本引入该地区。但是几年后,当地人认识到煤炭矿藏的重要性,改变了他们的想法,开始反对煤炭公司。④ 一个反对者提到,煤炭公司会导致私人采矿业的毁灭。不仅矿工受损失,"大部分人、煤矿主、商人和机械工"都会受损失。因为股份持有人生活在费城、纽约等地,所有的贸易利润会流入这些地区。煤矿业中的重要人士

---

① Schocket, *Founding Corporate Power in Early National Philadelphia*, pp. 57–58.
② Hartz, *Economic Policy and Democratic Thought*, p. 55.
③ Perkins, *American Public Finance and Financial Services 1700–1815*, p. 278.
④ Sean Patrick Adams, *Old Dominion, Industrial Commonwealth: Coal, Politics, and Economy in Antebellum America* (Baltimore: John Hopkins University Press, 2004), pp. 157–165; Clifton K. Yearley, *Enterprise and Anthracite: Economic and Democracy in Schuylkill County, 1820–1875* (Baltimore: John Hopkins University Press, 1961), pp. 80–81.

提出,地方要控制当地资源。此外,反对者还以保护自由贸易的名义,反对商业公司。[①] 在1833年,他们说服议会限制州以外公司的采煤行动,同时同意本土公司获得宾夕法尼亚州的特许状。[②] 也就是说,当商业公司的建立威胁当地利益时,就会遭到当地人的抵制和反对;反之,则会得到支持。当要确保本地的经济发展时,人们在建立商业公司方面往往不会考虑超越区域利益的整体利益。由此可见,商业公司的建立与否,并非只是与社会的"共同福祉"密切相关,区域竞争也在推动或阻碍商业公司的建立。

二 相信美德与追求私利交织的世界

从商业公司建立过程中交织的各种复杂利益可以看出,各界精英并不拥有异于常人的美德,不能牺牲个人、派别和区域的私利,而为超越这些私利之上的公共利益服务。因此,由这些社会精英经营管理商业公司并不能确保商业公司为公共利益服务。可以说,现实世界的商业公司与政治精英们的设想并不一致,甚至存在很大的差距。既然由社会精英监管、组建与经营商业公司无法完成保证商业公司服务于公共利益的最初设想,那么这种由精英主导商业公司的安排与商业公司的实际发展之间的巨大反差是如何产生的?它又具有何种历史含义呢?

[①] Philadelphia *United State Gazette,* March 3, 1833.
[②] Adams, *Old Dominion, Industrial Commonwealth*, pp.162-163.

① "精英统治"的观念

从对商业公司的界定，到选择少数社会精英管理和经营，政治精英的初衷是使商业公司推动社会的"共同福祉"。对他们来说，商业公司代表着国家的公共权威，是国家对社会经济的辅助工具。那么，他们为何这样界定由私人组成的商业公司？实际上，他们的行动与建国初期的政治文化存在紧密的关联。① 建国初期的政治文化中，"精英统治"的观念一直存在，此观念强调精英拥有美德，由精英管理国家与各类公共事务，有助于推进社会的"共同福祉"。正是这种理念催生了由社会精英经营和管理商业公司的举动。

美国建国初期的政治文化具有强烈的"精英统治"色彩，这可以从政治精英的思想意识中体现出来。在大多数政治精英看来，精英与民众之间"界线分明"。汉密尔顿对此的态度是始

---

① 1956年，加布里埃尔·阿尔蒙德（Gabriel A. Almond）在《比较政治体系》一文中首次对"政治文化"做出界定，认为"某种政治系统根植于其中的'为政治行为定向的具体模式'"是政治文化。塞缪尔·比尔（Samuel Beer）和亚当·乌拉姆（Adam Ulam）在1958年重新界定了"政治文化"，提出"在一个社会的一般文化中，有某些方面专门涉及政府应当如何办事和应当办什么事。我们把文化的这个部分叫做政治文化。如同社会的一般文化一样，政治文化的主要成分包括价值、信念和情感态度"。政治学家悉尼·维巴（Sidney Verba）在1965年进一步解释了"政治文化"，认为"政治文化的'定向'分解为'认知定向、情感定向和评价定向'，或简化为'认知、情感和评价'"。在政治文化的研究范式中，"政治不仅仅是权力运作的领域，权力也不仅仅是体现为外在的控制方式；作为观念和符号的政治信念、政治话语和政治象征物，不仅包含复杂的权力关系，而且对政治制度和政治行动具有塑造和限制的作用"。因此，在政治文化的视野下，要考察"通过语言、仪式和象征物而体现的政治态度、情感、信念和价值，进入政治行动者的内心世界"。关于政治文化的概念与研究范式，引自李剑鸣《戈登·伍德与美国早期政治史研究》，载《四川大学学报》2013年第5期，第15—16页；李剑鸣《美国政治史的衰落与复兴》，载《史学集刊》2013年第6期，第36页。

终一贯的,他认为社会被分为"少数人和多数人","少数人"富有、拥有社会地位且受人尊重,而"多数人"就是除"少数人"之外的芸芸众生,要区别对待。根据汉密尔顿的经验,他相信这少数人行动的动机不同于大多数人,他们道德至上,能够理解公共利益的含义,并服务于公共利益。① 汉密尔顿的观点在当时得到相当多政治精英的认可。他们当中很多人都认为,无论在财富上,还是在道德上或是公益心上,精英与民众都存在差距。尽管麦迪逊在18世纪90年代与汉密尔顿出现严重分歧,但在18世纪80年代,他们两人在对精英与民众的态度上如出一辙。麦迪逊也承认精英群体更具有智慧,更能辨明国家的真正利益,他们热爱"国家与正义",最不可能"为了短期或局部利益牺牲"公共利益。比起"人民"自己表达意见,由这样的"人民代表表达的公众声音"与公共利益更为一致。② 同时,相当多的政治精英认为,受过教育的绅士熟读古希腊、罗马文献。为了平衡少数有才能的人和多数平庸者,达到稳定,少数人理所当然要成为政治家、法官和将军,管理政府,多数人则负责监督少数人的权力。他们提出,精英阶层可以在公共舞台与政治生活中发挥作用,普通人则注定在耕种、买卖和投资中过着属于他们的生活。③ 总之,由"天然的贵族"管理国家的思想"蕴含在18世纪受过教育的绅士思想中",

---

① Susan Hoffmann, *Politics and Banking: Ideas, Public Policy, and the Creation of Financial Institutions* (Baltimore: The Johns Hopkins University Press, 2001), pp. 23 - 24.

② James Madison, "No. 10," in John C. Hamilton ed., *The Federalist: A Commentary on the Constitution of the United States* (Philadelphia: J. B. Lippincott & Co., 1866), pp. 109 - 110.

③ Joyce Appleby, "The American Heritage: The Heirs and the Disinherited," *The Journal of American History*, Vol. 74, No. 3 (December, 1987), p. 801.

"财富、教育、经历与社会关系"被认为是成为政治领袖所需要的资质。① 从这些政治精英的视角来看,由精英阶层掌握权力的政治体系不仅能"减轻大众的狂热和喧嚣",还能推进社会的公共利益。②

对于民众,大部分政治精英则表现出轻视与不信任的态度。这种意识并不是在建立商业公司的主张中应运而生的。革命之后出现的一系列社会动荡与地方的民众暴动使很多建国精英深感忧虑,他们感到,美国革命使政府落入了那些不具备能力或者不适合的人手中。③ 在18世纪80年代的出版物和通信中,很多人都在抱怨,"没有道德的人为他们的私人利益和名望"牺牲公共利益,这些人"在议会中获得了太多的影响力"。④ 尽管国家遵循"人民主权"原则,"人民"有权质疑统治者,有权选择或者罢免管理者,但是建国精英仍然认为普通人很难对国家事务做出正确的判断。汉密尔顿曾指出,"人民是动乱而多变的,他们很少做出正确的判断或决定"。⑤ 除此之外,"人民"在知识上"也有很大的局限"。"在建国精英眼里,'人民'一般'过于愚昧无知,对于需要大

---

① Wood, *The Creation of the American Republic*, p.480.
② Jennifer Nedelsky, "The Protection of Property in the Origins and the Development of the American Constitution," in Herman Belz, Ronald Hoffman and Peter J. Albert, eds., *To Form a More Perfect Union: The Critical Ideas of the Constitution* (Charlottesville: University Press of Virginia, 1992), p.65.
③ Wood, *The Creation of the American Republic*, p.477.
④ "James Hogg to Iredell, May 17, 1783," in Griffith J. McRee, ed., *Life and Correspondence of James Iredell* (New York: D. Appleton and Co., 1858), Vol.2, p.46; *Providence Gazette*, Mar.3, 1787.
⑤ Max Farrand, ed., *The Records of the Federal Convention of 1787* (New Haven: Yale University Press, 1911), Vol.1, pp.289-299.

量阅读和掌握关于外国的广泛知识的事务,他们是无法处理的'。"①而一旦多数人拥有权力,就会产生"民主的暴政"。麦迪逊在18世纪80年代曾用"易变和冲动"谈论"人民"的特征,②他一度担心,统治者"将自由滥用到过分的程度",而滥用自由导致新形式的大众暴政。他曾把社会群体分为少数人和多数人。他认为,多数人的派别对共和政府产生持久威胁。如果没有一个合适的政府结构,多数人对共和自由会有严重伤害。他进一步分析说,"如果所有权力都落入"多数人手中,"他们要么会联合起来,成就野心;要么权力成为他们唯利是图的工具。第一种情况会造成无政府的暴政,第二种情况会产生腐败的寡头政治"。③ 在他看来,防止"多数人"侵犯"少数人"的财产更重要,因此,要限制"多数人"的权力。他不害怕传统的少数人对多数人的滥用权力,而害怕"少数人成为多数人的牺牲品"。④ 建国之后的政治精英普遍认为,"人民"不具备为公共利益奉献的美德。麦迪逊在《联邦主义者文集》第44篇中,曾为美国人缺乏节制、勤奋与谨慎的精神而担忧。

可以说,这种对社会精英美德的信心与对民众的不信任是政治精英们支持商业公司的一个重要原因。换言之,商业公司在美

---

① 转引自李剑鸣《"人民"的定义与美国早期的国家构建》,载《历史研究》2009年第1期,第121页。
② Max Farrand, ed., *The Records of the Federal Convention of 1787*, Vol.1, pp.421-422.
③ James Madison, "Remarks on Mr. Jefferson's Draught of a Constitution (Oct.12, 1788)," in Marvin Meyers, ed., *Mind of the Founder: Sources of the Policial Thought of James Madison* (Hanover: Brandeis University Press, 1981), p.59.
④ "Madison to Jefferson, Oct.17,1788," in Boyd, et al., eds., *The Papers of Thomas Jefferson*, Vol.14, p.20.

国建国之初得以发展的重要思想基础乃是共和主义的精英论。这些主张建立商业公司的政治精英认为,身为社会精英的商业公司管理者具有"公共服务"精神。他们不仅自认为富有、受过良好的教育,具有成熟的社会地位,能够管理其他较少拥有社会与经济成就的人,而且在建立商业公司时,他们认为要把这种项目交给同样是精英的人。

这种精英观念是他们深受古典知识和文艺复兴以来欧洲政治思想熏陶的结果。古典作品里的共和制依托的一个核心价值就是美德。在追求美德的社会中,个人利益要为推动社会公共利益做出牺牲。不仅如此,古典学者们还提出,社会中存在着一些"少数人",他们天生具有优秀才干,学识渊博且生活富足无忧,并因具备美德而得到社会中大多数人的承认。这种"精英论"不断出现在古典作品中,到文艺复兴时期得以沿袭,之后又出现在英国反对派的话语中,包括在弥尔顿、哈灵顿、西德尼、特兰夏、格登、博林布鲁克等人的论著中都不乏此类话语。① 美国建国初期的政治精英大多受过良好教育,他们无论是在学校里,还是在日常生活中,都阅读过大量关于"美德治国"与"精英统治"的论著。他们或从中汲取历史经验及教训,或选择性地吸收其中有用的内容。② 在从历史角度思考共和国的建制时,相当多的政治精英认为,古代的雅典和罗马等共和国以美德作为治国的基础,最后却

---

① J. G. A. Pocock, *The Machiavellian Moment: Florentine Political Thought and the Atlantic Republican Tradition* (Princeton: Princeton University Press, 1975), p. 485, p. 507.
② 李剑鸣《在雅典和罗马之间——古典传统与美利坚共和国的创建》,载《史学月刊》2011年第9期,第109—111页;Wood, *The Creation of the American Republic*, pp. 49-50.

因让人民拥有过多权力而导致国家走向覆灭。因此,他们对民众拥有美德缺乏信心,但十分认同古典作品中对精英的赞美之词,希望建立起由精英主导的共和制国家,在北美大陆设计出一个全新的共和国。可以说,建国初期的政治文化深受共和主义精英治国理念的影响。

"精英统治"的观念自然要外化为政治精英具体的行动与话语。首先,它体现在政治精英的政府设计上。革命与制宪时期,在构建国家政体的过程中,建国者就显露出"精英统治"的态度。美国革命时期与革命后,深受古典共和主义影响的建国者曾经设想过一个由"公正的代表"组成的议会,这些代表应该是"少数最有智慧、最善良"的人,他们比"人民"更清楚社会的公共利益。他们能"公正地形成判断",不受地方和任何团体利益的影响,他们"是国家的代表","将生命全部奉献给公共利益",推动有益于每个部分的整体利益。他们认为,由这样的代表组成的议会才不会成为众多"局部利益和地方利益"斗争的战场。① 建国者们还认为,具有智慧与美德的精英适合管理政府,那些"通过社会贡献获得尊重的人和那些通过启蒙教育知晓政府真正政策的人","需要重建他们的政治影响"。"只有借助他们天然的知识和对政治权威天然的社会影响,政府的秩序才能被维系"。② 汉密尔顿表示,

---

① "For the Independent Chronicle. Letter VIII," *Independent Chronicle*, April 3, 1777; "Characteristics of a Good Assembly-Man," *New Jersey Gazette*, January 7, 1778; "For the Pennsylvania Packet," *Pennsylvania Packet*, Sept. 15, 1786; John Adams, "Thoughts on Government," in Charles Francis Adams, ed., *The Works of John Adams*, Vol. 4, pp. 194 - 195.

② "To the Freemen of the United States," *The American Museum* Vol. 1, No. 5 (May, 1787), p. 429; *Connecticut Courant*, Nov. 20, 1786.

那些"兼具德行与能力、受人尊敬的"人要被赋予管理政府的职责。①

制宪会议时期,在联邦主义者看来,每个"良好出身的人都有智慧的头脑,他的一切都完美"。"没有美国人能反对一个勤奋而富有的人"。威尔逊反问道,如果政府由天然的贵族管理,意味着这是一个由最优秀的人组成的政府,谁会拒绝它呢?② 同时,他们清楚,因为"能力"难以衡量,所以"相当的财产"就成了判断"智慧与优点"的标准。③ 麦迪逊曾概括出他心中"人民代表"的标准,他们应该是富有智慧、爱国、拥有财产和影响力、在独立环境中的人。④ 他提出,"人民"不能理解很多重要的政治问题;但是他们大致了解一些,并能认识到"精英的优势"。他提出,政治精英的目标就是"设计一个体系,使人民能选择和追求高尚的领袖"。⑤ 总之,基于对精英能推动"共同福祉"的信赖,联邦主义者希望全国性政府由明智的政治家领导。这样一些"具有广阔视野和民族感情的人"不会迎合偏狭的地区利益,而"只考虑正义和共

---

① Gerald Stourzh, *Alexander Hamilton and The Idea of Republican Government* (Stanford: Stanford University Press, 1970), p.175.
② Elliot, ed., *Elliot's Debates*, Vol.3, pp.295-296; John Back McMaster and Frederick D. Stone, eds., *Pennsylvania and the Federal Constitution, 1787-1788* (Philadelphia: Historical Society of Pennsylvania, 1888), p.335.
③ Worcester, *Massachusetts Spy*, July 12, 1775, July 26, 1775; Watchman, *To the Inhabitants of the City and County of New York* (New York, 1776).
④ "Madison to Jefferson Dec. 9, 1787," Marvin Meyers, ed., *Mind of the Founder*, p.209; "Madison to Jefferson, Feb.19, 1799," Meyers, ed., *Mind of the Founder*, p.101; "Madison, Note on Aug.7, 1787," Meyers, ed., *Mind of the Founder*, p.508.
⑤ Jennifer Nedelsky, "The Protection of Property in the Origins and the Development of the American Constitution," in Herman Belz, Ronald Hoffman and Peter J. Albert, eds., *To Form a More Perfect Union*, p.59.

同福祉",无私地管理国家。用麦迪逊的话来说,他们的目标是设计出这样一种体制,它将"从社会大众中汲取最纯粹与最高贵的品质",这些人"具有的开阔视野和高尚情感(将会)使他们超越地方偏见和不正义的图谋"。① 虽然由"少数最能服务于公共利益"的人组成代表的观念并没有付诸实践,但是相当一批建国者仍相信,少数社会精英才是推动社会公共利益的引领者。制宪时期,约翰·亚当斯曾表示,"人民政府中会有一个绅士阶层,不会破坏政府的平衡,是政府的灵魂"。②

在现实政治世界中,"人民"选举出的代表大多属于社会精英。尽管政府奉行"代表制"原则,无论精英还是民众,只要满足被选举资格,理论上都有机会做"人民"的代表,然而在当时的政治精英看来,这并不意味着政治精英认为代表大多数人的意见或利益都是正确的。在选举各个部分的"人民代表"时,"只有众议院是由人民直接选举的,参议员和总统这些关键性的职位,不仅任期较长,而且都采用间接选举,法官和其他官员则由任命产生"。"这样就将人民从政府决策过程中排除出去,使统治完全成为精英的事务"。③ 而且,在众议院的设置上,麦迪逊解释道,代表大多数人利益的众议院中,激情总是战胜理性。④ 为了保持"公正和所有人的利益",政府需要在结构设计

---

① Madison, "Vices of the Political System of the United States," William T. Hutchinson et al., *The Papers of James Madison* (Chicago: University of Chicago Press, 1962-1977), Vol. 9, p. 350; James Madison, "No. 10," in John C. Hamilton ed., *The Federalist*, p. 107, p. 110.

② "Writers on Government," in Charles Francis Adams, ed., *The Works of John Adams*, Vol. 6, p. 6.

③ 李剑鸣《美国革命时期民主概念的演变》,载《历史研究》2007年第1期,第156页。

④ James Madison, "No. 55," in John C. Hamilton ed., *The Federalist*, p. 424.

上防止"多数人奴役少数人"。保持政府公正与社会稳定,需要少数人平衡多数人,特别是利用"不平等的财富分配",来牵制多数人的意志。①

其次,"精英统治"观念还体现在建国初期政治精英的日常行为举止中。政治精英担心自己私下的社交活动会被认为夹杂私心,所以竭力将所有的会谈和社交活动公开化,树立自己具有公共责任感的形象。比如,约翰·莫里斯(John Morris)明明想和汉密尔顿做交易,但他却没有安排私人会议,反而写了个告示,公布他"会在早上散步,如果汉密尔顿有任何计划,可以在那里和他见面"。② 另外,对于政治精英来说,晚餐派对也是比较理想的社交模式,因为派对是公开的,这样一来,就避免给人一种"偷偷摸摸"私下交易的印象。③ 总之,他们要尽可能避免公众指责他们缺乏公共责任感,树立自己的公众形象,希望得到人民的拥护和效仿。对此,汉密尔顿曾指出,普通人的行动为个人利益所驱使,而这些具有"高贵心灵"的精英更"渴望扬名"。④ 他们以"天然的贵族"自居。罗伯特·莫里斯认同社会差别的存在。他指出,拥有知识、判断力、信息、诚实和广泛联系的人当然不能与没有名誉的人

---

① "Madison to James Monroe, Oct.5,1786," in Gaillard Hunt, ed., *The Writings of James Madison* (New York: G. P. Putnam's Sons, 1900), Vol.2, p.273.
② Kenneth R. Bowling and Helen E. Veit, eds., *The Dairy of William MaClay and Other Notes on Senate Debates* (Baltimore: The Johns Hopkins University Press, 1988), p.292; 参见 Joanne B. Freeman, *Affairs of Honor: National Politic in the New Republic* (New Haven: Yale University Press, 2001), p.51。
③ Freeman, *Affairs of Honor*, p.52.
④ Alexander Hamilton, "No.72," in John C. Hamilton ed., *The Federalist*, p.540.

分在一个阶层。① 政治生活中,他们在公共事务上谨慎的言行,甚至给人一种"做戏感"。当时有不少外国观察者都看到了这种现象。法国的外交使节穆斯捷伯爵(Comte de Moustier)提出,美国的政治家似乎在进行"一种表演",而这种表演"既不令人愉快也无用"。② 另一位法国公使路易·奥托(Louis Otto)在1786年出访美国时观察到,"尽管美国没有贵族",但是"有命名为'绅士'阶层的人",他们拥有"财富、才能、教育水平、家庭和职位",渴望"人民"认同他们的杰出。③ 这些外国使节观察到的情形,从另一个侧面也印证了"精英统治"观念在美国建国初期政治文化中的真实性和重要性。

在相信精英拥有美德的同时,政界精英并非否认个人利益的存在。不过他们强调,精英的个人利益与多数人的个人利益不同。麦迪逊曾说过,"不同阶层的人有不同的利益",社会地位、教育水准、职业与财产拥有数量都会影响个体的利益诉求。④ 汉密尔顿则更直接地提出少数人和多数人的利益区别。他表示,在设计服务于公共利益的体制时,通过政府的调节,少数人的个人利益被导向公共利益。至于其他人的私人利益,体制设计不是利用

---

① "Jay to Washington, June 27, 1786," Henry P. Johnston, ed., *The Correspondence and Public Papers of John Jay* (New York: G. P. Putnam's Sons, 1793), Vol. 3, pp. 204 - 205; "Otto to Vergenes, Oct. 10, 1786," George Bancroft, *History of the Formation of the Constitution of the United States of America* (New York: D. Appleton, 1883), Vol. 2, pp. 399 - 400; Mathew Carey, ed., *Debates and Proceedings of the General Assembly of Pennsylvania: on the Memorials Praying a Repeal or Suspension of the Law Annulling the Charter of the Bank* (Philadelphia, 1786), p. 38.

② 引自 Freeman, *Affairs of Honor*, p. 39。

③ "Otto to Vergennes, New York, Oct. 10, 1786," George Bancroft, *History of the Formation of the Constitution of the United States of America*, Vol. 2, pp. 399 - 400.

④ Max Farrand, ed., *The Records of the Federal Convention of 1787*, Vol. 1, p. 422.

它们,而是减小它们的冲击。① 显然,推进建立商业公司的政治精英赞同汉密尔顿的观点。他们试图通过政府的制度安排与限制,保障社会精英的公益心,使精英不至于因为个人利益而损害社会的"共同福祉"。

不少政治精英将政府职位看作"公职"。早在北美殖民地时期,地方政府就被看作调动个人能量执行公共目标的部门。② 建国以后,在政府任职被看作个人因为他们的才能、独立与社会地位而做出的奉献。③ 很多司法或者地方执法在执行中没有直接报酬。没有人将政治看作一个挣取薪水的职业。大多数公共职位被看成个人"慷慨服务"于共同体的公共职责。④ 汉密尔顿认为,议员是最为杰出的和最重要的职位,"他不仅可以被看作是立法者,更是国家的创立者"。他们不仅把为"人类尽善当作义务",也是其"职位的特别礼遇"。⑤

商业公司的建立,在很大程度上是基于政治精英对"共同福祉"与个人利益、精英与民众关系的思考。在他们的价值观念中,社会的"共同福祉"与私人利益处于对立状态,只有个人利益为社会"共同福祉"做出牺牲,才能推动社会的公共利益。而相比民

---

① Susan Hoffmann, *Politics and Banking*, pp. 23 – 24.
② Hartog, *Public Property and Private Power: The Corporation of the City of New York in American Law, 1730 – 1870* (Chapel Hill: University of North Carolina Press, 1983), p. 62.
③ Wood, "The Origins of Vested Rights in Early Republic," *Virginia Law Review*, Vol. 85, No. 7 (Oct. , 1999), p. 1430.
④ William Douglas, *A Summary, Historical and Political of the First Planting, Progressive Improvements, and Present State of the British Settlements in North America* (London, 1760), p. 507.
⑤ Gerald Stourzh, *Alexander Hamilton and The Idea of Republican Government* (Stanford: Stanford University Press, 1970), p. 175.

众,社会精英具有这种"奉献精神",他们能够服务于公共。在这种价值取向下,政治精英赋予了商业公司"公共属性",并且安排少数精英来管理与经营,将它作为推动"共同福祉"的途径。

② **追逐私利对"精英统治"观念的挑战**

建国初期的政治文化中,"精英统治"的观念一直存在,然而随着商业资本主义的发展,个人、党派和区域利益在人们心目中占据越来越重要的地位,人们对各种私利的追求同样影响政治权力的运作。可以说,在建国初期,精英统治的观念与追求私利并存且交织,共同塑造了复杂的政治文化,也造就了两种面目共生的商业公司。值得注意的是,"精英统治"的思想,显然与社会现实之间出现了越来越大的"鸿沟",这种滞后使"精英治国"的观念遭到挑战,这些挑战不仅来自18世纪末政治生活领域的政党之争,而且体现在商业公司的建立过程中。个人、党派和区域利益交织在商业公司的建立过程中,向"精英治国"的理念发起了冲击。

从商业公司建立过程中交织的各种利益可以看出,依靠少数精英无私奉献的精神推动社会"共同福祉"只是政治精英的设想。在很多情况下,银行的建立、桥梁的铺架、运河的开通以及道路的建设这些推进公共利益的项目都是在各种复杂的利益冲突中进行的,个人利益、党派利益和区域利益才是建立商业公司的主导因素。个人、党派和区域的私利在人们的思想和生活中变得越来越重要。

在18世纪末,追逐私利是人们进行经济活动的重要目标。从18世纪中期开始,随着北美殖民地人口数量不断扩张,与欧洲贸易往来增多,越来越多的人参与到商业活动中。对于很多殖民地居民来说,将他们的资源投入市场,获取更多财富,具有难以抵抗的吸引力。对此,早在美国革命前北美殖民地商人就承认,对于大多数人来说,他们很难抗拒个人利益。① 商人、农民、手工业者以及制造业者都追求他们自己的目标。每个人在做他们看来正确的事,追求个人利益与自我保护。② 很多政治精英也深深感到追求个人利益才是社会普遍的价值观念。比如本杰明·富兰克林(Benjamin Franklin)和曾担任纽约首席大法官的罗伯特·R. 利文斯顿(Robert R. Livingston)都承认,个人利益在社会生活中具有统治地位。③ 革命时期,汉密尔顿也认识到,追求私欲是人们的天性。他表示,就是不停地宣讲在共和制国家人们保持公正无私的必要性,就是一直讲到厌倦这个话题,也不会有一个人改变初衷。人们"根本的动机就是自身利益"。④ 建国初期,还有人评论道,财富与利润具有与生俱来的吸引力。每天人们都在为财富而忙碌,互相阻碍与抢夺,在所有的地方,个人利益都占主

---

① "Public Victure to be Distinguished by Public Honours," *The Independent Reflector*, January 25, 1753.
② David Cooper, *An Enquiry into Public Abuses, Arising for Want of a Due Execution of Laws, Provided for the Suppression of Vice, in the State of New-Jersey* (Philadelphia, 1784), p. 16; Henry Cumings, *A Sermon Preached before His Honor Thomas Cushing* (Boston, 1783), p. 39.
③ Joyce Appleby, *Liberalism and Republicanism in the Historical Imagination* (Cambridge: Harvard University Press, 1992), p. 180.
④ Alexander Hamilton, "The Continentalist No. VI(1782)," in Harold C. Syrett, et al., eds., *The Papers of Alexander Hamilton*, Vol. 3, p. 103.

导。① 而且，追求个人利益不仅是普通人的目标，也是社会精英的诉求。美国历史学家戈登·伍德曾提到，很多国会议员"要么是身不由己地利用职权谋取利益，要么是从他们的职责中脱身"，卷入投机活动。② 据说，约翰·杰伊曾纠结于做首席大法官还是国务卿，而薪水的高低是他纠结的重要原因。③ 建立商业公司过程中的利益争夺也表明，社会精英摆脱不了私利的巨大诱惑。

可以看出，社会不同群体对各种私利的追求同样影响政治权力的运作。在建构政治体制时，政治精英就考虑过社会利益多样性的问题。麦迪逊曾说，不同阶层的人有不同的利益。除了贷款者和借款者，还有农民、商业和制造业者，其中有富人和穷人之分。他们不能被看作完全一致的整体。随着人口增多，政治经济随之变得复杂。④ 因此，建国者设计出一套适用于利益多元化社会的代表制政体，在制度上认可并规范个人利益。代表制政府并非单一利益的代表，而是代表了社会利益的多元性。选民选举代表，不是因为代表的才能、正直与爱国主义，而是因为与选民相同的兴趣与动机。⑤ 而在实际的政治生活中，为私利进行讨价还价的政治交易、为报答支持者进行的政治分肥活动比比皆是。选民也是"出于某种狭隘的、自私自利的或者是毫无定见的动机"去投

---

① "For the Independent Chronicle," *Independent Chronicle*, August 31, 1786.
② Gordon S. Wood, *The Radicalism of the American Revolution*, p.264.
③ Gordon S. Wood, *Empire of Liberty: A History of the Early Republic, 1789 -1815* (New York: Oxford University Press, 2009), p.329.
④ Max Farrand, ed., *The Records of the Federal Convention of 1787*, Vol.1, p.422; Vol.2, p.124.
⑤ "The Republican," *Hartford Connecticut Courant*, Feb.5, 1787.

某人的票。①

因此,建国初期的政治文化是极为复杂的。这种政治文化强调公共利益至上,相信精英具有美德,能够超越个人利益推进公共利益;与此同时,政治文化又不可避免地受到自由主义价值观的影响,个人、党派和区域利益交织,影响着各种政治决定与行为。政治精英不同的价值体系与对政治的认知,以及他们的表达与行动,共同塑造了建国初期复杂多重的政治文化。18世纪末,商业公司的建立就像一个多棱镜,反映了"精英统治"理念与各种私利追求并存的政治文化。当然,随着社会经济的发展,建国初期的政治文化在逐渐发生转变。

在人们普遍追求私利的社会中,强调"精英统治"的思想观念无疑遭到了巨大挑战。在政治领域,从社会公共利益出发而否定派别和政党的政治精英,不得不面对18世纪末愈演愈烈的党派斗争。建国初期的政治精英普遍相信社会存在"共同福祉",他们的各项行动与举措都是为了增进社会的公共利益。对于党派,他们则大多持排斥与厌恶的态度。约翰·亚当斯曾表示,"共和国被划分为两个政党"是"最大的政治罪恶"。② 来自弗吉尼亚州的参议员约翰·泰勒(John Taylor)提出,国家制定宪法,是为了推动整体利益和为全体公民服务,不是为一部分公民服务,党派则是宪法推进目标的对立物。③ 总之,在大多数人看来,党派的成

---

① Gordon S. Wood, *The Radicalism of the American Revolution*, p. 251.
② "To Jonathan Jackson, October 2, 1780," in Charles Francis Adams, ed., *The Works of John Adams*, Vol. 9, p. 511.
③ John Taylor, *A Definition of Parties* (Philadelphia, 1794), p. 4.

员只关注局部利益或个人利益,他们渴望权力,希望通过"掌控政府",为个人利益服务。①

然而,批评党派的政治精英却在18世纪90年代身陷党派斗争。因为内政与外交上的分歧,约翰·亚当斯和汉密尔顿联合组成联邦党,与以麦迪逊和杰斐逊为代表的共和党展开竞争。他们在国会辩论与各种公开言论中相互指责。麦迪逊批评汉密尔顿的财政政策赋予少数人特权,旨在建立君主制和贵族制,威胁共和政府的基本原则。②汉密尔顿则质疑杰斐逊暗中动用政府资金资助反对派报刊。③在1796年的总统竞选活动中,联邦党与共和党都在为各自的总统候选人拉票,希望能赢得诸如宾夕法尼亚州这种摇摆州的选票。④到了1800年的总统竞选,联邦党与共和党的党派竞争达到巅峰。联邦党利用1798年通过的《惩治煽动叛乱法》压制共和党的批评言论,给竞选施加影响。共和党则借助民众对联邦党人控制言论的不满情绪,在报刊与小册子上不断批判联邦党人剥夺言论自由,为选举制造声势。杰斐逊为削弱联邦党人在新英格兰地区的影响,与该地区的共和党领袖密切联系,以争取更多的支持。⑤尽管当时的政治精英仍然坚信自己拥有美德,组成的是"爱国者联盟",所有的行动都是为了拯救国家,但

---

① James Roger Sharp, *American Politics in the Early Republic: The New Nation in Crisis* (New Haven: Yale University Press, 1993), p. 232.
② Drew R. McCoy, *The Elusive Republic: Political Economy in Jeffersonian America*, pp. 154 – 159.
③ "T. L. No. III, August 11, 1792," in Harold C. Syrett et al., eds., *The Papers of Alexander Hamilton*, Vol. 12, pp. 193 – 194; "Metellus, October 24, 1792," in Harold C. Syrett et al., eds., *The Papers of Alexander Hamilton*, Vol. 12, pp. 613 – 617.
④ James Roger Sharp, *American Politics in the Early Republic*, pp. 155 – 156.
⑤ 同上,第230页。

是联邦党与共和党的激烈斗争却表明,强调"精英统治"的理念正在不断被政党政治所削弱。直到19世纪20年代中期,来自纽约州、时任国会参议员的马丁·范布伦公开承认党派利益的必要性,他提出,"政党是自由政府不可分离的"组成部分,它能更有效地监督政府,防范政府滥用权力。①

与此同时,在经济领域,强调"精英统治"的理念也遭遇挑战。在18世纪末,相当一批政治精英秉持"精英统治"的价值取向,并且通过一套依靠精英治国的话语,构建了权力体系。这些政治精英包括了具有共和精神的政治家,也有很多种植大宗农产品的种植园主、大农场主、出口和进口大宗货物的商人、金融人士以及律师。他们宣扬自己为广泛的群体服务,而不是为任何派别谋取私利。他们几乎从没有公开表示自己的政治与经济主张中包含个人利益,而是通过竭力展现他们的优越性,证明自己能为公共利益服务。在他们的公共言论中充满共和话语:"秩序是脆弱的,所有人都有权力欲;美德被野心和欲望侵害;只有那些每天免于生活压力的人才能被信任,肩负职责。"②然而,精英治国理念在商业公司上的运用却遭遇挫折。各种私利影响着商业公司的建立,精英的监管和精英并没能确保对公共利益的追求超越对私利的渴望。在精英对复杂利益的追逐中,依靠精英推动公共利益的想象被瓦解,甚至被摧毁。可以说,在商业公司建立的过程中,错综复

---

① "The Autobiography of Martin Van Buren," in John C. Fitzpatrick, ed., *Annual Report of the American Historical Association for the Year 1918* (Washington, D. C., 1920), Vol. 2, p. 125.

② Joyce Appleby, "The American Heritage: The Heirs and the Disinherited," *The Journal of American History*, Vol. 74, No. 3 (December, 1987), p. 801; Freeman, *Affairs of Honor*, p. 46.

杂的利益冲突实际上是对"精英统治"话语与理念的一种"解构"。

③ 复杂的政治文化

商业公司建立的过程中,"精英统治"的理念与人们对私利的普遍追求,在共同塑造建国初期政治文化的同时,也充满对抗性。美国历史学家乔伊斯·阿普尔比曾分析说,18世纪末的美国是古典共和思想和自由主义思想共存的时代,在社会经济发展中,"个人不断增多的需要"在"挑战有具体职责和特权的公民"。① 在这种社会环境中,不仅"精英统治"思想受到冲击,兼容了共和主义与自由主义两种价值观的政治文化也已经在发生意义深远的变化。

政治文化的转变可以从人们思想观念的变化中体现出来。在"精英统治"的理念中,公共利益处于至高无上的地位,至于个人利益,政治精英普遍相信,多数人对个人利益的追求会损害社会的公共利益。实际上,这种利益观念深受古典作品中利益观念的影响。在古典作品中,个人利益与公共利益处于"势不两立"的状态,相当多的人都认为,对个人利益的追逐势必会损害公共利益。而到了中世纪,"对金钱和财富的贪婪"也被视为堕落的主要罪恶之源。② 不过,随着社会经济的发展,在欧洲和美国,人们的利益观都开始发生变化。

---

① Joyce Appleby, "Republicanism in Old and New Contexts," *The William and Mary Quarterly*, Vol. 43, No. 1 (January, 1986), p. 32.
② [美]艾伯特·奥·赫希曼《欲望与利益:资本主义走向胜利前的政治争论》,李新华、朱进东译,上海文艺出版社2003年版,第3页。

从 16 世纪开始，在欧洲，个人利益的存在合理性逐渐得到承认，个人利益的含义明显发生了变化与扩展。马基雅维利更强调"利益"的"不可避免性"，在他笔下，利益似乎成了生活的"必需品"。① 如果说之前个人利益被贴上了等同于"贪欲"和"不道德"的标签，那么在 17 世纪的论述中，个人利益开始具有了一种正面的"形象"，它被认为可以带来"有预见性的"好处。在 18 世纪，孟德斯鸠则更清晰地提出，在一定条件下，个人欲求会不知不觉与公共利益汇合，"虽然每个人都认为是在为自身的利益而工作，但结果却是为公共福利做出了贡献"。② 而亚当·斯密在《国民财富的性质和原因的研究》中，则彻底挑战了依靠少数精英持有特权推动公共利益的观点。他指出，每个人追求改善自己的状况是自然的事，这种无计划、无引导的体系会推动公共利益。③ 个人利益观念的变化同样发生在美国。在美国建国初期，一些政治精英已经意识到，在某种程度上，公共利益与个人利益之间存在一致性。威廉·芬德利在 1786 年宾夕法尼亚议会关于是否重新颁给北美银行特许状的讨论中提出，只要做法是"安全有益的"，"在政治上促进各种利益的发展"，就应该被允许。"促进各种个人利益的发展实际上正是美国政治应该做的工作。"④在 19 世纪初，当时著名的建筑师本杰明·拉特罗布（Benjamin Latrobe）坦言，"每

---

① Harvey C. Mansfield, "Self-Interest Rightly Understood," *Political Theory*, Vol. 23, No. 1 (February, 1995), pp. 50 - 51.
② [美]艾伯特·奥·赫希曼《欲望与利益：资本主义走向胜利前的政治争论》，第 3 页，第 66—70 页。
③ Smith, *An Inquiry into the Nature and Causes of the Wealth of Nations*, Vol. 1, pp. 418 - 421.
④ Mathew Carey, *Debates and Proceedings of the General Assembly of Pennsylvania, on the Memorials Praying a Repeal or Suspension of the Law Annulling the Charter of the Bank*, p. 73; Wood, *The Radicalism of the American Revolution*, p. 257.

个人努力争取自己的利益才能够最大地促进公共利益"。①

伴随着人们利益观的转变,古典共和语境下的美德概念也在发生变化。在古典作品中,衡量美德的标准就是要牺牲个人利益,为公共利益服务。当人们意识到个人利益与公共利益并非完全对立,在一定条件下个人利益可能推动公共利益时,美德也就不再只被界定为超越个人利益,具有公共精神,也不再局限于政治生活领域,而被赋予了更丰富的内涵。除了政治领域,在社会生活中展现的个人能力与才干,以及人们在私人生活中展现出的责任感也被视为具有美德的重要标准。② 这样一来,拥有美德就并非精英特有的标签,"精英统治"的合理性就遭到弱化。

在商业公司建立的过程中,错综复杂的利益追求与"精英统治"理念之间的巨大落差,不仅使"精英统治"的理念遭遇挑战,而且展现了这个时代政治文化的复杂性和变动性。美国史学界普遍认为,18世纪末,美国的政治生活中包含多样化且不断变动的思想与概念。③ 古典共和思想中的对美德与公共利益的追求、现

---

① Wood, *The Radicalism of the American Revolution*, p.296.
② Wood, *Empire of Liberty*, pp.12-13; Joyce Appleby, *Capitalism and a New Social Order*, pp.14-15.
③ 相关论著包括 Wood, *The Creation of the American Republic*; Wood, *The Radicalism of the American Revolution*; J.G.A. Pocock, *The Machiavellian Moment*; Lance Banning, "Some Second Thoughts on Virtue and the Course of Revolutionary Thinking," in Terence Ball and J.G.A. Pocock, eds., *Conceptual Change and the Constitution* (Lawrence: University Press of Kansas, 1988), pp.194-212; Lance Banning, *The Jeffersonian Persuasion: Evolution of a Party Ideology* (Ithaca: Cornell University Press, 1978); Joyce Appleby, "Republicanism in Old and New Contexts," *The William and Mary Quarterly*, Vol.43, No.1 (January, 1986), pp.20-34; Joyce Appleby, "The American Heritage: The Heirs and the Disinherited," *The Journal of American History*, Vol.74, No.3 (December, 1987), pp.798-813; Joyce Appleby, "Republicanism (转下页)

实世界中对私人利益与财富的渴求,这些看似矛盾的思想交织,使当时的政治话语缺乏明确的界定,变得模糊不清,成为融汇了多种概念的"混合物"。阿普尔比认为,"18 世纪末的美国社会经历着巨大的改变","自由交换"和各种社团变得越来越重要,以至于"以往的思考方式失去了物质基础",之前的"体制"慢慢变得和现实"毫无关联"。[①] 建国初期的政治文化确实经历着转变,强调精英美德与公共利益至上的价值观念正在逐渐被削弱,强调合理的个人利益与公共利益存在一致性的自由主义观念在美国政治文化中的地位开始上升。直到 19 世纪中期,"精英统治"的观念最终被强调个人利益的自由主义理念所取代。政治文化在主体内容上逐渐发生变化,使 19 世纪的美国在政治和经济领域发生了意义深远的改变。在政治领域,强调合理的个人利益与公共利益具有一致性的理念,促使"精英统治"的思维模式被打破,更广泛的社会群体参与政治生活,在 19 世纪推进美国政治走上了民主化的道路。在经济领域,则使美国的商业公司从公共机构逐渐演变成为私人牟利的经济组织。如果没有 18 世纪末个人、党派与区域利益给"精英统治"思想带来的冲击,没有政治文化上的转变,自然就不会有 19 世纪自由主义在美国的发展。可以说,商业公司的建立,充分展现出追求各种私利与强调"精英统治"并存的复杂政治文化,揭示了美

(接上页)and Ideology," *American Quarterly*, Vol. 37, No. 4 (Autumn, 1985), pp. 461 – 473; Joyce Appleby, *Capitalism and a New Social Order*; Robert E. Shalhope, "Republicanism and Early American Historiography," *The William and Mary Quarterly*, Vol. 39, No. 2 (April, 1982), pp. 334 – 356; Daniel T. Rodgers, "Republicanism: the Career of a Concept," *The Journal of American History*, Vol. 79, No. 1 (Junuary, 1992), pp. 11 – 38。

① Joyce Appleby, "The American Heritage: The Heirs and the Disinherited," *The Journal of American History*, Vol. 74, No. 3 (December, 1987), p. 802.

国建国初期"精英统治"理念遭到的严重挑战。更重要的是,商业公司的建立从一个侧面反映了美国建国初期处于转变中的政治文化,而政治文化的转变对于19世纪美国政治民主化与自由市场经济的发展具有关键影响。

三 各领域商业公司的建立

从18世纪80年代开始,各州建立起包括银行、运河、桥梁、公路、制造业工厂、保险公司在内的各种类型的商业公司。因为新英格兰地区经济相对发达,在这里建立的商业公司几乎占了所有商业公司的60%,其他商业公司几乎平均分布在中部和南部各州。①

在银行业中,除了1791年的合众国银行,大多数州都建立了州银行,来解决信用、硬币缺乏和债务等问题。特许银行保管投资人的有形财产,按需求发行能够兑现的纸币。因为纸币持有人并不急于要求兑现,所以银行通常发行高于实际价值的纸币。② 美国革命后,北美银行曾一度被撤销。为了建立发行货币的机构,保证地方银行业的发展,1784年,马萨诸塞州政府组建马萨诸塞银行,使其成为州内财政机构,负责存款和贷款。制宪会议以后,特许银行成为流通货币的发行者。③

各个银行都被赋予了一些特权,同时也承担起一定的职责,并

---

① Davis, *Essays in the Earlier History of American Corporations*, Vol.2, p.25.
② John Lauritz Larson, *The Market Revolution in America*, pp.26-27.
③ Perkins, *American Public Finance and Financial Services 1700-1815*, p.178.

受到议会的限制。包括马里兰银行、波士顿联合银行、罗得岛和康涅狄格银行在内的很多银行没有存在年限要求,另外一些银行还被允许建立分支;各州政府向特许银行投入资本支持。① 在宾夕法尼亚,州授权宾夕法尼亚银行借款、发行交换用的纸币和票据、接受存款、买卖硬币。同时,银行特许状禁止宾夕法尼亚银行和其他银行买卖地产或者其他货物,除非这些对银行是必需的。银行也能拍卖任何拖欠借款的人的商品和地产。② 银行特许状中还包括对股东与投票权的规定。在宾夕法尼亚农民与工匠银行拥有两份股票的人都有一个投票权,如果另外拥有 10 个股份,则又增添一个投票权,不过,法令不允许任何股东拥有超过 30 个投票权。另有一个条款对董事会成员和股东的选举资格进行限制;除此之外,特许状要求董事会轮换,防止某些人长期担任董事。③

从 18 世纪末到 19 世纪初,银行数量增长速度变快。1790 年,只有费城、波士顿和巴尔的摩三地建立了三家银行。"从 1790 年到 1800 年,包括合众国银行在内共有 25 家银行成立了。"④到 1815 年,全国有 210 家特许银行。新英格兰地区占了所有特许银行总数的三分之一,很多都坐落于中小村镇。不过新英格兰地区银行的资金总数小于平均水平,只有全国银行资本的五分之一。新英格兰银行平均资本在 325 000 美元左右,而其他地区的平均水平超过 650 000 美元。⑤ 而到了 1835 年,全国共有 584 家银行。在大城

---

① Davis, *Essays in the Earlier History of American Corporations*, Vol. 2, pp. 106 - 107.
② Schocket, *Founding Corporate Power in Early National Philadelphia*, p. 95.
③ *An Act to Incorporate the Farmers and Mechanics Bank* (Philadelphia, 1809), pp. 7 - 8.
④ Wood, *The Radicalism of the American Revolution*, p. 317.
⑤ Perkins, *American Public Finance and Financial Services 1700 - 1815*, p. 272.

市,一般会有几家银行,甚至普通的小镇上,都有 2 到 3 家银行。① 1792 年,马萨诸塞州的立法机构要求,将银行 20% 的资金借贷给住在波士顿城外的居民,使银行推动农业发展。1809 年,授权建立费城农工银行的特许状规定,大多数董事应该是农民、工匠和制造商。其他地方的新特许状也有类似的要求。② 总之,这些银行成为城市商人和参与市场的农民贷款的重要资源。

在交通领域,各州议会授权在各地区分别建立了航运、运河、桥梁和公路等商业公司。1783 年和 1784 年,马里兰州议会相继颁发特许状,组建萨斯奎汉纳运河公司和波托马克公司,希望通过建立运河,扩大贸易,使州内居民受益。1792 年,纽约州州长乔治·克林顿颁发特许状建立两个内陆航运公司。法令规定,西北内河航运公司可以卖出 1000 支股票,建立合适的水道设备,征用必要的土地,征收通行费,在法令范围内分红。政府承诺在花销多于 25 000 美元时,会以政府名义免费赠与 12 500 美元。③ 此外,切萨皮克和特拉华运河、梅里马克运河、米德尔塞克斯运河等也相继建立。截至 1800 年,各州政府共建立了 74 个内陆航运公司。④

修建桥梁是商业公司中相对比较成功的项目。1785 年,在马萨诸塞州诞生了第一个建立桥梁的商业公司——查尔斯河桥梁公

---

① Howard Bodenhorn, *State Banking in Early America: A New Economic History* (New York: Oxford University Press, 2003), p. 12.
② Wood, *The Radicalism of the American Revolution*, p. 317.
③ "George Clinton to New York Assembly, January 1791," in David Hosack, *Memoir of DeWitt Clinton: with An Appendix, Containing Numerous Documents*, p. 286; "An Act for Establishing and Opening Lock Navigations within this States," in Walter Lowrie and Walter S. Franklin, eds., *American State Papers*, Vol. 10, *Miscellaneous*, Vol. 1, pp. 781–787.
④ Davis, *Essays in the Earlier History of American Corporations*, Vol. 2, p. 26.

司(Charles River Bridge Company),开始建造从波士顿通向查尔斯顿的桥梁。根据法令,它征收固定的过桥费,并拥有 40 年使用权,同时需要补偿给哈佛学院造成的渡船业损失。随后,在 1787 年,波士顿又建立起第二座桥梁莫尔登桥。在 1800 年之前,马萨诸塞共为桥梁公司颁发了 15 个特许状。① 在缅因、新罕布什尔、佛蒙特、罗得岛、新泽西、纽约以及马里兰各地都通过政府特许,建立起更多的桥梁。截至 1800 年,各州政府共建立了 73 家桥梁公司。②

收费公路起步比运河和桥梁晚。因为吸引资金相比桥梁要困难,而且工程时间更长,在 19 世纪后,收费公路才开始大规模出现。③ 1791 年,在宾夕法尼亚州建立费城与兰开斯特收费公路公司(Company of the Philadelphia and Lancaster Turnpike Road)之后,北方各州相继颁发特许状建立公路公司,以修建公路。1800 年以前,大多数公路公司拥有的资金少于 10 万美元,修建的道路大多也在 20 至 30 英里之间。④

在制造业领域,18 世纪末也出现了零星的、商业公司形式的制造业工厂。1800 年之前的制造业工厂只有 8 家。⑤ 汉密尔顿在《制造业报告》中指出,发展制造业可以促进高度发达的劳动分工,提高劳动生产力,促进多样化生产。⑥ 汉密尔顿深知发展制造业的困难,因为没有技术的工人、简陋的机器设备、并不充足的"资

---

① Davis, *Essays in the Earlier History of American Corporations*, Vol.2, pp.187-189.
② 同上,第 26 页。
③ 同上,第 217 页。
④ 同上,第 227 页。
⑤ 同上,第 26 页。
⑥ "Report on Manufactures," 2nd Congress, 1st Session, House Report No.31, December 5, 1791, *American State Papers*, Finance, Vol.1, pp.126-129,144.

金"、贷款的高利率、对工人征收税款和兵役的压力等问题阻碍了制造业的发展。但他同时相信这些困难是可以克服的。他认为，便宜的原材料和节省重要开销对发展制造业很重要，他提议引入利用火能和水力运行的机器。联邦内人口相对密集的地区改变了他对"劳动力稀缺"的看法，此外还可以利用妇女和儿童，从欧洲吸引技术工人。[1] 汉密尔顿在《制造业报告》中，建议成立一个政府支持的委员会，支付手工业者和制造业者流动的开销；通过奖励机制，引导有益的发现、发明和发展；鼓励个人或各阶层努力赚钱；给予议会批准的一些项目额外的支持。他指出，在美国，公共需要对私人资源扶持。[2] 在他看来，要展现制造业的优势，"阻止它成为邪恶的东西"。在汉密尔顿和政界与商界其他精英的推动下，1791年11月22日，新泽西州议会通过法案，建立"有用的制造业团体"（The Society for Establishing Useful Manufactures）。这个商业公司可以算是美国工业企业的先锋。法令规定，制造业团体具有一些特权。首先，所有制造业团体中的工匠都能够免除人头税和"因职业所需交纳的税款"，另外，除非有外敌入侵和其他危机，否则他们可以免除兵役。其次，制造业团体所占的土地、处所、物品以及动产在10年内都免予税收和处罚。董事会的权力包括：规范股份、召集股东开会、收费和分红等。法令对于购买股份的份额没有限制，"任何人，团体或者政治组织"都有权利购买股票。[3]

---

[1] Henry Cabot Lodge, ed., *The Works of Alexander Hamilton* (New York: G. P. Putnam's Son, 1904), Vol. 2, pp. 219 - 223, 244, 282 - 283.

[2] "Report on Manufactures," 2nd Congress, 1st Session, House Report No. 31, December 5, 1791, *American State Papers*, Finance, Vol. 1, pp. 126 - 129, 144.

[3] Charles Nettleton, *Laws of the State of New Jersey*, Trenton, 1821, pp. 108 - 125.

在马萨诸塞、新罕布什尔和罗得岛等州政府的扶持下,各地也建立商业公司,发展制造业。1788年,马萨诸塞贝弗利的一部分精英联合起来,请求议会批准颁发特许状建立制造业公司。他们认为公司不仅能够获利,还能为妇女和儿童提供工作机会,减轻社会负担。1789年,议会特许建立贝弗利棉花制造业工厂(Beverly Cotton Manufactory),并提供10 000英镑和80 000英镑流动资产的资助。① 在1794年,马萨诸塞还建立了纽伯里波特毛纺织品制造厂。1800年,马萨诸塞特许成立塞勒姆造铁厂。实业主在建立这些工厂时,不断寻求政府对他们的扶持。他们认为,更大的计划需要更多的资金,所以制造业协会希望有州的协助。一封给《宾夕法尼亚杂志》(*Pennsylvania Journal*)的信说,制造业不仅需要保护,而且需要鼓励赏金。商人兼制造业者同意这种观点,他们从州政府寻求各种形式的鼓励。② 约翰·F. 阿米龙格(John F. Amelung)是一位德国移民,也是有雄心的制造业商。他认为,如果没有必要的特权,制造业就不能存在。③ 在制造业商不断的申请中,各州政府也赋予这些制造业工厂一些特权,例如减少税款、以低利率贷款、赋予它们专利权等。④

1800年以后,随着杰斐逊赢得总统竞选,共和党逐渐在全国占据优势。尽管相当一批共和党人担心商业公司会导致权力与财富的垄断,但是也有一批思想相对温和的共和党人认为国家能够利用商业公司,推进国内改进。1806年的第六届国会中,加勒廷承诺,

---

① Davis, *Essays in the Earlier History of American Corporations*, Vol. 2, p. 271.
② *Pennsylvania Journal*, July 1, 1789, p. 3.
③ John Frederick Amelung, *Remarks on Manufactures* (Frederick, Md., 1787), p. 4.
④ Davis, *Essays in the Earlier History of American Corporations*, Vol. 2, p. 277, pp. 279–280, 283.

从1809年开始每年投入200万—500万美元资助支持内部改进。①

1807年,杰斐逊实施贸易禁运政策以后,政府的经济重心逐渐转向国内。加勒廷在1808年发表了《关于公路与运河的财政部长报告》,统计了国内所有改进领域已经建立的和正在计划建立的商业公司。在工程师本杰明·亨利·拉特比(Benjamin Henry Latrobe)的协助下,加勒廷考察了工程技术现状和商业潜能等各方面的情况,挑选出看起来最有利于联邦利益的项目。② 与此同时,他们想彻底摆脱海外贸易的限制,开始促进国内商业,推动制造业的发展。1800年以后,转向共和党阵营的坦奇·考克斯反对从海外进口奢侈品,主张发展本土制造业,尤其支持家庭制造业。加勒廷在1810年关于制造业的报告中表示,他对最近家庭制造业的增加印象深刻。他估计,几乎三分之二的衣物和亚麻布都是"家庭制造业的产品"。③ 另外,很多政治精英并不排斥建立大型制造业工厂。麦迪逊虽然支持"家庭纺织"和"有用的制造业",但也注意到家庭产业之外的生产方式。④ 在北方城市,出现了一批更精细、更高级的复杂制造业工厂。

从1812年美英战争爆发,到1814年战争结束,美国的经济

---

① "Gallatin to Jefferson, 16 Nov. 1806," in Adams, ed., *The Writings of Albert Gallatin*, Vol. 1, p. 232, p. 319.
② Albert Gallatin, "Report on Roads and Canals(1808)," in *American State Papers, Class X, Miscellaneous*, Vol. 1, p. 883; Lee W. Formwalt, "Benjamin Henry Latrobe and the Development of Transportation in the District of Columbia, 1802 - 1817," in *Records of the Columbia Historical Society*, Vol. 50(1980), pp. 36 - 66.
③ *Annals of Congress*, 11th Congress, House, 2nd Session, p. 2227, p. 2230.
④ "Madison's Annual Messages, Nov. 29, 1809, Dec. 5, 1810, Nov. 5, 1811," in James D. Richardson, ed., *A Compilation of the Messages and Papers of the Presidents, 1789 -1897* (Washington: Gov't Print Off., 1896 - 1899), Vol. 1, pp. 461 - 462, 469 - 470, 480.

重心完全转向了国内。各地区涌现出大批制造业工厂。人们广泛认识到发展本土制造业的重要性。麦迪逊在1815年的年度报告中明确提出,为了战后需要,支持"更复杂种类的制造业"。① 激进的共和党人托马斯·库珀(Thomas Cooper)也承认,大规模制造业的优势远远超越了它的劣势。他希望美国通过发展制造业而更加繁荣,在经济上能够自给自足。他强调扩大制造业能推动国内市场的发展,相信国内市场能够完全吸收国内的农产品。② 有人进一步解释说,在美国,移民来到自由的土地,政府也不腐败,制造业本身是不会引发贫穷和悲剧的。③ 可以看出,随着国内外环境的变化,共和党在政策导向上,并没有完全排斥商业公司,反而在客观上为建立更多的商业公司创造了契机。

最后,各州政府还组建了保险公司和自来水公司等商业公司。保险公司的主要业务包括火灾、航海以及人身等,例如马萨诸塞火灾与航海保险公司。至1800年,美国共颁发特许状建立了33家保险公司。④ 自来水公司则具有公共服务特征,为地区供水,但在经济上的影响力较弱。不同于有很多争议的商业银行,人们对保险公司和自来水公司几乎没有异议。大多数公司有数百个股东,原始股份卖出价格很低,用来争取更广泛的支持。⑤

在某种程度上,迅速增加的商业公司确实增进了社会的"共同

---

① "Madison's Annual Message, Dec. 5, 1815," in Richardson, ed., *A Compilation of the Messages and Papers of the Presidents*, Vol. 1, p. 552.
② McCoy, *The Elusive Republic*, p. 247.
③ "Address of the American Society for the Encouragement of Domestic Manufactures," *Niles' Weekly Register*, Vol. 11, No. 282 (Jan. 25, 1817), p. 368.
④ Davis, *Essays in the Earlier History of American Corporations*, Vol. 2, p. 235.
⑤ Perkins, *American Public Finance and Financial Services 1700 – 1815*, p. 291.

福祉"。在1800到1825年间,宾夕法尼亚州共建立了307家商业公司。其中四分之三是交通公司,连接州内村镇。之后的5年又有91家交通公司获得特许。① 这些公路、桥梁和运河公司大大改善了地方交通状况,地区之间建立了新的交流渠道,原先地区之间相对隔绝的状况越来越少了,在客观上推动了地区经济的发展。

同时,各地特许银行的建立也促进了资金流动,州政府从特许银行中获得了大额贷款,并能从银行利润中得到分红。在建立宾夕法尼亚银行时,州购买了2 500份股票,价值1 000 000美元。② 当1803年建立费城银行时,州的股票持有数额增长,共持有3 000份股票,相当于300 000美元。到1810年,宾夕法尼亚州政府在宾夕法尼亚银行、费城银行和农民与手工业者银行购买的股份加起来,共有7 364份,总价值达到1 990 793美元。到1815年,这一总额增长到2 108 700美元。③ 州政府持有了大量银行股份,就能从中获得巨额的分红。1805年,州政府投资的分红是99 500美元,到1815年上升到309 433美元。④

当然,是否能推进社会"共同福祉"自然是建立商业公司的衡量准则,但是除此之外,主宰商业公司命运的是"利益"。在建立商业公司的讨论中,不同的投资人、党派与地区都在反对侵犯自己利益的商业公司,争取建立有益于自己利益的公司。多样化的竞争隐藏在各州议会的辩论中,推动着商业公司的建立。

---

① *Proceedings and Debates of the Convention of the Commonwealth of Pennsylvania*, Vol.1, pp.212-227; William Miller, "A Note on the Business Corporations in Pennsylvania, 1800-1860," *Quarterly Journal of Economics*, Vol.55, No.1 (Nov., 1940), pp.150-160.
② John Thom Holdsworth, John S. Fisher, *Financing An Empire: History of Banking in Pennsylvania* (Chicago: The S.J. Clarke Publishing Company, 1928), Vol.1, p.133.
③ 引自Hartz, *Econmic policy and Democratic Thought*, pp.83-83。
④ Holdsworth, Fisher, *Financing An Empire*, Vol.1, p.143.

第三章
商业公司引发的争论

从交织的各种复杂利益可以看出，商业公司不同于最初的设想，并非仅以推动社会"共同福祉"为目标，也根本不能体现理想中的"精英统治"的优势。在建立商业公司的过程中，政治精英本身就是利益集团，并且时常与其他利益集团进行利益的竞争或交换。于是，这就引发了一个问题：如果这些所谓的精英并不具备超越常人的美德，无法抵制权力的诱惑，那么，政府还有颁发特许状的权力吗？商业公司的投资人还配拥有特权吗？从18世纪80年代起，有一批人开始强烈批判拥有特权的商业公司，这些人包括了反对派政治家、报刊编辑、政治经济学家以及普通的劳动者。他们的身份、地位和职业不尽相同，利益诉求也各有差异，不过他们反对商业公司的话语却基本上是一致的。他们都指责商业公司带来社会不平等，损害了公共利益。与此同时，商业公司授予权的归属在建国初期也引发了一些争论。虽然绝大多数商业公司由各州颁布特许状建立，但是当一些政治精英提议由国会授权建立商业公司时，总会引发争论与反对。这些争论在一定程度上反映了时人对中央政府与各州政府权力关系上的态度，体现了联邦与各州在权力上的不断博弈。

一　各种反对商业公司的"声音"

① 反对权力扩张的呼声

很显然,社会精英的私人利益与这种推进公共福祉的方式存在着无法调解的矛盾。也正是由于这种矛盾,商业公司从建立之初就包含了引起争议与反对的因素。在 18 世纪 80 年代,因为商业公司的数量有限,影响范围也不算大,这些质疑声还比较微弱。从 18 世纪 90 年代开始,在共和党反对联邦党"集权"的引导下,反对权力扩张的呼声逐渐高涨。各地建立的银行、保险公司、桥梁运河公司都成为"反特权"斗争的批评目标。政治反对派、报刊编辑以及一些政治经济学家都参与到质疑商业公司的讨论中。

对于商业公司遭到的反对,国内外学术界在诸多论著中有过描述,但大多语焉不详。[①] 波林·梅尔把对商业公司的反对意见视为推动商业公司成为公共服务机构的助力,提出由于这些反对意见,各州建立商业公司时更加谨慎和严格,使商业公司在约束中成为体现"人民主权"的机构,反映了美国革命中思想传统的延续。然而,这些反对意见本身蕴含着怎样的思想观念? 在当时的

[①] 相关论著有 Pauline Maier, "The Revolutionary Origins of the American Corporation," *The William and Mary Quarterly*, Vol. 50, No. 1 (January, 1993), pp. 51 - 84; Oscar and Mary Handlin, *Commonwealth*; John Lauritz Larson, *Internal Improvement*; Wood, *The Radicalism of the American Revolution*;韩铁《试论美国公司法向民主化和自由化方向的历史性演变》,载《美国研究》2003 年第 4 期;韩铁《美国公司的历史演变和现代大企业的崛起》,载《南开学报》2002 年增刊。

历史情境中又有什么意味？梅尔没有展开讨论。还有一些学者则提出不同于梅尔的观点，认为反对派的话语与观点进一步推动了社会的民主化，但他们没有梳理反对派的话语逻辑，对于反对商业公司的言论大多寥寥几笔带过。实际上，众多反对商业公司的观点不尽相同，下文通过回溯反对商业公司的不同观点与立场，分析反对话语背后的思想意识，进一步探讨建国初期精英与民众之间关系的变动，以及时人在对公共利益与个人利益关系的理解上的分歧与变化。

支持建立商业公司的政界人士与大商人不断强调，建立商业公司的目标就是推进社会的公共利益。他们指出建立商业公司能促进贸易往来与商业发展。在银行领域，詹姆斯·威尔逊曾探讨建立商业公司的重要性，他认为新国家需要信贷，而银行的功能就是提供信贷，特别是为商人提供信贷。商人在获得了贷款后，能开展更广泛的贸易活动。[1] 在费城，商业公司的支持者强调，运河能使各州所有地区的利益连接在一起，建立持久的商业和政治联盟。1795 年，威廉·史密斯（William Smith）预测说，通过商业公司建立运河与公路会将宾夕法尼亚州各地联系起来，促进相互往来和共同利益的繁荣。[2] 到了 19 世纪，宾夕法尼亚州州长西蒙·斯奈德（Simon Snyder）在 1811 年向议会提出，州政府支持建立的运河会"形成坚固的联盟，……永远消除各州分离的思想，……建立新的、强有力的纽带和依附"，在人民之间建立情

---

[1] James Wilson, *Considerations on the Bank of North America* (Philadelphia, 1785), pp. 19-24.
[2] William Smith, *An Historical Account of the Rise, Progress and Present State of the Canal Navigation in Pennsylvania* (Philadelphia, 1795), p. iii, p. 23.

感关联。①

从18世纪末到19世纪初,各种商业公司的建立却引发了激烈的批评。批评者包括政治反对派、报刊编辑以及政治经济学家,尽管他们的职业不同,来自不同社会群体,政治理念与利益诉求迥异,但是他们提出了一个共同的问题:商业公司的管理者和经营者并没有使商业公司服务于公共利益,反而利用商业公司谋取各种私利。他们对商业公司拥有特权表达强烈不满,批评建立和经营这样的商业公司会加剧社会的不平等,损害公共利益,甚至会腐蚀人们的思想。

不过,最先反对商业公司的并不是美国人。之前在英国,商业公司就遭到强烈反对。从17世纪到18世纪,英国法学家、法官、"乡村"反对派和经济学家都对商业公司提出了批评。他们所处的时代不同,身份地位各异,反对商业公司的思想逻辑也不尽相同。

在17和18世纪,商业公司曾给英国的法律界人士带来相当多的困扰。在他们看来,公司是一个没有生命的个体,它不是一个人,一旦公司出现纠纷或者触犯法律,法官很难像处理一个人那样用法律或者道德来制裁它。1658年,英国的法律学者爱德华·科克(Edward Coke)就严厉批评商业公司,他认为"它们不能被控叛国,不能被认为非法,不能被开除教籍,因为它们没有灵魂"。一个世纪之后,一位英国检察长爱德华·瑟洛(Edward

---

① Simon Snyder, "Message to the Senate and House of Representative of the Commonwealth of Pennsylvania," *Carlisle Gazette*, Dec. 13, 1811, quoted in Schocket, *Founding Corporate Power in Early National Philadelphia*, p. 62.

Thurlow)重复了科克的观念,他抱怨说,"特许公司既没有能惩罚的躯体,也没有被谴责的灵魂,它们可以随自己的意愿行事"。①

在英国,对商业公司更猛烈的批评不是来自法律界。17世纪以来,随着市场经济的发展,要求经济独立与自由、保护财产权的呼声逐渐高涨。从乡绅、小商人、零售商、企业主,到政治反对派,他们都反对王室授予特许公司垄断权,侵犯经济的自由与独立。英国"乡村"反对派的代表人物约翰·特伦查德(John Trenchand)和托马斯·戈登(Thomas Gordon)在《加图信札》中攻击"享有特权"的商业公司,认为它们的利益同其他自由民不一致,它们打击了制造业,击垮了"个体商人",限制了贸易。② 他们提出,商业公司打破了民众中的财产和权力平衡,摧毁了平等,制造了威胁政府稳定的依附制。而在"民主或者任何具有民主成分的政府"中,财产和权力的平衡都是必要的,所以,"私人拥有巨额财富总会对政府产生威胁"。而且,商业公司的建立也不益于公共事业。在他们看来,政府赋予公司特权,使一部分人成为依附者,他们不能算作独立的人,不具备投身公共事业的条件。只有那些能够独立谋生的人才能算得上自己的主人,能完全投入健康的公共生活中。③

18 世纪以后,英国进入工业化发展时期,争取自由、打破垄

---

① 引自 Schocket, *Founding Corporate Power in Early National Philadelphia*, p.52。
② "Monopolies and Exclusive Companies, How pernicious to Trade," in John Trenchard and Thomas Gordon, *Cato's Letters, or Essays on Liberty, Civil and Religious and Other Important Subjects* (Indianapolis: Liberty Fund, 1995), Vol.3, No.90.
③ "How Exclusive companies Influence and Hurt our Government," in John Trenchard and Thomas Gordon, *Cato's Letters*, Vol.3, No.91.

断是时人不断追求的目标。尽管在光荣革命之后的英国,特许公司没有再大规模出现,但是18世纪的经济学家在论著中始终对特许公司的特权与带来的垄断持批判态度。英国著名哲学家和经济学家亚当·斯密提出自由市场理论。他认为商业公司限制了竞争,破坏共同利益。斯密指出,特许公司通过抬高价格,限制潜在的可以获利的事业,限制竞争,阻碍劳动力和股票的自由流通,伤害公共利益。他极力反对垄断,将它看作最无用的时代错误。不过他赞同为公共利益而联合股份,认为在银行、保险、运河以及水道领域可以建立联合股份公司,但是在诸如制造业等领域建立这样的组织弊大于利。①

对于那些反对商业公司的美国人来说,英国反对派的话语犹在耳畔。尽管时代和情境与英国大不相同,不过在美国的反对者看来,商业公司对经济独立与自由造成的伤害却是相同的。反对北美银行的人援引英国人批评英格兰银行的话语,"在任何商业公司中建立垄断……通过垄断,它们可能会控制整个国家公共和私人信用的权力"。他们还引用1721年英国下院拒绝建立爱尔兰银行申请的话,他们提到,王权会"失去对公共银行的权力和影响力"。他们也大量援引《加图信札》和斯密的观点,特别批评商业公司对自由的伤害,宣称商业公司在美国这个自由平等的社会已经不合时宜。② 他们宣称"所有获利的贸易都来自自由和开放

---

① Roy Harold Campbell, and Andrew S. Skinner, eds., Adams Smith, *An Inquiry into the Nature and Causes of the Wealth of Nations* (Indianapolis: Liberty Fund, 1981), Vol.2, pp.731-735,758, Vol.1, pp.135-159.

② "Remarks on the Memorial of the Grand Jury of the City of Philadelphia," *Pennsylvania Packet, and Daily Advertiser*, Aug.30, 1786; "Speech by Albert Gallatin in the Pennsylvania Legislature, *General Advertiser*," Jan.17,1792.

的商业"。他们引用大卫·休谟(David Hume)的《英国史》,对商业公司的封建背景进行描述,指出滥用特权给发展工业带来的弊端。在18世纪后期和19世纪初,他们还经常借鉴亚当·斯密在《国富论》中对"公司特权是对自由的侵犯"的评论。①

总之,反对者不断表达对拥有特权的商业公司的担忧。有人提到,当过多"财富积累到一部分人手中,并长期拥有,就会产生一定的影响力和权力,这种影响力和权力在任何一部分人手中都不能被信任,即使其不危害公共安全"。②在汉密尔顿建立合众国银行时期,有评论者表示,同联邦政府相连的庞大机构,不同于以个人信任为基础、通过无尽的私人协商建立的企业,它更具有危险性。③

对于商业公司建立过程中交织的复杂私利,反对者纷纷指责,商业公司的经营者和管理者利用各州政府赋予的特权,在经营过程中获取私利,根本没有考虑公共利益。在银行业中,有反对者提出,合众国银行的管理者和经营者中有很多国会议员,这些议员不仅在经营银行过程中拉帮结派,从中获益,而且从私利

---

① Pauline Maier, "The Debate over Incorporations: Massachusetts in the Early Republic," in Conrad Edick Wright ed., *Massachusetts and the New Nation*, Boston: Northeastern University Press, 1992, p. 82; Smith, *An Inquiry into the Nature and Causes of the Wealth of Nations*, Vol. 1, p. 470.
② "Proceedings of the Third Session of the Ninth General Assembly, of the Freemen of the Commonwealth of Pennsylvania, Monday, September 5 A. M.," *Pennsylvania Evening Herald*, Sep. 7, 1785.
③ Janet A. Riesman, "Republican Revision: Political Economy in New York after the Panic of 1819," William Pencak and Conrad E. Wright, eds., *New York and the Rise of American Capitalism: Economic Development and the Social Political and History of an American State, 1780 - 1870* (New York: New York Historical Society, 1989), pp. 1 - 44.

的角度出发在众议院施加影响,以个人利益取代公共利益。[①] 在南卡罗来纳州,当南卡罗来纳银行被批准建立后,批评者进一步详细指出银行的投资人与管理者如何出于私人动机而侵犯公众的利益。他们提到,银行的主管为了获取私人利益,发行了大量纸币,当地居民将硬币以等额的价值兑换成了纸币,然而纸币自发行之后,却一直在贬值,最终导致"原本殷实的家庭,因为拥有大量正在贬值的纸币而变得贫穷"。反对者抗议道,这不仅伤害到州内大多数公民的利益,而且"触犯了议会和村镇的法律,以及联邦宪法"。[②] 反对不仅发生在南卡罗来纳州,在弗吉尼亚州,反对者直接质疑银行的合法性。反对亚历山德里亚银行的人提到,因为银行有一副"公共利益的面孔",所以银行的主管被赋予了特权。这似乎"很难被抵制",也缺乏必要的监督。实际上,管理者并没有根据议会颁发的特许状,以公共服务为目标。这样看来,议会颁布这样的法律,给某些人优先权,不仅违背"76年的精神",而且与"我们宪法的精神是敌对的",这种做法只考虑了少数人的安全与保障,削弱了人们的共同利益。[③]

在反对者看来,商业公司的投资人披着公共服务的"外衣",却完全背离服务于社会共同福祉的目标。在1786年的宾夕法尼亚州议会中,议员围绕是否重新颁发北美银行特许状展开辩论。罗伯特·莫里斯极力支持北美银行重新获得特许状,他和他的阵

[①] Brutus, "For the National Gazette, No. III, on the Funding System," *National Gazette*, Mar. 22, 1792.

[②] "For the City Gazette," *City Gazette*, May 5, 1794.

[③] "Messrs. Thomas Subscriber, Institution; Virginia," *Alexandria Times*, Mar. 19, 1798.

营宣扬北美银行对公共利益的好处。但是威廉·芬德利认为,支持再次给银行颁发特许状的人本身就是北美银行的获益人,他们或是银行股东,或是董事会成员,他们"与银行的利益息息相关,因而在增进银行的利益时,他们是在自己给自己的案子做法官"。① 还有反对者评论说,"人们隐藏他们的利益",将他们的私利"掩盖在支持公共利益之下"。但是,"在商业公司增多时,公共会有什么利益"?"商业公司并没有推动艺术或者科学发展,而是通过投机或者股票买卖提高投资人自己的利益"。芬德利反问道:"反对立法权威会得到什么利益呢?从投资人的投机活动中,大众会得到什么优势呢?"在费城,合众国银行被赋予的特权更是独一无二。银行有 1000 万美元的资金储备,其中的 700 万是公共证券。银行有权发行银行票据,当借贷银行票据时,能获得 6% 的利息。联邦向银行借款时,也要支付 10% 以上的利息。这样,"不依靠工业积累,而靠合法权威",巨大的财富就流向了少数人。② 在 1796 年,有报刊文章指责"股票经纪人和投机商"利用政府证券致富。③ 而直到 19 世纪 20 年代,有反对者依然在批评商业公司"出于私人目标",违背他人意志,占用他人财产,他们还号召法院处理由特权引发的伤害。④

除了银行,其他领域的商业公司也因其建立与经营过程交织

---

① Mathew Carey, ed., *Debates and Proceedings of the General Assembly of Pennsylvania on the Memorials Praying a Repeal or Suspension of the Law Annulling the Charter of the Bank*, p.15, p.19, p.21, p.64, p.66, pp.72 - 73, 87, 128.

② Majorian, "Miscellanies, for Thomas's Massachusetts Spy," *Massachusetts Spy*, Dec.15, 1791.

③ *Aurora General Advertiser*, January 1, 1796.

④ "The Law of Water Privileges," *American Jurist*, Vol. 2, No. 3 (Jul., 1829), p. 25, pp.30 - 31.

着各种私利而备受指责。在署名为"克里图斯"(Clitus)的一篇评论文章中,作者批评运河公司的经营者任意开凿运河以积累他们自己的财富,而不是为了公共利益,利用特权破坏普通人的生活。他提到,若修筑从桑德平克(Sandipink)到南河或者米尔斯通(Millstone)的运河,开拓从费城到纽约的内陆航线,就会毁掉数百英亩草地;要修筑20英尺宽的运河,就会毁掉运河沿岸民众的生活,他们也得不到补偿。既然新宪法已经"彻底废除了所有对公共利益有害的特许团体",就要对商业公司的特权进行严格限制,才能对整个社区有益。[1] 当新泽西制造业公司建立起来时,反对者认为这意味着"机械和制造业的一大批从业人员会为少数有钱人服务,而有钱人除了聚敛财富之外,别无他求"。[2]

还有反对者认为,尽管商业公司中存在一些为公共利益服务的绅士,但是同样存在完全追求个人利益的人。在建立某家运河公司时,有反对者表示,"公司中有值得尊敬的人","我尊重那些爱国绅士,他们努力发展内陆航线。不能否认他们有一些个人利益,在完成运河时,希望得到期待的所得"。"城市和委员会没有为他们自己做事,他们为市民服务,努力做事,他们的服务没有补偿,他们也没有希望得到奖励。为市民服务是委员会成员的职责,他们是受尊敬的人,是具有道德原则的人,他们在做他们认为有益于选民的事。"但是,反对者同时提出,有些人组成自己的派别,完成他们的计划,"这些成员"激发起"公众的不满"。他们不

---

[1] "Copy of a Letter from a Gentleman in New Jersey, to His Friend in the Legislature of That State," *General Advertiser*, November 24, 1791.
[2] George Logan, *Five Letters, Addressed to the Yeomanry of the United States* (Philadelphia, 1792), p.10.

值得被尊重。这些人"在某种程度上是令人失望的,他们没有为公共利益服务,是公司的敌人",他们以"为费城市民利益"为口号,集中"二十万美元来满足自己的利益"。①

从批评者的话语中可以看出,他们确信商业公司的管理者和经营者利用特权为私人牟利的行为已经损害了公共利益。在共和体制下,"人民的利益本是联系在一起的",各州的权利宣言中明确表明政府的存在是"为了共同利益和人民、国家以及社区的安全"。② 但是,商业公司的私人利益"将它们同大多数人隔离开",③严重损害了"人民"利益,在"人民"中会"引发猜忌和异议"。④ 在银行业,有反对派指出,银行现在过多的投机活动,是以牺牲那些没有财富、不在引导之下或者没有股份的公民的利益为代价的。⑤ 在宾夕法尼亚州,还有反对者认为,"公共利益被分割",对个人利益的追求已经使人们的精神世界遭到毁灭,而"精神的毁灭对共同福祉的破坏是致命的",因此他们号召撤销银行的特许状。⑥ 无论是在哪里,特许银行都出于它们私人利益的动机,发行流通货币,这不仅伤害了州内的大多数利益,而且触犯了议会和村镇的法律,以及联邦宪法。⑦ 1805 年,法官亨利·利文斯顿(Henry Livingston)也指出,"公众的利益本应从始至终得到

---

① "The Philadelphia Gazette, Wednesday, Sep. 3, 1800," *Philadelphia Gazette*, Sep. 3, 1800.
② *Constitution of Massachusetts 1780*.
③ "Mr. Bache; Manufactories," *General Advertiser*, Jan. 23, 1792.
④ George Logan, *Five Letters, Addressed to the Yeomanry of the United States*, pp. 19-20.
⑤ "For the Minerva," *Herald*, Feb. 18, 1795.
⑥ "To Censor Severus," *Pennsylvania Evening Herald*, Nov. 23, 1785.
⑦ "For the City Gazette," *City Gazette*, May 5, 1794.

尊重，但是在行业垄断中，公众的利益却被剥夺了"。① 总之，批评者认为，"所有不公正的规定"都使社会中存在一些有悖于公共利益的特殊利益。②

按照批评者的逻辑，既然商业公司的建立与经营过程包含了各种私利，就有违其推进社会"共同福祉"的宗旨，那么原本为推进"共同福祉"而被赋予的特权，就成了私人谋利的工具。因此，反对特权就成了批评者的重要目标之一。反对者提出，"无论如何，对财产的垄断……都是有悖平等权利的"，享有特权的商业公司"创造的价值同大多数人的利益相反"。③ 对他们来说，州政府授权建立商业公司，赋予了一些公民经济特权的同时，也否定了特定地区内其他公民的权利。④ 他们进一步解释说，投机者和商业公司的经营者从政府获得豁免权，并和政府结成联盟，通过互惠进一步巩固自己的地位，"就像古代教会和国家的联盟，通过镇压弱小和贫穷的人，获得权力和财富"，而人民受到不公正的待遇，反对者强调，"自由的共和国"正在被摧毁。⑤

有人提到，美利坚"人民"可能经历着这样的阶段，"政府在理论上是漂亮的，但实际上却牺牲大多数人的利益，扩大少数人的权力"。反对者分析说，"通过对政治学的现代加工，与财政操作

---

① Palmer v. Mulligan, 3 Cai. R. 307, New York(1805).
② Logan, *Five Letters, Addressed to the Yeomanry of the United States*, pp. 19-20.
③ Titus Hutchinson, "Extract from an Oration Delivered at Woodstock," *Strength of the People*, August 19,1809.
④ Cathy D. Matson, "Capitalizing Hope: Economic Thought and the Early National Economy," *Journal of Early Republic*, Vol. 16, No. 2 (Summer, 1996), pp. 273-292.
⑤ Brutus, "For the National Gazette, No. III, on the Funding System," *National Gazette*, Mar. 22,1792.

手法混合,其他颠覆人民权利的可能性现在产生了","银行体制作为储备项目的顶点,与制造业项目联合,加上政府的支持与新产生的财富集团利益,形成**垄断体系**"。①

对于特权的态度,反对者基本达成了共识,那就是商业公司的特权没有存在的合理性。诚然,一些温和的反对者仍在考虑商业公司是否服务于公共利益。1809年,弗吉尼亚州高等法院支持一项关于修改保险公司特许状的法令。大法官斯彭斯·罗恩(Spence Roane)表示,考虑到公司对公众提供的服务,赋予一些人成立公司的特权,常常可能是有益的。但是,如果他们的目的仅仅是私人利益,如果公司对公共利益有害,或者不能促进公共利益,这些人就没有请求立法机关授予他们这些特权的充分理由。②一些激进的反对者则直接表示,特权在全新的美利坚合众国根本不能存在。他们分析说,在欧洲君主制国家,颁发特许状或许是限制约束专制权力的手段,特许公司似乎有一些存在的意义,但是在美国,共和主义精神"不容许任何人被授予专门的特权"。一切权力来源于"人民",商业公司被赋予特权,实际上就是削弱了"人民"的权利,"给予某些人特权,实施压制人民的暴政"。1776年爆发独立战争,北美殖民地人士推翻英王统治,就是为了追求自由的理想。而组建有特权的商业公司,在反对派看来,就是被推翻的专制政府被新的专制形式取代。"平等的权利是自由政府的目标,"在共和体制下,他们反问道,"为何一小部分人要拥

---

① Caius, "Miscellany, from Philadelphia, Financier and Financial," *New Jersey Journal*, Jan. 18, 1792.

② Currie's Administrators v. The Mutual Assurance Society, 14 Va. 315, Virginia(1809).

有特权,能制定规章制度呢?他们要拥有什么特权呢?"①纽约州最高法院法官约翰·霍巴特(John Hobart)说:"所有颁发特许状的行为都意味着只赋予某个阶层的公民某种特权,其他公民则不能享受。迄今这种行为对于应存在于每个社会的平等自由原则是极具破坏性的。"②

在对财富与权力过度集中的声讨浪潮中,各地建立的银行、保险公司、桥梁运河公司都成为"反特权"斗争的批评目标。在众多反对者看来,这样的商业公司就是少数人扩张权力和垄断财富的工具。

② **争取权利平等的斗争**

拥有特权的商业公司之所以遭到强烈批判,最根本的原因是在众多反对派看来,很多精英借助商业公司谋取私利,加剧了社会的不平等,侵犯了大多数人的利益。来自不同社会阶层与行业的反对者在"反特权"、争取权利平等的抗议中结成了"联盟",展开与商业公司及其支持者之间的对抗。如果说民众自己缺乏有效"发声"渠道的话,那么这些由政治反对派、报刊编辑以及政治经济学家组成的反对者"联盟"号召扩大利益分配的话语就代表了民众的"心声"。在反对商业公司的过程中,绝大部分反对者并

---

① "Miscellany, House of Assembly of the State of New York, March 10, 1788," *New-York Journal*, Apr. 14, 1788.
② Hendrik Hartog, *Public Property and Private Power: The Corporation of the City of New York in American Law, 1730 – 1870*, p.90.

不想消除私人利益的影响，而是希望扩大利益分配，使更多的人参与商业公司的投资经营活动，获得个人利益。

在这些反对者看来，商业公司必然会加剧社会的不平等。乔治·洛根（George Logan）写道：

> 商业公司拥有巨额资金，因此可以垄断很难获得的原材料，这种情况在制革业和制帽业中格外明显。其工人获准免税和免服兵役，并且享有其他特权，这使私人制造业主面临雇佣不到工人的困境。这样一来，利益不能均获。另外，公司享有特权，还使其避免了很多损耗，它们能够以较低的价格卖出商品，相对私人业主更具优势。①

总之，洛根认为商业公司使富人更富，使社会产生等级划分，以"名誉和政治上的差异"加速了"财产不可避免的不平等"。② 在共和制国家，当财富被掌握在固定集团的手中，一旦这些集团拥有特权，贪婪地索取，财富流通就很难维持。有反对者指出，财富的巨大差距不是美国革命的结果，而是18世纪末的制度设计加剧了财富分配的不平等。1792年，《综合报》的一篇评论文章批评新泽西制造业公司，指出"他们依照自己的喜好制定法律，其他人不能受益，不仅如此，他们还被免除附加给其他人的负担"。③

在银行领域，反对者也指责议会使少数人占有巨额资金并掌握权力，造成严重的社会分化。在1782年，宾夕法尼亚州议会延

---

① Logan, *Five Letters, Addressed to the Yeomanry of the United States*, p.27.
② 同上，第12页。
③ "Mr. Bache; Manufactories," *General Advertiser*, Jan.23,1792.

长了北美银行的特许状,没有保留修改特许状的合法权利,允许商业公司的成员持有最多1000万流动或实际资金。在关于颁发北美银行特许状的讨论中,反对者承认,宾夕法尼亚同其他地区一样,因为财富的不平等,不能"建立完美的民主"体制。但是他们也尖锐地指出,宾夕法尼亚本没有"封建的法律",没有"富有的贵族",也没有"特权阶层",财富也没有被特权阶层强制分配。而且即使每个人拥有不等的财产,在多数人的监督下,财富的流通也是公平的,会促进利益平等。而议会重新给予北美银行合法的特权,只会使其"根据自己的喜好将我们共同的财富分成不平等的份额",使财富集中在少数人手中。因为银行只发行有限数额的股份,它的大量分红使富人更加富有,这样一来,"固定的集团掌握财富,拥有特权,他们没有原则,贪婪地索取,财富自由地流通就很难维持"。威廉·芬德利在1786年评论说,"除了富人没有人能成为银行家"。而且银行获得了像"最庞大的垄断者"那样的好处。[①]

银行拥有特权,它能够决定贷款者、贷款时间和贷款数额。银行家认为将大多数贷款限制在商人群体中对于银行是最佳政策。因为商人会了解其他人的经济条件,比起贸易人和农民更能及时归还贷款。大部分银行只愿意向商人提供贷款。然而反对者指出,这会进一步扩大收入的不均。他们分析说,商人在18世纪80年代组成了北美银行最活跃的客户人群。银行提供短期的

[①] *Laws of the Commonwealth of Pennsylvania* (Philadelphia, 1803), Vol.3, pp.186-189; Carey, ed., *Debates and Proceedings of the General Assembly of Pennsylvania on the Memorials Praying a Repeal or Suspension of the Law Annulling the Charter of the Bank*, p.66, p.77.

借贷，而不是农民和有抱负的贸易人需要的长期借贷。一些商人"在贸易上能得到不公正的优势"。① 而农民和手工业者只能通过州资助的借贷办公室贷款。反对者认为，普通人向银行提出贷款申请是完全合法的，只是在银行家看来，他们没有足够的旁系担保或者赚钱潜力。总之，反对者批评商业公司的投资人过于关注客户的职业和身份。② 银行的经营者在获得州政府授予的特权后，在使自己获得更多利润的同时，也意味着他们能运用权力，排斥农民和手工业者等普通人群的贷款需求。银行的反对者进一步提到，他们不同意银行的官员有权决定"谁能成功，谁不能成功"，因为这使那些官员有能力"毁掉自由国家中的平等"。③

1792年，马萨诸塞州州长詹姆斯·沙利文在《致富之路》中对合众国银行和马萨诸塞银行提出批评，他认为，银行是"对少数人的放纵"，他们"向议会要求特权"，通过特许状，他们获得"最大的"收益：他们能发行纸币，向贷款人贷出超过他们实际资本的债款。结果是，他们的利润率超过了法律限定的6%，高于其他合法借贷机构。总之，某个特定的阶层拥有更多的权力和"机会发挥他们的才能"，然而没有给予"任何回报"，更多的人却没有这样的机会增长自己的财富，这"就会引发抱怨"。④ 在波士顿建立银

---

① *An Address to the Assembly of Pennsylvania, on the Abolition of the Bank of North America* (Philadelphia, 1785), p. 5; Thomas M. Doerflinger, *A Vigorous Spirit of Enterprise*, p. 304.
② Schocket, *Founding Corporate Power in Early National Philadelphia*, p. 55.
③ *An Address to the Assembly of Pennsylvania, on the Abolition of Bank of North America*, p. 5.
④ James Sullivan, *The Path to Riches*, pp. 37 - 39, 42 - 43.

行时,反对者提到,银行在支持者看来,是摆脱经济困境的"良方","在这种观念下,少数人通过立法获得特权",他们能"每年从贷款中获得20%的收益"。然而,特权被授予少数人,现任投资人的"继承人"和政府安排的管理者获得的也是永久性职位,大多数公民没有从中获得任何好处。① 对于反对者来说,捍卫平等成为反对商业公司特权最有力的思想武器。

同样在保险业中,反对者也批评保险公司带来的严重不均衡的财富分配。当有投资人向宾夕法尼亚州议会申请建立保险公司时,反对者强烈抵制。他们认为,一旦州议会授予他们特权,为他们提供人力和财力,"会带来危险的结果",不公正会随之而来,尽管"在短期内不能被发现"。在反对者看来,权利平等是所有共和政府的基础,但是州政府却赋予保险公司额外的权力,允许它不履行其他人要履行的职责。这样一来,就毁掉了平等。反对者进一步解释说,保险公司建立时,州议会"没有特意赋予特权,但是给公司优先权",若公司亏损,个人不承担职责。"设想若公司成功地经营了这项事业,它们无疑要超过和击败已经经营这项事业的公民阶层。宾夕法尼亚的海外贸易就会完全由这个公司支配,在强烈的个人利益动机下,他们来要求他们认为合适的附加条款,评估货船和货物的所有者"。"他们通过投机获得财富","社会真正有价值的成员",包括"农民、手工业者、小商人"却为此付出代价。"那些具有优先权的阶层,生活安逸,形成有力的金钱利益,能够对政府的政治政策施加影响"。保险公司反对者强调,

---

① Majorian, "Miscellanies, for Thomas's *Massachusetts Spy*," *Massachusetts Spy*, Dec. 15, 1791.

"所有的垄断和特权都与共和精神矛盾"。"资本家建立庞大的联合股份公司,从事贸易活动,他们无休止地垄断,使很多温和的贸易者的事业被毁,他们通过绝对的定价获得集中的财富"。①

最后,反对者指出,商业公司的特权会给普通人的思想带来冲击。有人提到,商业公司依靠法律赋予他们的不平等操作积累财富,他们生活奢侈,并腐化了其他人,使很多人放弃了依靠生产的职业,而想方设法投入到更赚钱更投机的行业中。沙利文在《致富之路》中尖锐地批评了这种生活态度,认为,"在一个自由平等的政府中",个人拥有简单技能,能够自足并供养家庭,成为"低劣"和"相对贫穷"的标志,这"显然是错误"的。②

从对各领域商业公司的批评中可以看出,在反对者眼中,问题的关键还是经营者和管理者在利用商业公司被赋予的公共特征谋取私利。他们看到,在很多情况下,组成商业公司的人没有为公共利益服务,反而利用特权获得私人利益。这样一来,拥有特权的少数人与没有特权的多数人之间的鸿沟必然加大,造成严重的社会不平等,违背建国精英的共和制国家构想。

因此,很多反对者指出拥有特权的商业公司对共和国造成的危害。实际上,各地对商业公司权力扩张的恐惧达到了一个高潮。建立商业公司的精英大多数限于当地最富有的人,而且,他们中的很多人同时也是政治精英和社会精英。身份上的重合意味着商业公司基本上被精英阶层控制,这种趋势一直持续到19

---

① *Federal Gazette*, Dec. 28, 1792.
② James Sullivan, *The Path to Riches*, pp. 32-33.

世纪前20年。① 反对者强烈抵制任何社会优越等级和与"人民"平等权利相悖的特权。不允许赋予任何团体特殊权力。"当公民热衷于组成特许公司时,他们就同共和制的平等和共同自由对立。"② 麦迪逊曾表示,商业公司就是强有力的机器,在以与"人民"无关的方式影响着原则目标。③ 在这样的特许银行中,大股东拥有银行的管理权,银行的法律由大股东形成,"投票权也由大股东决定"。对此,有人评价说,"如今的银行是财富机构",它的管理由"货币的代表"完成,而不是"人民的代表"。④

在关于合众国银行的讨论中,反对者认为,少数人拥有了特权,他们在建立庞大的垄断体系。有反对者提到,"合众国银行的建立将财富利益联合在一起","确保财政部的财务安排;同时它的各个分支和资金扩展,这是资金体系有系统计划的一部分。这增加了财政部的影响力和政府的活力"。"我们在议会的两个分支都有商业公司的股东和主管,我们看到在可获利的地方都有议会的成员,他们不仅要建立帮派性强的组织,用个人利益挤占公共利益的空间,而且将他们的影响力施加到众议院这个人民权利的神圣地带"。有人表示:

> 通过银行体系,我们已经看到公共债权人形成了一个拥

---

① Thomas Willing Balch, *The Philadelphia Assemblies* (Philadelphia: Allen, Lane, and Scott, 1916), pp. 98-99; Edward Digby Baltzell, *Philadelphia Gentlemen: The Making of a National Upper Class* (Philadelphia: University of Pennsylvania Press, 1979), pp. 70-106.
② Wood, *The Radicalism of the American Revolution*, p. 320.
③ Banning, *The Jeffersonian Persuasion*, p. 148.
④ "For the Pennsylvania Packet and Daily Advertiser," *Pennsylvania Packet, and Daily Advertiser*, Dec. 22, 1786.

有特权的政治团体。可获得组成商业公司的权力的主体从公共债权人扩展到制造业和商人,同时获得其他赠与奖金和豁免权。各州政府的敌人高兴了,因为他们看到一个联合的具有活力的政府,得到公共债权人、投机者、那些商业公司成员以及其他获得奖金和豁免权的人的支持,他们推动毁掉我们自由的共和国。他们还看到合众国的人民……由政府复杂的体系管理,政府由代表和建设性权力构成,没有遵循《权利法案》。政府结构没有来自人民,而来自数个党派,他们享受奖金,属于各自的公司。政府与有钱的公共债权人、公司之间的联盟形成了,并通过互惠而进一步巩固。[①]

反对者还批评,银行形成的垄断直接伤害了多数人的利益。在反对者眼中,合众国银行在建立垄断,联邦国会在制造特权。这导致了不平等、腐败和压制。

在反对者看来,建立商业公司会使共和政体沦为贵族政体。芬德利是一名有苏格兰和爱尔兰血统的长老会教徒,1763年移民至宾夕法尼亚州。他支持宾夕法尼亚州1776年的宪法,并在革命后被选举为州议会议员。他清楚地了解他的选民的想法。他强烈反对1786年重新颁发北美银行特许状,认为商业公司不符合法律。他提到,如果州为了获取利益,运用制定法律的权力,建立这样的特权组织,享受特权的积累、利润、影响力和权力,那么议会最终会将共同体分配给小贵族。总之,任何商业公司都会

---

① Brutus, "For the National Gazette, No. III. on the Funding System," *National Gazette*, Mar. 22, 1792.

破坏国家基本的平等。① 还有反对者表达了类似的观点："一旦人民热衷于组成商业公司"，公共财富的不公平分配就"产生了利益、势力影响和权力的差别，这会导致建立一种最坏的政体——贵族统治"。② 他们担心商业公司的利益会落入富人手中，富人将税款集中，形成一个贵族团体，腐化政府，损害公共利益。这将成为"一个侵犯大多数人利益，扩大少数人影响力的政治体系"。③ 有人观察说，"他们所有的立法都孕育着压制，你们已经成了他们暴政的目标"。特别是银行，就像"一个怪物"，当它不公正地运行时，人们可能在瞬间"失去数周的工资"。④ 1787年，康涅狄格州的一份报刊写道："如果议会颁发特许，建立特许公司，它们享有特殊的权力、利益和影响力，进而不能使公民享有平等的权利和保护，那么那些愚蠢的议员就会使我们的共同体变成贵族制，颠覆我们政府的本质，而且无法恢复。"⑤

还有反对者干脆表示，"银行的财富和影响力对政府有害"。只要商业公司有大量财富，可以从议员那获得利益，这种危险就难以避免。还有人更尖锐地批评商业公司极易引发国家危机。批评者将制造业公司比作16世纪黑暗时代产生的"怪物"，移植自英国的伯明翰和曼彻斯特。他们担心美国的商业公司效仿英

---

① Carey, ed., *Debates and Proceedings of the General Assembly of Pennsylvania on the Memorials Praying a Repeal or Suspension of the Law Annulling the Charter of the Bank*, p.65.
② Wood, *The Radicalism of the American Revolution*, p.320.
③ "Letters," *General Advertise*, Jan.23,1792.
④ "To the Mechanics," *Independent Gazette*, Oct.10,1786.
⑤ *Connecticut Courant*, June 4,1787.

第三章　商业公司引发的争论

国,动摇国家的根基,引发"危机"。① 他们指出,"当资金体系、货物税法、垄断和特权到达最后的阶段,来自它们的大量罪恶就会产生危机,……我们正在步欧洲的后尘,世界上很多国家都面临着危机"。②

既然在反对者看来,拥有特权的商业公司不利于推进社会公共利益,反而会危害国家政体,那么为了改变现状,他们究竟提出了哪些主张呢? 不可否认,相当一批反对者仍然将商业公司视为公共机构,并且寄希望于公民的公共服务意识,他们想依靠公民的"公共奉献"精神,推动社会的"共同福祉"。一些人甚至号召为建立从西波士顿到坎布里奇的桥梁捐款。③ 在杰斐逊看来,开凿运河、疏通河道和修筑公路这些工作就是为公共利益服务的慈善事业。在 20 岁时,他划着独木舟疏通了家乡的里万纳河(Rivanna River)的河道。22 岁时,他与另外 10 名阿尔伯马尔县(Albemarle County)的有钱人合作,展开了对里万纳河的进一步改造工程。通过他们的工作,小船与独木舟可以沿着里万纳河航行至西南山脉。④ 杰斐逊在竞选美国总统时,把这份公益事业当作他的成就之一。⑤ 美国革命后,杰斐逊又对詹姆斯河公司(James River Company)投资,拥有公司 10 份股票,是最大的私

---

① "Letters," *General Advertise*, Jan. 23, 1792.
② "Anti-Monopolist," *General Advertiser*, Jan. 23, 1792.
③ "Boston, December 24," *City Gazette*, Jan. 27, 1792.
④ William Peden, ed., *Notes on the State of Virginia* (Chapel Hill: University of North Caroline Press, 1955), p. 6; Thomas Jefferson, "Project for Making the Rivanna River Navigable," in Boyd, ed., *The Papers of Thomas Jefferson*, Vol. 1, pp. 87 - 88.
⑤ Thomas Jefferson, "Summary of Public Service," in Boyd, et al., eds., *The Papers of Thomas Jefferson*, Vol. 32, pp. 122 - 123.

人投资者之一。① 不过他提到这项事业时表示，他的目标不是个人获利，而是想使弗吉尼亚州变得更富有和强大，使诺福克成为州主要港口，使亚历山德里亚成为"巴尔的摩内部的一个竞争对手"。② 尽管杰斐逊接受富人对这些国内改进项目的资金资助，③但他始终认为这些项目的目标是为公共服务，用公共资金比用私人资金进行这些项目更好。④ 在当选美国总统后，为了建立强大的国家，他依然支持联邦政府在公共事业中充当更积极的角色。他提到，联邦政府资助建立大学、修建公路、开凿运河，都是符合宪法的，而且通过这些项目，能够促进州与州之间的交流，消除隔阂，建立新的沟通纽带，增强民众对国家的认同感。⑤

不过，杰斐逊坚决反对建立特许银行。他提到，银行使原本富有的贵族更加富有。他们不仅从政府赋予他们的特权中受益，而且欺骗他们的客户购买价值不确定的纸币。太多的纸币会造成恶性投机，最终导致金融混乱。⑥ 即使是在杰斐逊支持的领

---

① Joseph H. Harrison, Jr., "'Sic Et Non': Thomas Jefferson and Internal Improvement," *Journal of the Early Republic*, Vol. 7, No. 4 (Winter, 1987), p. 338.
② "Jefferson to James Monroe, Dec. 10, 1784," in Boyd, et al., eds., *The Papers of Thomas Jefferson*, Vol. 7, p. 562.
③ "Jefferson to Edward Carrington, May 27, 1788," in Boyd, et al., eds., *The Papers of Thomas Jefferson*, Vol. 13, pp. 208 - 209; "Jefferson to Thomas Mann Randolph, Apr. 18, 1790," in Boyd, et al., eds., *The Papers of Thomas Jefferson*, Vol. 16, p. 351.
④ "Jefferson to Washington, May 15, 1784," in Boyd, et al., eds., *Papers of Thomas Jefferson*, Vol. 7, pp. 26 - 27; "Jefferson to Washington, 10 May 1789," in Boyd, et al., eds., *Papers of Thomas Jefferson*, Vol. 15, p. 117.
⑤ Thomas Jefferson, "Sixth Annual Message," in Paul Leicester Ford, ed., *The Works of Thomas Jefferson* (New York: G. P. Putnam's Sons, 1905), Vol. 10, pp. 317 - 318.
⑥ Donald F. Swanson, "Bank-Notes Will Be but as Oak Leaves: Thomas Jefferson on Paper Money," *Virginia Magazine of History and Biography*, Vol. 101, No. 1 (Jan., 1993), pp. 37 - 52.

域,他也认为政府要严格限制特许状的授予,防止因一部分人拥有特权造成财富上的极大差距。① 他担心国会议员腐败,把金钱挥霍到他们自己的州,以至于"那些最卑鄙的人会得到更多"。所以,他将国家支持限定在道路、运河和大学领域,不允许出现任何"弹性"的条款。② 杰斐逊直到临终之日,仍相信各州的立法机构应该极少地颁发这种合法特权,同时应该能够对它们进行干预,或者按照立法机构的意愿随时收回这些特权。③

根据杰斐逊对商业公司的态度,可以看出他之所以反对拥有特权的商业公司,不是因为他希望更多的人分享这个权力,而是担心权力遭到滥用。他提到,个人积累财富有自然规律的约束,死亡时,他的财产或自行终止或被继承。但是商业公司不是自然人,而是一个合法的虚拟物,它积累的财富与权力不能用自然规律来约束。而且,这种使财富集中的商业公司违反了宪法,最终会侵犯他人的财产权。④ 在他看来,商业公司应该是不含私利的公益机构。富商和政治精英不能利用商业公司汇聚过多财富或权力;普通民众也不具备承担"公益事业"的品德与能力。因此,政府应将"有限的权力"交给那些愿意为公共利益服务的"精英",使那些具有"社会责任感"的精英完成公共服务的目标。

但更多的反对者对所谓的为公共利益无私奉献并不感兴趣,

---

① "Jefferson to Washington, May 15, 1784," in Boyd, et al., eds., *Papers of Thomas Jefferson*, Vol. 7, pp. 26 – 27; "Jefferson to Washington, 10 May 1789," in Boyd, et al., eds., *Papers of Thomas Jefferson*, Vol. 15, p. 117.
② "Jefferson to Madison, Mar. 6, 1796," in Ford, ed., *The Works of Thomas Jefferson*, Vol. 8, p. 226; "Gallatin to Jefferson, Nov. 16, 1806," in Adams, ed., *The Writings of Albert Gallatin*, Vol. 1, p. 319.
③ Wood, *The Radicalism of the American Revolution*, p. 320.
④ Susan Hoffmann, *Politics and Banking*, p. 40, p. 37, p. 39.

他们更强调拥有特权的商业公司加剧了社会的不平等,侵犯了大多数人的利益。马萨诸塞州议会在1792年开始限制银行的权力,禁止发行面额低于5美元的纸币,限制投资人对股票的投机。然而,詹姆斯·沙利文仍然不能满意,他要求撤销特许状,至少基于金属硬币量来发行纸币,取消使公司具有价值的特权。① 反对北美银行的威廉·芬德利也强调,"州是一个大家庭,法律是我们共同的遗产",议会无权建立这样的银行。② 他们之所以批评少数人利用商业公司谋取私利、加剧社会不平等,其根本出发点是希望扩大利益分配,使所有人拥有平等追求利益的权利。很多人在反对商业公司的话语中流露出追求平等的诉求。当各州政府只授予少数精英特权建立商业公司时,他们就以一种"争取人民平等权利"的姿态出现在反对商业公司的争论中。有不少比较温和的共和党人还主张推进合众国银行改革。他们提出,国家要有独立的司法部门,能够协助扩大独立于政治的经济发展,在谨慎的经济发展中,普通人才能把握国家提供的充分机会。③

在18世纪90年代,反对者的话语中就流露出寻求扩大利益分配的主张。一位反对银行特权的人士提到,国家没有充足的资金支持商业、发展农业、建立制造业、开发内陆航线,于是政府建

---

① Oscar and Mary Handlin, *Commonwealth*, p.122; James Sullivan, *The Path to Riches*, p.54.
② Carey, ed., *Debates and Proceedings of the General Assembly of Pennsylvania on the Memorials Praying a Repeal or Suspension of the Law Annulling the Charter of the Bank*, p.66, p.77.
③ Philadelphia *Evening Post*, Feb.21,1804; James H. Peeling, "Governor McKean and the Pennsylvania Jacobins(1799 – 1808)," *Pennsylvania Magazine of History and Biography*, Vol.54, No.4(1930), pp.32 – 54; Raymond Walters Jr., *Alexander James Dallas, Lawyer, Politician, Financier, 1759 – 1817* (New York: Da Capo Press, 1969), pp.1 – 146.

立了银行。任何向银行投资的人都具有同样的特权和豁免权,无论他是外国人,还是本地人。① 当马萨诸塞州政府决定授权修建查尔斯河桥时,有人提出了三种修桥方案。第一,政府直接出资建桥;第二,政府授权村镇或者州内商业公司建桥;第三,将这项工程向所有人开放。反对者认为最好的方式是第三种,不过州政府却决定赋予少数人特权,建立商业公司。在反对者看来,州政府"赋予少数人特别优先权"的做法并不有助于实现当地居民的"共同利益"。② 他们认为,商业公司正在蚕食着"人民"的平等权利。③

1800年以后,在全国范围内占据优势的共和党逐渐分化。因为思想意识、职业、社会阶层以及地区上的差异,共和党分裂成不同的派别。除了麦迪逊代表的温和派共和党,还有思想更为激进的共和党派别。他们代表了各行各业的普通民众,主张更激烈的政治、经济和司法改革。在乡村,激进的共和党成员包括一些牧师和农民领袖;在城市,激进派则主要是手工业者和报刊编辑。他们重复革命时期的共和话语,认为杰斐逊领导的共和党不能有效反对专制主义。此外,一批移居西部的居民也持激进的民主立场,强烈反对任何带有贵族痕迹的体制。在俄亥俄州,激进的共和民主派保护"劳动者"和农民的权利,要求体制同等对待"低劣的黑人、贫穷的乞丐和最富有的人"。④ 这些激进派强烈支持更

---

① "For the Pennsylvania Packet and Daily Advertiser," *Pennsylvania Packet and Daily Advertiser*, Dec. 22, 1786.
② "For the Centinel," *Columbian Centinel*, Jan. 21, 1792.
③ "Mr. Bache; Manufactories," *General Advertiser*, Jan. 23, 1792.
④ Sean Wilentz, *The Rise of American Democracy: Jefferson to Lincoln* (New York: W. W. Norton Company, 2005), p.117.

加民主的利益分配方式，反对特权带来的利益分配不均。由于他们代表了不同地区和职业的普通民众，他们的利益诉求各不相同，争取利益平等的话语也趋向于多样化。不过在多样化的话语背后，他们都是为了实现权利平等的利益诉求。

③ 政治文化和社会经济的变动

在很长一段时间内，在法律意义上，商业公司被界定为"公共机构"。主张建立商业公司的政治精英运用古典共和主义的价值观念为商业公司的存在提供正当理由。他们强调精英具有美德，由精英组建、经营和管理的商业公司能推动"共同福祉"，防范大多数人的私人利益对"共同福祉"产生伤害。然而从商业公司反对者的言论与行动可以看出，大部分反对者没有将大多数人的私人利益视为公共利益的对立面。在他们看来，推进"共同福祉"不能依靠社会精英，追求个人利益才是推动"共同福祉"的途径，而相反，政府授予少数人特权建立商业公司则会伤害大多数人利益，阻碍"共同福祉"的实现。很明显，在推动社会公共利益的问题上主要出现了两种观点，一方面，主张建立商业公司的政治精英在精英与人民之间划定界限，将精英美德与社会"共同福祉"联系起来。另一方面，反对者则相信不同社会群体都有参与商业公司建立与经营的权利，在他们各自实现私人利益的过程中，能够推动公共利益。在强烈的反对声中，将精英美德与"共同福祉"相联系的话语逐渐消失了，精英与人民之间的关系在发生变化。与此同时，人们对个人利益与公共利益之间关系的理念也在发生转变，一套新的、强调个人利益与"共同福祉"一致的价值观念正在被广泛接受。

美国建国初期经济、政治以及社会文化上的复杂变动推动了人们在对个人利益与公共利益关系的认知上的变化。18世纪末，随着越来越多的人参与商业活动，社会经济开始逐渐繁荣，与此同时，商业活动也推动了人们对权利平等的追求。正如历史学家戈登·伍德所言，这些商业活动"对社会上遗留下来的传统庇护制和人们之间的等级制信任具有破坏作用"，在经济活动中，"人人都在追求自己的个人利益和幸福"，人们认为，"他们具有平等的权利，人人都在平等地竞争，人人都'在十二分地进取'"。反对北美银行的威廉·芬德利说，在美国"没有人因为拥有10万美元，而我只有5美元，就有权要求比我有更大的特权"。[1] 显然，商业活动不会促使财富的平等分配，而是推动了人们追求财富机会上的平等。在追求财富与利益的过程中，人们的平等意识在逐渐加强。一批农民和手工业者希望政府创造公平竞争的环境，取消所有人为设置的障碍，这点可以通过他们抒发的不满体现出来。有人在抱怨商业公司时表示："每一条通往西部的道路都切断了伯克希尔小麦在马萨诸塞市场的销路；每个新的机械装备都诱惑顾客从手工业者的商店转向商业公司。"[2] 在他们看来，拥有特权的商业公司破坏了公平竞争，侵犯了他们追求合理的个人利益的权利。可以看出，在逐渐发展的经济社会中，越来越多的人试图获得平等参与经济活动的机会，因而反对赋予少数人特权，反对

---

[1] Wood, *The Radicalism of the American Revolution*, pp.340-341,358-359.
[2] Oscar and Mary Handlin, *Commonwealth*, p.204.

依靠少数精英的美德管理与经营商业公司。

在政治生活领域,18世纪末,越来越多的美国人开始参与公共事务的讨论,质疑政治精英扩张权力的企图,并争取平等的权利。这种平等的意识是在国内外形势的影响下逐步被推动的。法国革命的消息很快传播到美国,相当一批政治精英与普通民众开始关注法国革命,并深受革命中蕴含的反暴政、争取平等与自由的理念感染。在各地的大街小巷都出现了游行与烟火表演,在举办庆祝活动的场所,"很多旗帜上都写着献给自由、平等、正义、和平的名言",人们"庆祝法国加入共和行列,将法国视同手足"。[①] 有评论文章指出,法国革命的胜利是对美国贵族制的一种制约,及时遏制了美国的贵族倾向。[②] 费城的《独立报》则发表文章指出"法国形成的权利平等是文明史上划时代的时刻"。[③]

除了法国革命对美国政治生活的影响之外,在国内激烈的党派斗争中,共和党对联邦党的强烈批评以及追求平等权利的主张也推动了平等观念的普及。革命时期,包括杰斐逊和麦迪逊在内的建国精英都认同要塑造一个超越区域利益的国家。尽管杰斐逊担心全国性政府的权力被滥用,但也认为有必要建立联邦政府。而麦迪逊是制宪会议的积极推进者,也是联邦宪法的主要制定者。他赞同"大共和国"理念,支持具有活力的中央政府。他与汉密尔顿在大陆会议时期还是亲密伙伴,都为邦联时期全国性政

---

① Joyce Appleby, *Capitalism and a New Social Order*, p.54;周学军《法国革命与美国政治文化的变动》,博士学位论文,南开大学历史学院2011年,第72页。
② Sharp, *American Politics in the Early Republic*, p.73.
③ Appleby, *Capitalism and a New Social Order*, p.84.

府过于松散、各州政府权力过大而担忧。他们在制宪会议上以不同方式倡导加强中央政府权力,共同以"普布利乌斯"(Publius)为笔名发表文章,为制宪会议成果辩护,认为"强大的中央政府能够成为自私的人类和各种分裂的解毒剂"。①

此外,大多数建国精英并不反对汉密尔顿提出的保护财产权、重建信用以及由社会精英管理政府的观点。在制宪会议上,麦迪逊更倾向于认为,对于财产权的最大威胁来自那些没有或者有少量财产的大多数人。在他看来,如果多数人没有财产,受其扩大自我利益的强大动力驱使,他们肯定会试图侵犯拥有财产的少数人的财产权。

然而制宪会议之后,亚历山大·汉密尔顿的国家财政政策却引起托马斯·杰斐逊和詹姆斯·麦迪逊等政治精英的强烈反对。他们对汉密尔顿政策的目标、方法和形式都表示深深怀疑,认为他的政策借助"公共利益"的名义,最大限度鼓励投资和不道德的行为,颠覆了革命成果。② 杰斐逊最担心的是国家权力被滥用。在杰斐逊看来,汉密尔顿构建的财政体系就是在滥用国家权力,少数人以公共利益为借口,集中财富和权力,政府会按少数人的意图运行,以完成他们私人的经济与政治目标,进而凌驾于多数人之上,制造不平等和经济依附,并扼杀人们的美德。特别是合众国银行的建立与发展制造业的计划,使"人民"从"有价值的工业生产"转入纸币投机中,"少数人"用"合法的方式"使"游戏掌握

---

① Sean Wilentz, *The Rise of American Democracy*, pp. 42–43.
② McCoy, *The Elusive Republic*, p. 155.

在他们手中"。① 他把汉密尔顿的政策看作颠覆共和制、实现君主制的阴谋。他认为,汉密尔顿在政治和经济政策上都倾向于拉拢具有商业和社会地位的绅士家族,形成以东部城市为中心的"小圈子",完全排斥乡村、西部和一些出身不好却具有学识的人才。无论在经济上、政治上还是精神上,都破坏了平等与独立。② 他主张,在新的共和体制下,中央政府应受监督,国家应该保证每个人的独立与自由。他坚决主张限制政府权力,防范权力滥用和阶级统治。

在制宪会议时期与汉密尔顿还算盟友的麦迪逊也与他分道扬镳。他强烈指责汉密尔顿的财政计划就是将联邦政府与投机阶层联合起来,鼓励无休止的投机和不道德的行为,实施垄断。他提到,汉密尔顿的偿还债券政策是不公正的。那些债券的持有人都是在18世纪80年代购买债券的投机商,而在经济极其困难的革命时期,普通公民早已被迫以少于面值的价钱将债券卖给了投机商。如今,将那些本购买了债券的普通公民的财富,移交到花了很少价钱就购买了债券的投机商手中,这在政治上和道德上都是错误的。而且,联邦承担了各州债务只会使有些州受益,马萨诸塞和南卡罗来纳这些债务沉重的州从它们的债务中摆脱。

---

① Thomas Jefferson, "Opinion of the Constitutionality of the Bill for Establishing a National Bank," in Boyd, et al., eds., *The Papers of Thomas Jefferson*, Vol. 19, p. 276; Thomas Jefferson, "Memoranda of Conversations with the President, Mar. 1 1792," in Boyd, et al., eds., *The Papers of Thomas Jefferson*, Vol. 23, pp. 186-187.

② "Jefferson to Pierre du Pont de Nemouts, Apr. 24, 1816," in Edward Dumbauld, ed., *The Political Writings of Thomas Jefferson: Representative Selections* (Indianapolis: Bobbs-Merrill, 1955), p. 49; Jefferson to Elias Shipman and Others, July 12, 1801, http://libertyonline.hypermall.com/Jefferson/Addresses.html#elias-shipman.

此外，无论是汉密尔顿的合众国银行设想还是发展制造业的计划，麦迪逊都认为是在通过给予特权的方式，建立少数人的专制。他批评说，联邦政府给偏爱的阶层分配权力，用私人利益取代了公共职责，社会马上会效仿英国，制造出新的依附，加剧政治的腐败和社会的不平等，而"人民主权"赖以存在的社会力量之间的平衡被打破，这直接威胁了共和政府的基本原则和政府依靠的民主社会结构。①麦迪逊认为汉密尔顿同英国那位规范和统一英国金融体系、使英国政府和社会腐败的大臣一样，他开始称汉密尔顿为"沃波尔"（Walpole）。②

杰斐逊和麦迪逊在思想上和性情上都有区别。麦迪逊更倾向于建立理性的政治体制，去平复"人类天生的毁灭性冲突的热情"。杰斐逊更主张"释放个人的理性"，强化"他所看到的人类潜在的一致性与秩序"。杰斐逊将"政治暴动"看成有益的："它阻止政府的腐化"，"培育了对公共事务的关注"。③

然而在18世纪90年代，随着汉密尔顿金融计划的执行，有分歧的两人却形成了对抗汉密尔顿政策的同盟。他们组成反对汉密尔顿政策的共和党，与以约翰·亚当斯和汉密尔顿为代表的联邦党展开了激烈的政治争论。共和党认为国家权力已经侵犯了"人民"的自由，尤其是合众国银行的建立，更是英国腐败政府

---

① James Madison, "Parties," *National Gazette*, Jan. 23, 1792; Madison, "Spirit of Government," *National Gazette*, Feb. 20, 1792; Wilentz, *The Rise of American Democracy*, p.45, p.48; McCoy, *The Elusive Republic*, pp.154 – 155.

② "Madison to Jefferson, Aug. 8, 1791," in Hunt, ed., *The Writings of James Madison*, Vol.4, pp.58 – 59; "Madison to Henry Lee, Apr. 15, 1792," in R. Worthington, ed., *Letters and Other Writings of James Madison* (Philadelphia, 1865), Vol.1, pp.553 – 554.

③ "Jefferson to Madison, Jan. 30, 1787," in Boyd, et al., eds., *The Papers of Thomas Jefferson*, Vol.11, p.93; Sean, *The Rise of American Democracy*, p.43.

的复制品。他们提到,联邦党人支持城市商人阶层,汉密尔顿的计划就是将财富转移到"纸币批发商"手中,遏制"乡村"利益。而合众国银行由董事会管理,使私人投资者受益,也印证了精英的意图。① 1791年12月,汉密尔顿发表《制造业报告》,在新泽西协助建立"有用的制造业公司",这一系列举动使共和党确认了汉密尔顿存在反共和的倾向。② 批评者认为,汉密尔顿创造的体系,产生了对国家利益、荣誉和幸福来说致命的结果。"这个腐败的体系会征服和毁掉我们政府每个自由和有价值的原则"。③ 他们担心美国重复英国的故事,即经济发展依赖少数人,把本该属于劳动者的工资转移到政府的"金库"中。在共和党看来,汉密尔顿的国家政策依靠政治上活跃的精英和"人民"恭顺的信任,会导致国家权力无限扩大,进而剥夺多数人基本的权利。尽管他们也承认差异的不可避免性,但是他们很清楚他们追求的平等是"政治权利的平等",是追求财富上机会的平等,以及"尊重的平等"。他们认为,"当道路面向所有渴望获得机会的人打开",通过行使权利,人们就能获得相应的影响力。所以,在共和派罗伯特·富尔敦(Robert Fulton)看来,共和派的职责是教育年轻人保持公正,捍卫自然权利,而不是教育他们"某些人天生高人一等"。④

在18世纪90年代初,联邦党在国会中处于"多数党"地位,共和党对联邦党的批评难以在国会中占据优势。不过很快,共和

---

① Larson, *The Market Revolution in America*, pp. 20-21.
② "Lee to Madison, Jan. 8, 1792," in Hutchinson et al., *The Papers of James Madison*, Vol. 14, p. 183.
③ Caius, "Miscellany, from Philadelphia, Financier and Financial," *New Jersey Journal*, Jan. 18, 1792.
④ Appleby, *Capitalism and a New Social Order*, pp. 73-74, 90.

党的反对呼声就发展到国会之外。在党派斗争中,麦迪逊加强了对民众的信任。同时,他越来越不信任少数精英对权利的分配与掌握。共和党号召民众要保护他们的自由与权利不受少数人的侵犯。麦迪逊还在报刊上发表文章,号召民众"监督"政府,反对那些不合宪的篡夺。① 杰斐逊和麦迪逊不断扩大他们的同盟战线,不少共和党人都提倡,少数人的行动应该受到多数人的监督,以此来避免少数人对多数人权利的威胁。他们在党派冲突中,开始依靠民众的力量。他们将政治争论引入报刊、海报以及各种公共集会,他们的匿名批评文章不断出现在各种公开印刷品中。

共和党将自己塑造成自由而独立的人,向"具有特权的精英"发起挑战。"人民主权"的概念被他们反复提及。他们以追求政治权利平等和财富平等为口号,以共同的思想诉求集合成一个反对联邦党的群体。② 他们不断批评联邦党意图推翻共和政府,建立君主制和贵族制,以此激发起民众对权力的恐惧和捍卫自己基本权利的诉求。"共和"成为汉密尔顿反对派的一个标签,在以杰斐逊和麦迪逊为代表的政治精英引导下,这个标签被赋予了更加民主化和大众化的新内涵。③ 他们追求平等的主张通过报刊和小册子传播,使更多的人加入争取平等权利的行列。历史学家兰斯·班宁评论说,共和党对联邦党的批评"迎合了那些经历着商业时代冲击的乡村守旧派,迎合了那些同样痛恨垄断与特权、渴望进步的人,也迎合了民间民主人士对政府的信念"。④ 不少普

---

① James Madison, "Charters," *National Gazette*, Jan. 19, 1792.
② Appleby, *Capitalism and a New Social Order*, pp. 73 – 74.
③ 同上,第 62 页。
④ Banning, *The Jeffersonian Persuasion*, p. 269.

通民众通过公开流通的出版物了解并认同共和党的观点,很多普通人、没有一官半职的报刊编辑和政论人都参与到政治争论中,站在了共和党的"阵营"。他们组成自己的俱乐部,撰写报刊专栏,批评政府扩张权力、侵犯公民平等的权利。这些普通民众与政治精英不属于同一阶层,社会地位迥异,相比政治精英,他们反抗权力集中与财富垄断的话语更为激进,对政府权力的扩大与特权更加敏感,对公正平等地获取财富的渴望更加强烈。

在1793—1800年,全美各地先后成立了50多个民主共和社团,这些社团纷纷抨击联邦党的"专制政策",号召消除等级观念。他们举行各种游行与庆祝活动,致力于启蒙公众。他们认为,"太多普通人仍然拥有等级观念","这种低人一等的感觉令人扫兴,并导致糟糕的结果"。他们呼吁大众打破依附制,争取平等的权利。在一些城市,很多工匠都反对联邦党对精英人士的偏袒。一位自封为"平等权利之友"的人写道,那些出身良好的人应该认识到城市的工匠与商人拥有平等的权利,他们与这个社区内的任何一部分同等重要。[①] 另一个城市民主派质疑,为何富人能轻易获得官方授权,建立银行,而民主派却不能。[②] 总之,相当一批普通民众开始向社会权威发起挑战,呼吁建立更平等、流动性更强的社会机制。

在18世纪,随着经济活动的增多以及政治领域争取平等的斗争的开展,那些拥有特权的精英的地位开始受到挑战。在一定

[①] Alfred Fabian Young, *The Democratic Republicans of New York: The Origins, 1763 - 1797* (Chapel Hill: University of North Carolina, 1967), p.201.

[②] Wilentz, *The Rise of American Democracy*, p.54, p.58.

程度上，他们与当时的共和党"上下呼应"。这场共和党对抗联邦党的斗争开始在大众中间扎根，警惕"权力"扩张成为全国性的声音。不同社会身份、政治地位与职业的人通过"反对特权"而集合起来，提出争取平等权利的诉求。普通民众认为通过劳动追求私人利益，并以此获得个人的幸福和安全，才是公共利益的目标。[①] 在某种意义上，少数人和多数人之间的差异不存在了，社会上广泛而多样的利益群体都希望平等参与政治与经济活动。

在这股对财富与权力过度集中的声讨浪潮中，各地的商业公司也成为众矢之的。在商业公司建立之初，维护其公共服务目标的重要途径就是赋予少数精英特权，将商业公司交由精英管理与经营。商业公司引发的争论，恰恰反映了精英与民众之间关系的变化，精英统治的特征正在逐渐淡化，民众参与政治与经济生活的程度开始加强。

从美国革命后到18世纪末，对个人利益与社会"共同福祉"关系的界定发生了微妙的变化。社会的"共同福祉"仍然是追求的目标，但是途径更加多样，很多人开始强调通过私人的经济活动推动"共同福祉"。个人利益不再被看作威胁，而成为进步的手段。1800年以后，一些共和党人更加认同个人利益与共同利益的一致性，他们认为，应该通过建设性的方式构建寻求个人利益的渠道，将经济建立在自由参与的基础上，政府需要做的就是保证每个人遵守规则。联合运河公司在1811年向议会提交申请时表示，个人利益的动机能推动公共利益。尽管公司的管理者强调

---

① "Worcester," *Massachusetts Spy*, Aug. 14, 1776.

"爱国主义和公共精神"是比"个人获得"更"值得赞美的",但是,不同于以往的游说者,他们没有警告个人利益的危险,不认为需要限制"潜在的破坏性的个人目标"。他们反而赞扬个人在经济上的努力具有潜在的价值,他们认为,私人利益不会将个人与社会隔离,政府通过对私人利益的规划,可以使它产生对社会有益的影响。① 1814 年,在马萨诸塞州法院甚至有人表示,没有限制的大工厂才最适合公共财富的增长。② 总之,大部分反对者倾向于建立借助自然秩序的经济生活模式,以尊重个人基本权利与利益的方式,推进社会的"共同福祉"。当时政治经济学家大卫·李嘉图(David Ricardo)的《政治经济学原则与税制》流传范围广泛,他在书中鼓励发展制造业、银行业,开凿运河、修建道路和磨坊,提倡它们不受政府的干涉,他支持公开竞争的新企业,拒绝原来的商业垄断。③

在 19 世纪 20 年代,有人表示,在这样一个追求个人利益的社会,"财富成为各种满意度的来源",并且以各种形式发挥影响。因此可以通过扩大个人财富的方式满足公共利益,每一个人,无论穷困潦倒,还是拥有财产,或是家财万贯,都可以通过满足他的个人利益,使公共财富得到增加。④ 从 18 世纪末到 19 世纪初,人们不仅要求在法律面前平等或者在政府中有平等的参与,而且要求每个人在共同的事业方面有平等的机会,而这需要通过政府合

---

① Schocket, *Founding Corporate Power in Early National Philadelphia*, p.67.
② *Report of the Joint Committee of Both Houses, Commonwealth of Massachusetts* (Boston, 1814), p.5.
③ David Ricardo, *On the Principles of Political Economy and Taxation* (Georgetown, D. C., 1819), pp.61 – 67, 85 – 107.
④ "Sketch of Judge Story's Speech," *Essex Register*, March 28, 1821.

理的分配机制才能达到。^① 在这种观念影响下,相当多的人主张政府应该扩大利益的平等分配,使普通人有同等的机会参与商业公司的经营与管理。这种观念不断得到强调,不仅使美国的商业公司逐渐向私有化转变,而且推进了美国社会的民主化进程。

二 关于商业公司授予权归属的争论

① 邦联时期商业公司授予权的归属

从革命时期到19世纪末,除了北美银行和1791年联邦国会批准建立的合众国银行,几乎所有的商业公司都由各州议会颁发特许状建立。直到这些商业公司演变成现代意义上的公司,依然保持着以州为单位建立商业公司的格局。关于商业公司大多由州议会特许建立的特点,国内外的相关论著中有所论述。[②] 然而,值得注意的是,每当一些政治精英提议由全国性政府授权建立商业公司时,都会引发争议和反对。如何解释这些争论?这些争论意味着什么?

---

① Stanley N. Katz, "Republicanism and the Law of Inheritance in the American Revolutionary Era," *Michigan Law Review*, Vol. 76, No. 1 (Nov., 1977), p. 14.
② Davis, *Essays in the Earlier History of American Corporations*; Edwin Merrick Dodd, *American Business Corporations until 1860, with Special Reference to Massachusetts* (Cambridge: Harvard University Press, 1954);韩铁《试论美国公司法向民主化和自由化方向的历史性演变》,载《美国研究》2003年第4期,第45页;胡晓进、任东来《联邦最高法院与现代美国公司的成长》,载《南京大学学报》2005年第4期。

邦联时期,由各州授权建立商业公司的局面几乎没有遇到挑战。在1787年制宪会议之前,各州一共建立起十几家包括银行、保险、桥梁和运河在内的各领域的商业公司。比如在运河方面,为扩展贸易,促进州内居民商业活动,1783年和1784年马里兰州议会相继颁发特许状组建萨斯奎汉纳运河公司和波托马克公司。另外,马萨诸塞银行、查尔斯河桥梁公司和莫尔登桥梁公司都先后由马萨诸塞州政府授权建立。① 不难发现,无论是运河或桥梁公司,还是银行,它们的职能都是地域性的,发挥的影响也有限。因此,授权建立这些商业公司的权力自然归于各州议会。尽管在各州宪法中只有宾夕法尼亚1776年的宪法和佛蒙特1786年的宪法提到各州拥有特许建立公司的权力,但建立公司的权力属于州议会的一般权限已被广为承认。②

由各州授权建立商业公司,在某种程度上,也反映了邦联时期国家松散、州权相对强大的状况。实际上,在美国革命前,各个殖民地已经开始有相对自治的管理体系。革命时期,尽管大陆会议通过《独立宣言》并草拟《邦联条例》,建立了中央政府,但各州政府与邦联处于自愿服从的关系。各州制定它们自己的宪法,并视自己为独立的主权政府,执行自己的司法权。各州政府能够发行纸币,并拥有和维护各自的军队。邦联国会的存在则以各州为基础,只负责处理整体性和外部事务,而不能干涉各州的内部事务。塞缪尔·亚当斯在1778年提到,大多数人笃信"在每个王

---

① Davis, *Essays in the Earlier History of American Corporations*, Vol. 2, pp. 332 - 338.
② Gregory A. Mark, "The Court and the Corporation: Jurisprudence, Localism, and Federalism," *The Supreme Court Review*, Vol. (1997), p. 411.

国、政府或帝国都必须有一个最高的立法权力,以权威的方式将各个部分联系成一个整体"。① 当然,拥有"主权"的州有权颁发特许状建立各种与市政、慈善和商业相关的公司,它们的权力不受州之外的机构监督。② 在这种情况下,从美国革命后到制宪会议之前,根据能搜集到的历史资料记载,政治精英从没有讨论过由邦联国会授权建立商业公司的问题。

不过独立战争时期,出于战时所需,大陆会议却授权建立过商业公司。在战火硝烟中的北美大陆,为了给军队提供必要的补给,利用潜在的资源缓解战争中的财政困境,罗伯特·莫里斯、詹姆斯·威尔逊和亚历山大·汉密尔顿等人提议建立国家银行。在威尔逊看来,各州政府都不能胜任建立与管理国家银行的职责,只能通过大陆会议授权,才能使这个全国性机构得以运行。③ 尽管最终大陆会议批准颁发特许状,建立北美银行,但是邦联国会还建议银行须从13个州议会中寻求"双重特许状"。1782年,北美银行在获得宾夕法尼亚、纽约和马萨诸塞等几个州特许后不久,全国性特许状就被撤销了。④ 与此同时,很多人对邦联是否拥有这样的权力持保留态度。詹姆斯·麦迪逊赞同建立银行的构想,但是认为邦联不拥有颁发特许状的权力。他在1782年1月8日写给埃德蒙·彭德尔顿(Edmund

---

① "'An American' to the Earl of Carlisle and Others, July 16, 1778," in Harry Alonzo Cushing, ed., *Writings of Samuel Adams*, Vol. 4, p. 37.
② John L. Brooke, "Cultures of Nationalism, Movements of Reform, and the Composite-Federal Polity, From Revolutionary Settlement to Antebellum Crisis," *Journal of the Early Republic*, Vol. 29, No. 1 (Spring, 2009), pp. 4 - 5.
③ James Wilson, "Considerations on the Bank of North America," in Robert Green McCloskey, ed., *The Works of James Wilson*, Vol. 2, pp. 824 - 840.
④ Edwin J. Perkins, *American Public Finance and Financial Services 1700 - 1815*, p. 114.

Pendleton)的信中说,"总的意见是,邦联没有这样的权力","也经不住议会辩论的考验",所以不能建立这个银行。不过,他支持通过"一个中间的方式"解决,就是在各州建立银行,并赋予它们合法性。①

总之,邦联时期,邦联国会的权力极为有限。13个州虽然组成了联盟,但从体制上看,联盟宪法无法制约地方的权力,邦联"不是一个主权统一的国家",各州拥有自己的主权,全国性政府只扮演"协调者的角色"。② 因此,由各州授权建立商业公司是在情理之中。

② 关于商业公司授予权的讨论

美国革命后,对于商业公司授予权的归属问题,政治精英展开的第一次讨论发生在制宪会议上。随着独立战争的结束,邦联体制的种种弊端逐渐显现。由于邦联政府没有直接征税权,国家财政收入没有保障。在海外贸易方面,又因为各州经常意见不一而发展受阻。与此同时,各州在商业和边界等问题上,都追求自己的利益,而不顾其他州的利益,导致纷争不断。而各州内部又存在议会权力过大、政府权力分配不均的状况,导致政治上不稳定,"自由"时常被滥用。建国精英纷纷意识到国家处于一场巨大的危机中。1787年,各州代表聚集费城,讨论的核心问题就是要

---

① "Madison to Edmund Pendleton, Jan. 8, 1782," in Gaillard Hunt, ed., *The Writings of James Madison*, Vol.1, pp.167 - 169.
② 王希《原则与妥协:美国宪法的精神与实践》,北京大学出版社2000年版,第56—57页。

加强全国性政府的权力，使政府推进社会共同福祉。麦迪逊提出，要加强中央政府的权威，在结构上和运作模式上使中央政府有效，并在合适的范围内有至高权力。① 就在各方代表对如何加强全国性政府权力的问题展开讨论时，关于国会是否能授权建立商业公司的问题也进入了讨论视野。

对于支持全国性政府掌握建立商业公司授予权的人来说，拥有这项权力有益于国家的整体利益。麦迪逊作为制宪会议的主要倡导者，一改之前反对国会授权建立北美银行的态度。他在会议上提出，当国家利益需要，而且各州议会难以胜任时，联邦可以授权建立商业公司，其"主要目标是保证各州更便捷地沟通，消除政治隔阂"。② 与此同时，联邦拥有建立公司授予权的意见也得到威尔逊和南卡罗来纳州代表查尔斯·平克尼（Charles Pinckney）的赞同。威尔逊认为，国会应该具有这样的权力，以"防止州阻碍**整体利益**"。③ 汉密尔顿的主张则更加激进。他强烈支持全国性政府拥有授权建立公司的权力。他提到，全国性政府应该在没有各州政府支持或干预的情况下，也能实现自我支持，因此有必要有完全的主权。而州政府拥有建立公司的授予权，这对全国性政府是威胁，所以必须撤销或做出新的修改，或者缩小范围。④ 从支持者的态度可以看出，除了汉密尔顿，其他支

---

① Lance Banning, "The Practicable Sphere of a Republic: James Madison, the Constitutional Convention, and the Emergence of Revolutionary Federalism," in Richard Beeman, Stephen Botein, and Edward C. Carter II, eds., *Beyond Confederation: Origins of the Constitution and American National Identity* (Chapel Hill: The University of North Carolina Press, 1985), p.170.
② Elliot, ed., *Elliot's Debates*, Vol.5, pp.543–544.
③ Max Farrand, ed., *The Records of the Federal Convention of 1787*, Vol.2, p.615.
④ 同上，Vol.1, 第328页。

持者并非想要建立一个过度膨胀的中央政府,而是强调在各州能力有限的情况下,为避免地方利益的冲突,而赋予中央政府授权建立商业公司的权力。

然而,当本杰明·富兰克林提出一项具体议案时,却遭到了否决。1787年9月14日,富兰克林建议以联邦名义颁发特许状建立运河。他指出,国会拥有最高司法权,当一个州无法完成时,国会有权颁发特许状建立运河。① 富兰克林的提议遭到诸多维护州利益代表的反对。反对者担心,一旦全国性政府掌握了授权建立商业公司的权力,会造成地域纠纷和垄断。康涅狄格州代表罗杰·舍曼(Roger Sherman)认为,国家扶植导致的后果是仅使部分地区受益。弗吉尼亚的乔治·梅森(George Mason)也担心这会造成垄断。鲁弗斯·金(Rufus King)则直截了当地表明,组建这样的商业公司根本没有必要,会给各州"造成偏见和分裂"。他还提到,在费城、纽约或是其他地区,建立银行等类似行为带来的困扰不是没有先例的。② 面对众多反对意见,威尔逊辩护道,运河的重要功能是促进与西部定居者的交流。他否认之前的银行带来偏见与分裂,提出建立商业公司的法令中已经包含了"规范贸易"的内容。③

但是,富兰克林的议案只有3个州投了赞同票,另外8个州投了反对票。④ 自此,《制宪会议记录》上也再没有出现过关于商业公司的内容。根据保存下来的会议记录来看,这项议题很快就

---

① Max Farrand, ed., *The Records of the Federal Convention of 1787*, Vol.2, p.620.
② 同上,Vol.2,第615—616页。
③ 同上,Vol.2,第616页。
④ 同上注。

湮没在众多涉及联邦政治体制的重要主题中了。最终,联邦宪法也没有明确表明国会拥有权力颁发特许状建立商业公司。

国会是否有权授予建立商业公司的特许状,与制宪会议代表对联邦和州权力范畴的认知密切相关。尽管制宪会议推进了联邦体制,最终形成了一个比邦联时期更加稳固的联邦政府,但从代表们讨论商业公司授予权的问题上可以看出,他们对于联邦和州权力的划分始终小心翼翼。加强联邦权力、确立联邦主权者的地位是制宪会议上建国精英达成的基本共识,然而这并不意味着要撤销州主权。绝大多数建国精英不仅承认州存在的必要性,而且认为各州在联邦中具有重要的地位。宪法的支持者不断强调,各州在新联邦政府中是不可分割的一部分,并且当联邦不能代表各州时,各州依然发挥"主权"。[①] 制宪会议的代表坦奇·考克斯在1788年发表的三封信中提到,各州立法的目标就是要保持各州的优势,"这些州都能建立各种公司和自治城镇;建立和推动制造业;开拓道路;清理河流;建立运河;规范继承制和婚姻关系;给小酒馆颁发营业执照;修改惩治犯罪的法律;建立新法院,任命新官员;建立渡口和公共设施;买卖和出租**它们的土地**以及其他**州财产**;建立济贫院、医院和失业救助所;管理其他关系到它们各自公民幸福的最重要的事"。另外,考克斯还指出,各州的土地所有权是各州主权"最有价值和最有力的附属物之一",而且各州的财

---

① Peter S. Onuf, *The Origins of the Federal Republic: Jurisdictional Controversies in the United States, 1775-1787* (Philadelphia: University of Pennsylvania Press, 1983), pp. 198-209.

政收入来源是保持"**主权**无可置疑的证据"。① 可以说,建国精英非常关注权力的分割与制约,在加强联邦权威的同时,也尽力保护各州的权力。

然而不可否认,联邦宪法的生效使联邦国会获得了前所未有的权力,比如征税、贸易管理、发行货币、建立全国性邮政服务、组建联邦最高法院的下属等权力。尤其是宪法第1条第8款中还规定,国会拥有制定一切"必要且适当"法律的权力。这种模糊而富有弹性的界定为之后国会制定法律留下了空间。此后不久,汉密尔顿就利用这项条款,促成了合众国银行的建立。而这个商业公司的建立也引发了激烈的争论。

③ 合众国银行引发的争论

制宪会议之后,时任财政部长的汉密尔顿一心想建立一个强大的联邦政府。他设计出一条依靠国家信用和公共金融体系发展商业与制造业的建国之路,并促成联邦政府授权建立合众国银行。1790年12月13日,汉密尔顿向国会提交了《关于国家银行的报告》,建议建立全国性银行,希望增加国家纸币的发行。他提出,建立一个由全国性政府支持的银行,就可以以少量硬币为基础,发行相当于硬币两到三倍数额的纸币。而有两个条件能够使纸币等价于硬币。首先,如果政府接受这样的纸币支付税款,纸币就会保持广泛流通,持有人就不会急于向银行兑换它们。其

---

① 引自 Jack N. Rakove, *Original Meanings: Politics and Ideas in the Making of the Constitution* (New York: Vintage Books, 1997), pp. 191-192。

次,得到政府支持的银行,能接受私人的硬币储蓄,用于满足私人的兑换银行券的要求。① 他进一步分析说,美国有广阔的物质资源,也有充满活力并迅速增长的人口,还有富人的私人信用,全国银行不仅可以充分利用这些资源进行商业活动,为支持广泛的流通提供充足的资金,促进私人资本的组织与投资,使全国的资金流通,而且能给新的联邦政府的税收与公共资金管理提供重要协助,为财政部提供借贷资源,能够恢复联邦政府的信用。② 他强调,建立银行既是为了公共利益,也是符合宪法的举措。③

汉密尔顿的国家银行计划获得了支持。实际上,就在汉密尔顿的提议之前,有人在报刊中就提出过建立全国银行的设想,文章提到,"通过引入流通媒介,至少实现要求的一部分公共信用,重建国家信心,会给贸易和商业带来'春天'"。"因为国家银行发行的货币不受各州货币流通的限制",所以不仅会"增加所有州收入总额",还可以加强联邦政府的权威。④ 而在国家银行计划提交众议院的辩论中,很多支持者进一步分析了联邦政府授权建立国家银行的益处。有人表示,尽管在1781年成立了北美银行,但是它的资金并不充足,难以充当国家银行的角色。而十三州急需一个联邦银行,这不仅事关私人财产利益,而且是国家最重要的政治机器。⑤ 来自马萨诸塞的国会议员费希尔·埃姆斯认为银行协助商业,帮助政府集合收入,扶植公共信用,是紧急状况下不

---

① Henry Cabot Lodge, ed., *The Works of Alexander Hamilton*, Vol. 3, p. 391, p. 392, p. 395.
② Hammond, *Banks and Politics in America: from the Revolution to the Civil War*, p. 114.
③ Elliot, ed., *Elliot's Debates*, Vol. 4, p. 618.
④ "New York, August 8," *Boston Gazette*, August 17, 1789.
⑤ "Treasury Department, December 13, 1790," *Pennsylvania Packet*, Dec. 23, 1790.

可缺少的服务。他认为联邦政府有建立银行的授予权,如果不能建立国家银行,就无法推动公共利益。特拉华的国会众议院代表约翰·瓦伊宁(John Vining)也表示,宪法中有潜在的内涵表明,联邦政府授权建立银行是符合宪法的。①

在汉密尔顿与众多支持者的推动下,1791年,联邦国会颁发特许状建立了合众国银行。不过,合众国银行建立后,并没有涌现出更多由联邦政府授权建立的商业公司。相反的是,合众国银行的建立引发了强大的反对势头,加剧了党派斗争,使在制宪会议之后已出现治国分歧的政治精英进一步分裂。以托马斯·杰斐逊和麦迪逊为代表的共和党强烈指责汉密尔顿的合众国银行计划。从汉密尔顿将提议提交国会开始,到建立合众国银行之后,激烈的反对始终伴随其中。

在众多批评合众国银行的话语中,涉及的问题层面广泛。其中反对者提出的一个重要问题就是:联邦政府不拥有授权建立商业公司的权力。在杰斐逊看来,合众国银行的建立破坏了联邦宪法的原则,使联邦政府的权力扩大,进而损害公共利益。他提到,宪法没有赋予这样广泛的权力,国会的权力被严格限制在已列举出的权力中,所以,这样的权力不能被行使。而且,制宪会议时已经讨论并否决过国会授权建立商业公司的提议。他指出,当国会能够授权建立银行时,在大城市就会引发偏见与嫉妒。② 麦迪逊虽然主张加强和扩大联邦权力,但仍然反对建立合众国银行。他

---

① "House of Representatives of the United States, Wednesday, Feb. 2, 1791," *Philadelphia General Advertiser*, Feb. 5, 1791.

② Max Farrand, ed., *The Records of the Federal Convention of 1787*, Vol. 3, p. 363.

表示，所有的权力都有界限。联邦政府的权力是"人民"手中让渡出来的。宪法确保国会执行规定范围内的权限，如果允许这样的权力存在，那么就违反了宪法，宪法的限制也就无效了。① 众议员威廉·布兰奇·贾尔斯（William Branch Giles）则想象出国会权力进一步扩大的恶果，认为如果国会能够授权建立合众国银行，没有任何限制，那么国会就会将这种权力扩大，建立"东西印度贸易公司"，国家将不再拥有自由的体制。②

对于那些捍卫州权、反对联邦权力扩大的人来说，合众国银行恰恰侵犯了各州的利益。所以，当汉密尔顿提议建立合众国银行时，立即遭到各州代表的强烈反对。反对者认为，尽管汉密尔顿指出了商业公司的功能，但是他不能给出理由，证明联邦政府授权建立该公司是合宪的。各州银行是管理国家金融、贷款的权威和最有效的机构，联邦授权建立银行就意味着削减了州的权力。每个州应该可以根据它们的意愿建立银行；每个人都可以开展银行业务。③ 麦迪逊也提到，"银行应该在各地建立"，"地方银行相比其他的银行体系更有优势"。相比之下，合众国银行、制造业以及其他垄断机制联合，会形成有害的链条。④ 还有人指出，联邦通过建立合众国银行和发展制造业来削弱州政府，使各州丧失独立性。另外，银行也是集权体系的一部分，政府与新的财富利益之间通过银行体系联合。同时，国会的官员作为银行的运行

---

① Elliot, ed., *Elliot's Debates*, Vol.4, pp.413-414.
② "House of Representatives of the United States, Wednesday, February 2, 1791," Philadelphia *General Advertiser*, Feb.5, 1791.
③ Elliot, ed., *Elliot's Debates*, Vol.4, p.620.
④ 同上，第413—414页。

者，从他们组建的公司获得薪水，而且薪水不断增多，会滋生腐败。①

尽管18世纪90年代的共和党没有阻止汉密尔顿的国家银行构想，但是掀起了一场反对国家权力扩张的运动。在之后的国内改进中，虽然有人倡导由联邦政府承担为社会"共同福祉"服务的工作，但是在州权主义者的反对声中，联邦政府很少参与国内改进的项目。19世纪之前，国会再没有颁发其他特许状建立商业公司。在联邦宪法没有明确国会拥有这项权力的境况下，这项权力被默认为各州政府所有，人们用一种模糊的方式来界定商业公司的授予权。

围绕商业公司授予权的争论，从一个侧面证明了制宪会议后联邦与州之间一直处于博弈和对抗的状态。在批准宪法的过程中，联邦主义者与反联邦主义者就围绕联邦与州的权力展开过辩论。麦迪逊和威尔逊都认为，各州应该被限定在国家这个"太阳"周边"合适的轨道上"，但是它们却游离出正确轨道，毁掉政治系统的秩序与和谐，出现了离开"太阳"的趋势，因此必须对这样的趋势加以控制。②麦迪逊在《联邦主义者文集》第10篇中阐述了建立全国性政府的可能性，并认为全国性政府更能抵抗党派的威胁。另外，通过确立最高立法者，能保护社会的"共同福祉"。③ 在为联邦宪法辩护的过程中，联邦主义者就表示，只

---

① Caius, "Miscellany, from Philadelphia, Financier and Financial," *New-Jersey Journal*, Jan. 18, 1792.
② Max Farrand, ed., *The Records of the Federal Convention of 1787*, Vol. 1, pp. 153 - 154, 165.
③ James Madison, "No. 10," in John C. Hamilton ed., *The Federalist*, pp. 104 - 105.

有建立一个强大的全国性政府，限制和引导狭隘的地方利益，才能解决地区争端，保证地方合法利益，保护共和体制，维护人民的权益。① 然而，维护州权的反联邦主义者强烈反对加强联邦权力。在他们看来，新宪法就是要通过高压统治、依靠武力建立集权国家，各州则面临被撤销的威胁。他们提出，各州有共同关注的事务，比如商业交换和对共同利益的追求，这些自愿联合起来，才是联盟最好的"保护伞"。② 总而言之，联邦宪法的批准是在加强联邦权力与维护州权两种主张的对抗与妥协中完成的。

从商业公司授予权的归属问题上可以看出，联邦并没有占据什么优势，相反，各州基本上拥有授权建立商业公司的权力。虽然新宪法确立的联邦的一切权力来源于人民，在新的权力基础之上，政府的目标与权力都得以扩展，但是在各州权益的问题上，制宪者最终达成妥协，最大程度上保留了州的权力。这种妥协首先表现在联邦主义者的话语中。佩拉泰亚·韦伯斯特提到，新宪法维护了各州的共和制，维持各州内部的稳定，如果没有联邦最高权力的保护，各州内部的正常运行是不可能实现的。③ 罗伯特·利文斯顿（Robert Livingston）在纽约会议上也宣称："我们正在尝

---

① Onuf, "State Sovereignty and the Making of the Constitution," in Terence Ball and J. G. A. Pocock, eds., *Conceptual Change and the Constitution*, pp. 93 – 94; Rakove, *Original Meanings*, p. 165.
② Onuf, "State Sovereignty and the Making of the Constitution," in Terence Ball and J. G. A. Pocock, eds., *Conceptual Change and the Constitution*, pp. 88 – 93.
③ Pelatiah Webster, "The Weakness of Brutus Exposed, or, Some Remarks in Vindication of the Constitution," Paul Leicester Ford, ed., *Pamphlets on the Constitution of the United States 1787 – 1788* (Brooklyn, 1888), pp. 119 – 120, 128.

试建立一个政府,保护各州作为这个体系的一部分。"①总之,联邦主义者在谈到州权时,都在强调宪法的设计保护了"人民"的权利与自由,维护了州政府,并且指出,全国性政府的职责就是保护各州。而他们在州权上谨慎退让的态度,从某种意义上看,使他们成为州权的维护者。②

而从宪法的设计上也能看出,所谓"国家主义者"的目标并非削弱州主权。各州"仍旧拥有对本州人民及其权利进行直接管理的权力"。各州人民的政治权利仍然由各州政府说了算,各州能够根据地方事务行使有限却独立的政治权力。实际上,联邦政府拥有的权力是各州无力承担的或与州际利益有关的权力,比如征税权、外事权、战争权和州际贸易管理权。③ 从总体上看,美国建国初期在联邦与州的权力划分问题上,是两种视野的融合,既包含了加强联邦权威的主张,也兼顾了地方权益。具体来说,在新的联邦体制下,各州政府的建立是为了捍卫各州"人民"权利,推动他们的共同利益,而各州的存在与"人民"整体利益的捍卫则依赖于加入更大的共同体——联邦。④

可以说,新的联邦既不同于原来的邦联,也并非集权的单一制国家,而是在松散的邦联与集权国家之间的一个"中间地带"。这样的联邦政府既保证了权威性,又受到了约束。麦迪逊提醒读

---

① Elliot, ed., *Elliot's Debates*, Vol. 2, p. 385.
② Onuf, "State Sovereignty and the Making of the Constitution," in Terence Ball and J. G. A. Pocock, eds., *Conceptual Change and the Constitution*, p. 81.
③ 王希《原则与妥协:美国宪法的精神与实践》,第 89 页。
④ Onuf, "State Sovereignty and the Making of the Constitution," in Terence Ball and J. G. A. Pocock, eds., *Conceptual Change and the Constitution*, p. 79.

者:"联邦和州政府实际上是不同的机构,是人民不同的委托人,拥有不同的权力,为不同的目标而设计。"①尽管由联邦政府与各州政府共享权力,但建国精英在政府设计上并没有在联邦政府与州政府之间划定严格的权力界限。这绝非制宪者的疏忽大意,恰恰相反,制宪者正是意识到了联邦与州政府关系的复杂性才如此有意为之。麦迪逊在《联邦主义者文集》第39篇中讨论联邦政治时提出,"政府的本质特征并非一个单一形式或有明确的界定,而是通过考察整个体系的复杂性时",才被发现的。② 显然,麦迪逊不想给联邦政府下明确定义,而把这个问题留在了针对具体情况的考察中。这种灵活且富有弹性的表述为之后的讨论奠定了基础。而联邦与州权力界定的模糊性,也给商业公司归属权问题的讨论留下了广阔的空间。

从现实情况来看,联邦政府与各州政府在授权建立商业公司时面临的境遇完全不同。当各州颁发特许状,建立商业公司时,几乎不会因为州政府的权限问题引发争议。而由联邦政府授权建立商业公司时,却会遭到激烈反对。实际上,这种状况与当时的利益需求紧密相关。毕竟,大多数商业公司规模不大,活动范围也只限于地方,由州政府授予特许状更符合公司的私人利益和地方利益。相比之下,由联邦政府授权建立商业公司,往往会牵扯到地方利益分配不均等问题,从而无法达成一致意见。因此,从满足经济利益需求的角度,商业公司授予权归于各州更加现实。建国初期的政治精英也承认,在考虑联邦与州权力分割时,

---

① James Madison, "No. 46," in John C. Hamilton ed., *The Federalist*, p. 366.
② 同上,第302页。

在某种程度上,州政府掌握某些权力比联邦政府更具有优势。因为在政治生活中,美国人关注更多的是州内问题,州内的管理才最直接地影响他们的生活。麦迪逊解释说,大多数人对"州政府的活动更感兴趣",因为州内的政治生活影响他们的日常活动,而且他们从中获得的益处也超过了"从遥远的联盟中获得的"。国会议员甚至不可能在牺牲州利益的情况下,支持国家权威。并且一旦出现国家侵犯个人权利或州权的情况,州政府都会"进行有效抵抗"。①

如果说地方利益和个人利益都会左右联邦与州权力的划分,那么,还有一个影响权力划分的重要因素,就是社会的"共同福祉"。在建国精英看来,决定是否由联邦政府或州政府特许建立商业公司的关键,在于能否推动"共同福祉"。尽管建国精英的理想与实践之间存在巨大落差,但是不能否认,为"公共利益"服务的确是这些精英的重要出发点。联邦宪法遵循的基本原则是人民主权、限权政府、公共福利、共和政体、公民基本权利不可剥夺,其中是否符合公共利益是国会立法的准则之一。政治精英在考虑联邦权力的范畴时,面对宪法里国会有权制定"必要且适当"的法律这样模糊的规定,也会以推动公共利益为基本出发点,而不是随机选择。

建国初期政治精英在构建国家的过程中所指定的宪法确立了一个基本框架。在这个框架下,虽然联邦政府的权威得以加强,但是州权并没有被剥夺。而且绝大多数建国精英都认为州在

---

① James Madison, "No. 46," in John C. Hamilton ed., *The Federalist*, pp. 367 - 368.

联邦中具有重要地位。在宪法没有为联邦与州权力的界限提供明确答案的情况下,联邦与州之间不断发生博弈。在博弈中,各自权力范畴的划分取决于政治精英面对具体问题时对公共利益的理解,也取决于他们对各种利益关系的整体衡量。从这个意义上来说,透过关于商业公司授予权的争论可以看出,建国初期联邦结构中联邦与州的权力范畴,是在推进公共利益和追求多种复杂利益的过程中不断得到界定的。

第四章
商业公司引发的社会冲突

第四章　商业公司引发的社会冲突

除了围绕商业公司的唇枪舌剑，商业公司还激起了不同社会群体的抗议行动。这些抗议者既有乡村农夫，也有城市工匠。大多数反对者之所以反对商业公司，是因为在他们看来，商业公司并不是公共机构，而是能够获得私人利益的途径。商业公司的建立侵犯了他们的私人财产，伤害了他们的权利。在这种情况下，商业公司引发了激烈的社会冲突。可以说，相当一批乡村居民与城市工匠都参与了推动商业公司"去特权化"的过程。

然而值得注意的是，在冲突中，尽管抗议者几乎使用相似的话语批评商业公司，并时常联合起来展开抗议活动，但是无论乡村居民还是城市工匠，他们的诉求与思想意识都极为复杂多变。透过他们面对商业公司的反应与诉求可以看出，在剧烈的社会经济转型中不同社会群体诉求的多样性与矛盾的复杂性，展现出美国建国初期社会转型进程中政治生活、社会经济与人们思想意识之间的复杂关联。

一　乡村居民与商业公司之间的冲突

从18世纪末到19世纪初，美国各州政府颁布特许状，在银行、交通、制造业与保险业领域建立起商业公司。这些商业公司不仅出现在各大城市，也分布在乡村。各州政府本想通过建立商业公司，推动各地经济发展，然而在北方乡村，商业公司的建立却引发了激烈的冲突。一部分乡村居民担心商业公司会打破他们原有的生活,对他们的经济独立构成威胁。还有一部分乡村居民则对商业公司带来的垄断与特权更加忧虑,认为商业公司将会导致权利与财富分配的不平等,希望商业公司能使更多人受益。这些乡村居民主要包括农民与一些小店主。总之,他们反对商业公司的态度非常复杂。若将乡村居民复杂多样的反应放在具体的历史情境中,在广阔的社会转型视野中,就会发现这种复杂的态度与乡村社会正在发生的剧烈变迁密不可分。

对于美国建国初期北方乡村社会经济的转型,美国学术界做过较详尽深入的研究。20世纪70年代以来,一些社会史学家提出,乡村居民的社会关系、文化传统与市场活动存在差异与冲突,他们的日常生活与经济活动并非以市场为导向,而更多受社会习俗与宗教传统的影响。然而美国革命后,随着市场的扩张,资本涌入乡村,乡村传统的家长制社会关系与道德经济遭遇挑战,并最终被市场经济取代。这些学者更强调乡村居民生活与市场经济之间的矛盾,将农民看作"反资本主义"的社会群体。在这种视野下,一些学者关注乡村居民生活的世界与他们的人生观,探讨他们如何抵制市场经济的"入侵"却最终失败的过程;还有学者将乡村社会按照不同职业群体加之划分,将农民与受利益驱动的商人之间的矛盾视为阶级冲突。① 不过,强调乡村居民与市场经济

---

① 具有代表性的论著包括:James A. Henretta, "Families and Fames: Mentalité in Pre-Industrial America," *William and Mary Quarterly*, Vol. 35, No. 1 (Jan., 1978), pp. 3 - 32; James A. Henretta, *The Origins of American Capitalism: Collected Essays* (Boston: Northeastern University, 1991); Michael Merrill, "Cash is Good to Eat: Self-Sufficiency and Exchange in the Rural Economy of the United States," *Radical History Review*, Vol. 13, No. 3 (Fall, 1976), pp. 42 - 71; Michael Merrill, "The Anticapitalist Origins (转下页)

之间存在冲突的观点并非没有遭到挑战。温尼弗雷德·B. 罗腾伯格通过分析18世纪末马萨诸塞州农民的账簿和遗嘱,指出农民试图抬高粮价,依据市场价格调整生产,认为在乡村社会转型过程中,他们的行为已经像是"理性的经济人"。① 对于两种看似矛盾的观点,艾伦·库利科夫进行了调和,他指出在美国早期乡村转型的过程中,农民在维持经济自足的同时,也在参与市场交换。② 而丹尼尔·维克斯(Daniel Vickers)则进一步提出,在18世纪末乡村社会转型时期,很难对乡村居民的行为做出明确划定,他们既渴望财产独立,也追求利润。③

通过上述学者的研究可以看出,美国建国初期乡村居民在社会转型时期的反应与行动难以被归为单一的模式,而是趋向多样化与复杂化。娜奥米·R. 拉穆鲁(Naomi R. Lamoreaux)认为,农民与商人及制造业者在经济活动中有很多相似之处,但同时需承认,农民并不是资本家。那么究竟应该如何理解乡村居民的反应?

(接上页)of the United States," *Review: Fernand Braudel Center*, Vol. 13, No. 4 (Fall, 1990), pp. 465 – 497; Christopher Clark, *The Roots of Rural Capitalism: Western Massachusetts 1780 – 1860* (Ithaca: Cornell University Press, 1990); Christopher Clark, "Household Economy, Market Exchange, and the Rise of Capitalism in the Connecticut Valley, 1800 – 1860," *Journal of Social History*, Vol. 13, No. 2 (Winter, 1979), pp. 169 – 189; Tony A. Freyer, *Producers Versus Capitalists: Constitutional Conflict in Antebellum America* (Charlottesville: University Press of Virginia, 1994)。

① Winifred B. Rothenberg, "The Market and Massachusetts Farmers, 1750 – 1855," *The Journal of Economic History*, Vol. 41, No. 2 (Jun., 1981), pp. 283 – 314; Winifred B. Rothenberg, *From Market-places to a Market Economy: The Transformation of Rural Massachusetts, 1750 – 1850* (Chicago: The University of Chicago Press, 1992).

② Allan Kulikoff, "The Transition to Capitalism in Rural America," *William and Mary Quarterly*, Vol. 46, No. 1 (Jan., 1989), pp. 120 – 144.

③ Christopher Clark, Daniel Vickers; Stephen Aron, Nancy Grey Osterud, Michael Merrill, "The Transition to Capitalism in America: A Panel Discussion," *The History Teacher*, Vol. 27, No. 3 (May, 1994), p. 268.

对此拉穆鲁提出了具有启发意义的观点,她指出经济活动中的行动者并不单纯基于市场中的商品价格与数量做出决定,他们的选择往往受个人偏好与对选择的感受影响,而这种偏好与感受又很大程度上由他们的文化体系所塑造。① 乔伊斯·阿普尔比也认为,要将美国建国初期资本主义的转型视为一个综合的文化现象,不仅包含生产方式、贸易关系与消费模式的变化,而且意味着参与其中的不同社会群体的思想意识、价值观念以及生活习俗的改变。②

商业公司引发的社会冲突,恰恰为综合考察美国建国初期乡村的社会转型提供了一个视角。透过北方乡村居民对商业公司的复杂态度与反应可以看出,18 世纪末到 19 世纪初的乡村社会不仅在经济上呈现出复杂多变的局面,而且在政治文化方面体现出乡村居民的各种思想意识与政治诉求。下文侧重考察北方乡村居民与商业公司激烈冲突中的话语与行动,将其置于建国初期的历史时空中,分析其蕴含的思想意识与价值取向,以及其体现的生活习惯,从一个侧面探讨在政治文化与经济生活双向互动下北方乡村发生的剧烈变动。

① 家庭生产模式主导下的乡村居民对商业公司的反应

从 18 世纪末到 19 世纪初,对于一部分乡村居民来说,各领

---

① Naomi R. Lamoreaux, "Rethinking the Transition to Capitalism in the Early American Northeast," *The Journal of American History*, Vol. 90, No. 2 (Sep., 2003), pp. 439 - 440.
② Joyce Oldham Appleby, "The Vexed Story of Capitalism Told by American Historians," *Journal of the Early Republic*, Vol. 21, No. 1 (Spring, 2001), pp. 1 - 18; Joyce Oldham Appleby, *Capitalism and a New Social Order*, p. 22;[美]乔伊斯·阿普尔比《无情的革命:资本主义的历史》,宋非译,社会科学文献出版社 2014 年版,第 2 页,第 19 页。

域的商业公司就是他们生活的"闯入者"。这些居民认为,商业公司的建立破坏了他们相对独立的生存状态,给他们的生活带来冲击,由此,商业公司遭到他们的强烈反对。相当一批乡村居民视商业公司为"洪水猛兽",加入反对商业公司的浪潮。

对于一些乡村居民来说,建立商业公司完全是多此一举。他们提出,反对商业公司的最直接原因就是商业公司推进的项目根本没有用。1803年,佛蒙特的《布拉特尔伯勒报告》(*Brattleboro Reporter*)宣称,罗金厄姆的两位绅士被授予特许状修建一条收费公路。此举引发了附近多个村镇居民的抗议。在帕特尼镇,镇上已经有了公路,而且一些居民可能还参与了邮政公路的修建。根据大多数居民的了解,他们认为现有的公路情况还过得去。于是当州政府特许两人组建公司建立一条收费公路,取代现有公路时,这些居民认为收费公路"对于人民完全是不必要的、累赘的"。在这种情况下,56位反对者签署了一份反对收费公路的抗议书。同样在1803年的佛蒙特吉尔福德镇,将近100名居民抱怨道,在"艰苦劳动数周数月"后他们完成村镇公路的建设,这已满足了他们的需要。然而现在州和"傲慢的公路收费者"联合起来,却要求他们支付使用公路的费用。[①] 从居民的抗议话语中可以看出,他们并不认为收费公路是生活的必需品。

对于那些早已习惯原有生活轨迹的村民来说,商业公司不仅不必要,而且会干扰他们的生活,带给他们各种层面上的损失。从

---

① Jason M. Opal, "Enterprise and Emulation: The Moral Economy of Turnpikes in Early National New England," *Early American Studies*, Vol. 8, No. 3 (Fall, 2010), pp. 634 - 635.

村民的各种抱怨与抗议中可以看出,一方面,他们认为商业公司破坏了他们的生存环境。比如在宾夕法尼亚,内陆航线附近的居民发现运河沿线的生活环境急剧下滑。修筑运河后,河水不再流动,静止不动的水中充满病菌。"很多浮渣漂在水的表面"。很明显,沿线附近的居民对这种结果极为不满。① 运河沿线还有一些农民认为,运河带来的烦恼超过了潜在的利益。对于一些居民来说,运河使他们的土地分割为两块,给他们的生活造成不便。在波士顿,在政府特许建立磨坊厂后,本杰明·奥斯汀(Benjamin Austin)批评磨坊厂带来了环境污染。他提到,"村镇中大部分居民,他们会被沉重的水声和机器的轰鸣声干扰",这里的环境恶化,"乌云密布,浓烟缭绕","如同火山爆发"。另外,"村镇还将原本属于其他居民的超过700英亩的土地赠与出去",损害了当地居民和面包工人的利益。② 在马萨诸塞,制造业工厂因为用水的需求,要建立大型水坝,然而大坝经常导致水域上流的农田遭遇洪水,同时水域下游的其他制造厂面临水源短缺,因此制造业工厂引发了很多村民抗议,抗议者希望工厂不要打破他们原本的平静生活。③

另一方面,村民还指责商业公司使他们的劳动力出现短缺。19世纪30年代,在马萨诸塞的达德利镇和牛津镇,一些村民担心,乡村制造业工厂会吸引大批劳工,导致人口密度变大,影响自己的生活,同时,他们还担心纺织厂对劳工的持续需求,会不可避

---

① Schocket, *Founding Corporate Power in Early National Philadelphia*, p.159.
② Benjamin Austin, *Remarks on a Late Proposition from the Boston and Roxbury Mill Corporation* (Boston, 1818), p.7.
③ Jonathan Prude, "Town-Factory Conflicts in Antebellum Rural Massachusetts," in Steven Hann and Jonathan Prude, eds., *The Countryside in the Age of Capitalist Transformation*, p.81.

第四章　商业公司引发的社会冲突

免地导致大批人口离开农场，农场会变得荒芜。①

不少政治精英对乡村居民的抱怨与反对表示困惑。因为在他们看来，商业公司的建立是为了推动"共同福祉"，为了改善地方居民的生活。1793年，莫里斯在写给宾夕法尼亚州州长托马斯·米夫林(Thomas Mifflin)的信中说，"一些会是工程最大受益者的人却反对运河"，"这些人是运河沿线土地的所有者"，这是给运河建设造成困难的因素之一。莫里斯担心，"这些土地所有者会组织武装进行反对"。②

虽然在支持者看来，商业公司有益于乡村居民，但是为何相当一批乡村居民提出商业公司"无用论"，甚至认为他们的生活会被商业公司破坏呢？要深入理解这些居民的反应，只有将他们的话语与行动置于建国初期社会经济变动的历史语境中去。

从18世纪末到19世纪初，在一些乡村居民开始逐渐参与市场活动的同时，还有一些居民仍保持相对简单的经济生活。③他

---

① *The New England Farmer*, Vol.17, No.51 (Jun 26,1839), p.406.
② Schocket, *Founding Corporate Power in Early National Philadelphia*, p.65.
③ 对于美国革命后乡村的社会经济发展，很多学者做过深入研究。主要有三种观点。第一种观点认为商业化农业在美国早期非常普遍，农民是经济个体，试图扩大利润。这种观点是路易斯·哈茨观点的延续，查理斯·格兰特(Charles Grant)和詹姆斯·莱蒙(James Lemon)持这种观点。第二种观点认为商业化农业的机会是有限的，维持生存的农业是正常的模式。珀西·比德韦尔(Percy Bidwell)和约翰·福尔克纳(John Falconer)这一代持这种观点。第三种观点认为农业经济既不以商业市场为基础，也不是以维系家庭生存为基础，而是一种地区交易、公共劳动以及有限市场农业的混合物。在这样的经济形态中，经济个人主义被亲属、社区以及互惠的考虑所阻碍。这种观点由迈克尔·梅里尔(Michael Merrill)、詹姆斯·亨瑞特(James Henretta)和克里斯托弗·克拉克等提出。不过他们没有充分研究细节，没有充分地关注时间与空间。艾伦·库利科夫综合这些观点指出，实际上大多数学者都认同在18世纪末到19世纪初美国乡村发生了转型。参见 Gary Kulik, "Dams, Fish, and Farmers: Defense of Public Rights in Eighteenth-Century Rhode Island," in Steven Hann and Jonathan Prude, eds., *The Countryside in the Age of Capitalist Transformation*, pp.27-28; Allan Kulikoff, "The Transition to　（转下页）

们与邻居和工匠交换劳动力、食物以及手工制品，以满足日常生活所需。村民希望政府的经济举措为农业经济服务。在18世纪60年代的新英格兰地区，人口的增长使土地变得稀缺。① 一些村民在农业生产的同时，也出售剩余物品，但是参与市场活动不是主要目标，只是在维持生计之余，作为生计的补充。总之，他们没有太多地参与市场活动。在18世纪后期，一些乡村居民仍习惯于自己制衣，很多人穿着家庭纺织的服装，他们对纺织品的需求不多，纺织品制造业的市场非常有限。他们的生活方式是依靠广袤的土地进行家庭作业。对此，经济史学家詹姆斯·亨瑞特总结认为，大多数北方家庭既不是完全自给自足，也不是完全投入市场经济。一般的家庭都拥有自由的财产，主要采用家庭生产模式。这些家庭也参与市场活动，但是他们的经济追求有限，那些参与市场的买卖也是为了满足生计，并且试图保持自己经济上的独立性。②

当然，不可否认，在美国革命中，为了满足战争需要，乡村家庭生产了大量制造业产品。在中部和北部各州，有更多的乡村制造业商品进入商品交换体系。一些乡村家庭也由此进入了地方交换和商业市场。虽然革命中北方各地出现了很多区域性市场，但是相当一批乡村居民的生活并不由市场主导。很多新英格兰家庭都在避免"依附"式的生产关系。他们进入地区市场物物交换，不是为了获利和变得富有，而是生活所需。他们希望保持经

（接上页）Capitalism in Rural America," *William and Mary Quarterly*, Vol. 46, No. 1 (Jan., 1989), pp. 120-144。

① Pehr Kalm, *Travels into North America* (Warrington, 1770), Vol. 2, pp. 55-56.
② Henretta, *The Origins of American Capitalism*, pp. xxii-xxv.

济独立。在新英格兰地区,劳动体系仍然以家庭运作和邻里互助为主要方式,而不是雇佣劳动力。在缺乏劳动力的情况下,他们有的依靠农场主协助,有的则雇佣临时工。①

总之,通过北方很多乡村居民的社会经济活动可以看出,他们还没有太多参与市场的野心。乡村居民的交换活动多限于当地居民之间的交换,在支付商品和服务费用时,比较典型的支付方式是以实物或者劳动的方式,而不是以现金的方式。② 很多详细的区域研究显示,北方的很多农民希望保护他们家庭做工的完整性,满足家庭网络的需求。他们希望市场的运作服务于家庭经济。③

可以说,无论是公路、运河,还是制造业工厂,抑或是其他类型的商业公司,都与这些乡村居民的生活格格不入。在马萨诸塞,州政府特许建立了马萨诸塞人身保险公司(Massachusetts Hospital Life Insurance Company),该公司最初为马萨诸塞西部的农民提供抵押贷款服务。但是很多村民仍习惯于乡村传统的亲属朋友间的借款方式,对于全新的、需按时归还利息与贷款的方式完全陌生。因此当公司提醒或催促借款人准时还款,并警告

---

① Henretta, *The Origins of American Capitalism*, pp. 263 - 264.
② Michael A. Bernstein and Sean Wilentz, "Marketing, Commerce, and Capitalism in Rural Massachusetts," *Journal of Economic History*, Vol. 44, No. 1 (March, 1984), pp. 171 - 173; Clarence H. Danhof, *Change in Agriculture: The Northern United States, 1820 - 1870* (Cambridge: Harvard University Press, 1969), p. 17; Christopher Clark, "Household Economy, Market Exchange, and the Rise of Capitalism in the Connecticut Valley, 1800 - 1860," *Journal of Social History*, Vol. 13, No. 2 (Winter, 1979), pp. 169 - 189.
③ 有代表性的论著包括:John L. Brooke, *The Heart of the Commonwealth: Society and Political Culture in Worcester County, Massachusetts, 1713 - 1861* (New York: Cambridge University Press, 1989); Christopher Clark, *The Roots of Rural Capitalism: Western Massachusetts, 1780 - 1860* (Ithaca: Cornell University Press, 1990); Steven Hahn and Jonathan Prude, eds., *The Countryside in the Age of Capitalist Transformation*。

不按时还款的后果时,经常惹恼借款人。在乡村的借贷人看来,公司的做法是冷血的,使人失去尊严的。一些乡村男性居民甚至认为,公司借贷的方式,对于他们的经济独立性、公民身份以及家庭权威地位构成威胁。① 这些乡村居民仍然希望保持生活与经济上的相对独立,在他们看来,乡村的独立性被逐渐活跃的市场环境破坏,很多人负债累累。

因此,当商业公司进入他们的生活时,他们自然感到极为不适应,甚至产生排斥。很多乡村居民指出商业公司会伤害他们生活上的独立性。在宾夕法尼亚州,有农民指责莫里斯和其他支持北美银行的商人对积累财富的惊人渴求。他们认为,商人获得的"商业利益已经很丰厚",与他们的土地利益极不平衡。代表乡村居民利益的议员纷纷要求撤销1785年的银行特许状。② 在乡村居民看来,他们不仅受到了政府的轻视,而且他们的财产与独立性受到威胁。宾夕法尼亚州的一个乡下人在1788年提到,他的邻居害怕回到依附者的地位。③ 1793—1794年宾夕法尼亚州议会收到了超过200份抗议书,这些抗议者表示,商业公司的特权使其他人处在从属的位置。④

---

① Tamara Plakins Thornton, "'A Great Machine' or a 'Best of Prey': A Boston Corporation and Its Rural Debtors in an Age of Capitalist Transformation," *Journal of the Early Republic*, Vol. 27, No. 4 (Winter, 2007), p. 584.
② Doerflinger, *A Vigorous Spirit of Enterprise*, p. 292.
③ "John Montgomery to James Wilson, Mar. 2, 1788," in Merrill Jensen et al., eds., *The Documentary History of the Ratification of the Constitution* (Madison: State Historical Society of Wisconsin, 1976), Vol. 2, p. 705.
④ John Majewski, "Toward a Social History of the Corporation: Shareholding in Pennsylvania, 1800-1840," in Cathy Matson, ed., *The Economy of Early America*, p. 306.

正是在这些担忧与困扰的驱使下,一部分乡村居民开始采取行动,干扰商业公司的建立与运营。1794年,在宾夕法尼亚的多芬县(Dauphin County),居民马丁·格拉斯(Martin Glass)和运河工人之间的争吵逐步升级。大约100名运河工人"拿着球棒",在镇上与当地居民发生暴力冲突。还有很多土地所有者不愿出售他们的土地,或者向运河公司索要高额的补偿费,使运河公司的花销变多,很多项目因此而支撑不下去。① 在1801年日尔曼敦公路(Germantown Turnpike)和珀基奥门公路(Perkiomen Turnpike)开始运营之前,宾夕法尼亚州议会没有再授权建立其他公路。公路的经理愤怒地抱怨"居住在公路沿线的愚昧顽固的人,他们带有偏见和反复无常的行为,引发了严重的反对,他们用尽一切可能的办法阻挠和对抗公路公司的合法操作"。② 另外,在马萨诸塞,村民强烈反对纺织厂主导村镇政府,阻止纺织厂主进入公共职位。通常情况下,那些身份显赫且富有的人在竞选中占有优势,往往能进入政府担任重要职位,然而在村民的反对中,只有少部分业主得以进入政府担任要职。③

② 市场化的乡村居民对商业公司的反应

如果说所有北方乡村居民都基于希望维持简单独立的生活

---

① Schocket, *Founding Corporate Power in Early National Philadelphia*, p. 65.
② Albert Gallatin, "Report on Roads and Canals(1808)," *American State Papers, Class X Miscellaneous*, Vol. 1, p. 883.
③ Jonathan Prude, "Town-Factory Conflicts in Antebellum Rural Massachusetts," in Hann and Prude, eds., *The Countryside in the Age of Capitalist Transformation*, p. 85.

而反对商业公司,这显然有失偏颇。实际上,在美国建国初期,北方有相当一批乡村居民愿意参与市场活动。然而,他们却与那些还没有进入市场的村民一样,强烈反对州政府特许建立商业公司。这很大程度上是因为在他们看来,商业公司使少数精英拥有特权,通过少数人的操控使精英获益,而多数民众受到压迫,这样的商业公司非但不能使多数人受益,还会损害多数人的利益。

从18世纪末到19世纪初,经济上自给自足的状态逐渐被相互依赖的经济关系所取代。特别是在中部地区,商人发展跨大西洋的市场,鼓励大规模生产。随着交通越来越便捷,农民逐渐发现保持独立不能使他们维持生计,越来越多的乡村居民开始卷入市场,很多女性和儿童需要外出打工来补贴家用。在乡村居民参与市场活动的过程中,很多乡村生产者对新的市场机遇产生热情。一些农户也开始考虑扩大利益,再加上随着大量移民涌入,劳动力相对充足,农户开始依靠雇佣劳动和市场买卖,赚取更多的利润。早期忙于生计的农民生产出更多农作物。比如一些农民开始生产更多的小麦卖给当地的面粉厂,养更多牲畜直接带到附近市场售卖。内陆地区的农民和贸易人,特别是纽约西部、西北地区、弗吉尼亚州和北卡罗来纳州西部村镇的人,都请求政府帮助他们进入市场盈利。在19世纪初,马萨诸塞的达德利镇和牛津镇发生了剧变。占镇上人口多数的农民开始倾向于生产畅销产品,而且越来越多的农民出现在商店买卖商品,并接受手工业者的服务。[1]

---

[1] Jonathan Prude, "Town-Factory Conflicts in Antebellum Rural Massachusetts," in Hann and Prude, eds., *The Countryside in the Age of Capitalist Transformation*, p.74.

第四章 商业公司引发的社会冲突

在乡村市场化趋向越来越明显的情况下,民众一方面希望政府能维护他们的个人利益,另一方面,他们反对偏向于少数精英、阻挠他们追求个人利益或侵犯他们个人利益的制度安排。在18世纪90年代,相当多的乡村居民都指责富人贪婪,滥用权力建立贵族制,损害乡村居民的经济独立与政治权利。[1] 在这些村民看来,拥有特权的商业公司恰恰阻碍了他们进入市场。因为商业公司由各州政府颁发特许状而建立,只授予少数社会精英权力进行投资、管理与经营。在这种情况下,乡村反对者将商业公司视为集权统治的工具。他们担心专制权力和腐败的渗透,害怕贪婪的私人利益会吞噬脆弱的公共利益。[2] 在18世纪90年代,很多宾夕法尼亚人认为收费公路和运河会成为政治腐败的工具。1792年,宾夕法尼亚建立了第一个收费公路——兰开斯特公路,很多农民和小生产者对此抱着敌视和怀疑的态度。他们无疑对迫使农民支付过路费的公司不满。在他们看来,公路公司就是城市投资人赚钱的工具。[3]

可以看出,这些乡村居民反对的是在少数精英掌控下不能使

---

[1] Michael Merrill and Sean Wilentz, *The Key of Liberty: The Life and Democratic Writings of William Manning*, "*A Laborer*", 1747-1814 (Cambridge: Harvard University Press, 1993), p.14.

[2] 参见 Bernard Bailyn, *The Ideological Origins of the American Revolution* (Cambridge: Harvard University Press, 1967); Gordon S. Wood, *The Creation of the American Republic 1776-1787* (Chapel Hill: The University of North Carolina Press, 1998); J.G.A. Pocock, *The Machiavellian Moment: Florentine Political Thought and the Atlantic Republican Tradition* (Princeton: Princeton University Press, 1975); Gary B. Nash, *The Urban Crucible: Social Change, Political Consciousness, and the Origins of the American Revolution* (Cambridge: Harvard University Press, 1979)。

[3] John Majewski, "Toward a Social History of the Corporation: Shareholding in Pennsylvania, 1800-1840," in Matson, ed., *The Economy of Early America*, p.306.

普通民众平等获益的商业公司。然而值得注意的是,一旦政治精英提议建立更多商业公司,扩大利益分配时,这些村民的反应则截然不同。他们不仅不反对,还热烈响应。

1784到1813年间,宾夕法尼亚州议会只建立了4家银行,都坐落在费城。1812年战争中,有人呼吁建立更多银行,发行更多现金,满足战争所需的补给。1812—1813年,当时在议会占主导的民主党起草议案,在州范围内建立30家银行。这项决议得到西部和村镇代表的支持。尽管议案遭到强烈反对建立银行的州长斯奈德的否决,但在下个议会阶段,议会还是通过了建立42家银行的决议。在议案中,他们将银行扩展到乡村,在兰开斯特建立5家新银行,在阿勒格尼建立3家新银行,在坎伯兰建立2家新银行,在富兰克林建立2家新银行。① 这项决议通过后,很多民众开始积极投资银行业。

这些银行出售的股票价格相对较低,普通民众也能买得起。在1800年以前,大部分银行的特许状中规定,银行每股价格在200美元到400美元之间,通常阻碍了小投资者购买股票。而新建立的42家银行的股票价格为50美元。投资者只需交纳5美元或者10美元作为首期付款,余下的部分则根据公司的金融需要支付。因为很多银行并不要求按照股份面额支付现金,大多数宾夕法尼亚村镇银行的投资者只需支付30美元就能获得面值50美元的股份。②

---

① *Acts of the General Assembly of the Commonwealth of Pennsylvania* (Philadelphia, 1814), pp. 154 – 156.

② Richard Sylla, "U. S. Securities Markets and the Banking System, 1790 – 1840," *Federal Reserve Bank of St. Louis*, Vol. 80, No. 3 (May/June, 1998), p. 92.

另外,银行特许状还限定投资人购买股票的份额,并在更加分散的地点出售股票,这样一来,更多的人能投资银行业。关于购买股票份额的限制,特许状规定,每人最多能购买102份股票。这样的购买额度只是银行股本的一小部分。议会安排委员会专门负责出售原始股份。他们需要在当地报刊上刊登广告,告诉投资人出售股票的地点和时间。例如卡莱尔银行(Carlisle Bank)在坎伯兰村的8个不同地点安排了股票出售点,这些地点不仅包括了卡莱尔、希彭斯堡和其他地方市场,还包括了相对偏远的蒂龙和拉伊等地。①

为民众服务的银行是受到欢迎的。实际上,很多村民都乐于参与银行投资。在1810年的费城西部,甚至还发生过抢购银行股票的混战。1810年2月5日,新建立的费城手工业者银行开始出售股票。在短短几小时内,银行2.5万份股票就被抢购一空,数百名愤怒的民众在混乱中只能两手空空地回家。② 一位法国旅行者米歇尔·切瓦力亚(Michel Chevalier)在1839年评论说,在19世纪初期,对银行股票的大众投资热潮在美国是平常事。③ 根据宾夕法尼亚州政府的官方记录显示,在1800—1821年间,有超过3.8万人购买了州内各个银行、公路以及桥梁的股票。数千人购买了运河和通航公司的份额,但是数据统计还远远没有

---

① *Carlisle Gazette*, March 25,1814.
② Kim T. Phillips, "Democrats of the Old School in the Era of Good Feelings," *The Pennsylvania Magazine of History and Biography*, Vol. 95, No. 3 (July, 1971), pp. 366 - 367.
③ 引自 Michel Chevalier, "Speculation in Land, Railroad, and Banks," in Edwin C. Rozwenc, ed., *Ideology and Power in the Age of Jackson* (New York: Anchor Books, 1964), p. 26.

涵盖所有的人群。①

民众支持这些银行，自然是希望从股票投资中获得分红。另外，他们还能从银行获得贷款。历史学家罗伯特·赖特（Robert Wright）的研究表明，在中部地区的银行通常为广泛的借贷群体提供信用，为小制造业者新的工作车间提供资金支持，使农民开拓他们的土地，零售商扩大他们的活动。② 总之，民众支持那些能使多数人受益的商业公司。

有时，难以判断民众是否从商业公司中获得了直接利益，但是，当商业公司不将民众排除在外时，民众甚至愿意投身于一些可能无法短期获利的项目建设。比如在19世纪初的佛蒙特，一些乡村居民希望修路。1802年他们请愿表示，因为人口稀少，镇公路进展很慢。所以请愿者"对修建一条道路……将农场的产品运送到市场……非常感兴趣"。8个镇有超过100位居民签署请愿书。在一个偏远的村庄，50份民意调查均显示居民们支持收费公路，认为它"代表自由和公正的原则"，意味着建立了一条通向市场的新路，有益于"公共利益"。对于富有的农民和乡村的贸易商人来说，通向市场的村镇公路与更快捷的收费公路之间差别明显。实际上，在佛蒙特的其他村镇，针对建立公路公司展开过长期而激烈的争论，在帕特尼的30位村民看来，一旦"修路"的普

---

① Richard Sylla, "U. S. Securities Markets and the Banking System, 1790–1840," *Federal Reserve Bank of St. Louis*, Vol. 80, No. 2 (May/June, 1998), p. 90.
② Robert E. Wright, "Bank Ownership and Lending Patterns in New York and Pennsylvania, 1781–1831," *The Business History Review*, Vol. 73, No. 1 (Spring, 1999), pp. 40–60.

通方式失败了,唯一的补救方式就是通过公司或个人修建公路。① 可以看出,收费公路领域的争论反映了乡村居民多种复杂态度之间的斗争,更重要的是,在斗争中很多村民开始慢慢放弃原有的生活态度。随着商业公司的扩展,他们正在逐渐同原来的生活告别,开始进入市场活动,生活的变化直接影响了思想的转变,这些村民越来越具有竞争意识,他们面对商业公司,更多的是要求加入参与商业公司经营的行列。很多边远地区的农民和商人赞同一起推动建设运河和公路,反对海岸附近的种植园主运用政治权力抵制运河与公路。

种种迹象表明,进入19世纪以后,参与投资商业公司的并非仅是社会精英,还包括更多的普通人。根据《宾夕法尼亚州档案》中记载的交通公司投资者清单,有的公司账簿列出了580位股份持有人,购买了总计86 420美元的股票。据统计,超过2.3万宾夕法尼亚人在1800—1821年间在公路和收费桥梁上投资。这些投资人远远超越了富人的范畴。购买150美元或者更少的股份的股份持有人占所有股本的30%。在州南部的坎伯兰,当地农民和手工业者为当地的两条公路和一道桥梁提供了70%的资金,而费城的资本家实际上没有投资。② 实际上,费城的商人和资本家反而对乡村非盈利的投资很担心,因此通常只在服务于他们城市或者靠近城市的地区投资。富有的费城资本家约瑟夫·

---

① Jason M. Opal, "Enterprise and Emulation: The Moral Economy of Turnpikes in Early National New England," *Early American Studies*, Vol. 8, No. 3 (Fall, 2010), p. 639.
② John D. Majewski, *A House Dividing: Economic Development in Pennsylvania and Virginia before the Civil War* (New York: Cambridge University Press, 2000), pp. 12-36.

鲍尔（Joseph Ball）在 1823 年去世之前，共持有 484 股费城地区的银行股票，但是只持有 32 股交通公司的股份。①

在制造业领域，乡村居民对待商业公司的态度也有所转变。在乡村工业化进程中，制造业工厂与乡村居民的确存在冲突。如前文所述，在马萨诸塞的达德利与牛津，村民担心纺织厂的建立会破坏他们原本的生活。然而，随着地方工业化进程的加快，市场交换越来越频繁，社会经济发生转变，乡村居民开始依赖于商品市场。一些居民外出工作，改变了家庭生产的模式。而纺织厂作为一种经济组织，也开始吸引居民的关注，他们希望从纺织厂的税务和款项中获益，有时还投资地方制造业。②

从北方乡村居民对商业公司复杂多样的反应可以看出，相当一部分人并非游离于市场之外，也不是义无反顾、不假思索地投入市场，当然也有一些村民坚守自己的生活"圈子"，不愿让商业公司改变他们的经济生活。他们所有的态度抉择，都伴随着美国建国初期北方乡村社会正在发生的巨变，也深刻反映了这场社会变迁。

③ 乡村居民的价值取向与北方乡村的社会变迁

北方乡村居民在面对商业公司时所呈现出的"多种面孔"，折

---

① Emmett William Gans, *A Pennsylvania Pioneer Biographical Sketch, with Report of the Executive Committee of the Ball Estate Association* (Mansfield, Ohio: R.J. Ruhl, 1900), p.254.

② Jonathan Prude, "Town-Factory Conflicts in Antebellum Rural Massachusetts," in Hann and Prude, eds., *The Countryside in the Age of Capitalist Transformation*, pp.94-95.

射出美国建国初期乡村社会极为复杂的变迁过程。一部分乡村居民的生活并没有完全以市场为导向,依然保持相对独立的生活状态,他们自然排斥商业公司。还有一些村民被市场带来的收益吸引,希望能平等参与市场活动,他们反对被少数精英垄断特权的商业公司,支持合理分配利益的商业公司。值得注意的是,这些村民并非永久保持不变的立场,而是始终根据现实,结合他们的价值取向,不断衡量他们的抉择,并做出调整。有时,同一个村民甚至会呈现看似矛盾的两种面目,生活在马萨诸塞乡村的农场主威廉·曼宁(William Manning)就是这样的代表。

威廉·曼宁既是一位农场主,也是一位政论家。他从事过多种职业,曾断断续续开过小酒馆,也在战争中做过火药生意。在他家的记账本中,大部分交易都是物物交换。在曼宁所有的顾客中,有一位叫约瑟夫·奥斯古德(Joseph Osgood)的铁匠。奥斯古德最先出现在1753年曼宁家的账本首页上,他记了5英镑的账,给祖母买生活用品。在之后的25年中他定期出现在账本上。曼宁并没有要求他定期还债,而奥斯古德为了补偿他从曼宁那拿走的蜜糖、苹果酒、朗姆酒以及各种农产品,会为曼宁家的马上铁蹄,维修他们家的铁具,在农场上和他们一起工作。[①] 从曼宁的账簿记录可以看出,他保持传统的互助生产模式,贸易活动不遵守即时交易或守时交易的原则,在债务上也不要求债务方支付账单的利息,债务关系更多地体现出一种社会关系网络,而非商业关系。

[①] Merrill and Wilentz, *The Key of Liberty*, p. 12.

与此同时,曼宁也希望推动地方商业的发展,他愿意参与到有益于经济发展的项目中。马萨诸塞的比尔里卡发展一度停滞,曼宁为了推动地区经济发展,资助建立米德尔塞克斯运河,并为此抵押他的土地来筹钱。按照计划,运河的一部分线路需穿越曼宁的土地。在1794年12月,他与运河建立者签订合同,完成运河的34条排水管道的挖掘,并花费了238美元。在曼宁撰写的小册子《自由之匙》中,他还支持各州特许建立银行,帮助打破联邦党对信用的垄断。① 从曼宁的行动可以看出,一些村民愿意投入到推动商业发展的活动中,他们了解建立运河对于发展商业的益处,也认为这些活动有助于他们获得更多财富。

在美国建国初期北方乡村社会的变迁过程中,乡村居民对市场的抵触、疑虑、试探以及小心翼翼地参与这些复杂情绪,很大程度上取决于他们不同的生活环境与经济条件。有趣的是,无论他们在与市场接触过程中的态度有多少差异,他们似乎都对商业公司拥有特权表现出极大的忧虑与不满,认为拥有特权的商业公司会侵犯他们的权利。

在佛蒙特的吉尔福德,那些以家庭生产模式为主导的村民指责特权公司在侵犯公共利益。他们认为,政府在赋予收费公路公司特许时,给予了公司本属于公共的权力,而公司寻求的并非是公共利益,而是私人利益。因此特许状就侵犯了公共的准则,使少数人凌驾于多数人之上,进行不公正的施压。帕特尼的居民也认为,政府授权商业公司修建公路不会对公众产生有益的效果,

---

① Merrill and Wilentz, *The Key of Liberty*, pp.29-31.

只会满足个人的腰包。因此,公路公司的建立具有反共和倾向,在压制中下层人民,摧毁人民的自由和平等。①

同时,那些开始尝试进入市场的乡村居民也在批评拥有特权的商业公司。马萨诸塞的曼宁就对汉密尔顿的银行政策提出批评,认为政策只利于精英的个人利益。他提出,少数人与多数人应该拥有同等的权利,根据这样的原则,他主张扩大纸币发行,让内陆与沿海地区的多数人都能拥有相同的权利。他引用《权利宣言》,认为《权利宣言》已经对"权力在人民手中"提供了保障,"最贫穷的人"与富有的绅士拥有同样权利。如果宣言被违反,人民可以考虑"改革或改变他们的体制"。②

这些乡村居民之所以对享有特权的商业公司进行激烈批评,与他们长久以来形成的思想意识与价值取向密切相连。他们的财产观念,对劳动价值、自由与权力关系、美德与腐败的认知,以及对平等的追求都促使他们加入反对商业公司的浪潮。当然,这并不意味着北方所有乡村居民具有完全相同的思想意识与价值取向。不过,这些思想意识与价值取向都或多或少地被不同的乡村居民所表达。

首先,这些乡村居民都有强烈的捍卫财产权的观念。在乡村居民的世界中,土地才是可以确保农业和传统家庭形式的首要财产,是普通农民的基本生活保障,也为他们提供了"社会尊重和公民参与政治"的基础。因此,获得和保护土地及其产品是乡村居

---

① Jason M. Opal, "Enterprise and Emulation: The Moral Economy of Turnpikes in Early National New England," *Early American Studies*, Vol. 8, No. 3 (Fall, 2010), pp. 634 - 636.

② Merrill and Wilentz, *The Key of Liberty*, pp. 20, 37 - 38.

民参与经济活动和政治生活的目标。米歇尔-纪尧姆·让·德·克雷弗克(Michel Guillaume Jean de Crèvecœur)曾指出,"乡村居民民主呼声的核心是关注土地的所有权"。① 这点在那些排斥市场的居民中表现得尤为明显。新英格兰地区的农民长久以来有一种恐惧,就是担心他们成为"地主"的陪臣。这促使他们对一切威胁他们土地权利的行为做出反应。②

其次,在乡村居民的劳动价值体系中,劳动者是所有社会财富的创造者。美国早期的农民普遍认为,他们凭借勤劳工作谋生,有权拥有"劳动果实"。曼宁曾提到,对于他们来说,劳动是所有财富的"灵魂之父",他们不需要理论家阐述的劳动体系。可以看出,他们对自己劳动者的身份感到自豪,具有强烈的自尊心。在他们来看,那些并不依靠体力的少数社会精英反而是窃取他们劳动果实的人。曼宁以"劳动者"自居,敏锐地意识到"贵族"对劳动者的轻视。在他看来,那些少数的不工作的"贵族"包括大商人、教授、政府和司法官员,以及那些不需要做体力活而有收入的富人。他们不是资本家,而是"闲暇的少数人"。他们是"具有优越感"的人,"他们鄙视那些劳动者"。他强调,劳动才是社会财富与生产力的来源,并回击认为劳动是低级和可鄙的传统观念。类似曼宁这样的观点在当时并不是少数。在传统观念中,劳动者"增加上帝创造的物质价值"。农民"使种子变成市场上的小麦,

---

① Michel Guillaume Jean de Crèvecœur, *Letters from An American Farmer* (Philadelphia, 1793), pp. 20 – 21.
② Richard L. Bushman, "Massachusetts Farmers and the Revolution," in Richard M. Jellison, ed., *Society, Freedom and Conscience: The American Revolution in Virginia, Massachusetts, and New York* (New York: W. W. Norton Company, 1976), pp. 77 – 124.

使幼崽变成发育完全的牛"。屠户"将牛变成肉,制革工人将皮变成皮革,皮匠将它进一步加工成鞋子"。总之,"劳动"的收获应该属于那些工作的人,政府应确保"没有寄生虫能偷走它"。①

再次,在美国革命中,捍卫财产、尊重劳动的观念逐渐与反抗权力扩张、抵制腐败的斗争融合在一起。美国革命前,在各殖民地乡村农民眼中,英国王室成员、当地权贵和富有的投机商将农民置于"贵族权力"之下,"建构他们的权力体系",乡村居民面对"政治中央集权化、偏颇的立法和压制的财政政策",感到自身的权利正在受到侵犯,他们反对"集权",捍卫权利的话语与理念在美国革命中得到不断强化。在革命中,身份高低的界线被打破,投身支持美国革命的殖民地居民借助"权利话语"阐释革命的合法性;城市与乡村之间、地方与国际之间的界线开始变得模糊,争取自由、抵制权力压迫的思想遍及殖民地每一处。② 一方面,乡村居民相信,他们有权拥有土地、工具和其他财产,希望通过拥有财产,保持个人的独立性。③ 另一方面,关于权力与自由、美德与腐败、个人利益与公共利益等盎格鲁-美利坚的"乡村派思想"在18世纪后半叶被殖民地人民广泛接受。在这个意义上,一些乡村居民捍卫财产,保持个人独立的目标与国家独立的政治目标交织并结合在一起,这种思想意识在革命时期一直延续,并在建国初期根深蒂固。正如1780年马萨诸塞州宪法讨论中有人提到

---

① Larson, *The Market Revolution in America*, p. 108.
② Merrill and Wilentz, *The Key of Liberty*, pp. 16 - 17.
③ Alfred F. Young, "How Radical Was the American Revolution," in Alfred F. Young, ed., *Beyond the American Revolution*, pp. 319 - 320.

的,任何人都不应该拥有任何凌驾于其他人的权力。①

从18世纪末到19世纪初,在北方乡村居民中,警惕少数精英扩张权力的呼声从没有消失。曼宁曾把社会群体划分为少数人和多数人,他将少数人界定为富有的商人、投机者、有流动资本的人以及律师等群体,多数人则是普通劳动者。在所谓的"平衡"政府中,精英设计的政府结构代表财富,而不是"人民"。少数人的个人利益引导他们利用权力破坏"高尚的商业",危害民主政府,剥夺大多数人的权利。② 他们反对少数人的特权,并非因为他们相信大众的美德,而是由于他们对精英的美德缺乏信心。曼宁曾指出,自私可能是所有人的倾向,少数精英拥有的权力越多,他们就会贪图更多,少数人总是根据他们的财富和社会地位在政府发挥影响力,所有政府都要制约人类自私的天性。可见,少数人不公正地把持权力是曼宁最担忧的问题之一,他认为不公正的根源不是物质不平等。曼宁进一步分析说,因为人们与生俱来的身份、能力不同,所以即使在最好的政府管理下,总会有财富不平等。阶级分歧也不会因财富平等而被消除。问题的关键在于,大多数不劳动的人没遵守公正的限制,他们紧握个人利益,使有用的商业机构成为压制的工具。③ 从18世纪末到19世纪初,生产者普遍不信任"大资本家",认为"大资本家"主导的经济会引发萧

---

① Bettye Hobbs Pruitt, "Self-Sufficiency and the Agricultural Economy of Eighteenth-Century Massachusetts," *The William and Mary Quarterly*, Vol. 41, No. 3 (Jul., 1984), p. 363.
② Merrill and Wilentz, eds., *The Key of Liberty*, pp. 4 - 5.
③ 同上,第61页,第129页。

条和商业失败。①

在建国初期的很多乡村居民心中,共和思想仍然保持重要位置。与英国政治思想不同的是,美国的共和主义者将"自由"作为一个公正社会的巅峰,但同时也认为自由只有在公民生活相对平等的情况下才能够存在,他们的"美德"反映在独立和尊重公共利益上,他们避免"占有"土地或贸易行为带来"腐败"的依附,他们害怕也不愿权力"过头"。

在警惕权力的背后,这些乡村居民的最终目标则是追求平等。曾有乡村的反对者向宾夕法尼亚州议会提出,"巨大的财产不平等使乡村不能长久地保持自由。在共和国初期,富人的联合使他们掌握了更多的权力,这难道不是最危险的政策吗"?② 他们希望经济发展能带来更适度的繁荣,他们保护私人财产与个人权利,热爱平等,鄙视不平等,与少数拥有特权的精英展开对抗。③ 曼宁表示,所有自由的人都有能力参与政治生活。美国革命的目标是建立多数人的政治。在政府中,法律的制定和执行应该遵循大多数人的意志和利益,而不是少数人的。在以曼宁为代表的平民看来,建国初期的政治斗争仍然是穷人反对少数富人掌握权力的斗争。④

因此可以说,在捍卫财产与劳动价值观念,以及革命时期塑造的反对权力扩张、追求平等的思想意识共同作用下,北方乡村

---

① Freyer, *Producers Versus Capitalists*, p.37.
② Schocket, *Founding Corporate Power in Early National Philadelphia*, p.52.
③ Freyer, *Producers Versus Capitalists*, p.37.
④ Merrill and Wilentz, eds., *The Key of Liberty*, pp.4-5.

居民几乎都加入了反对商业公司的行列。根据这些准则,他们自然认为,拥有特权的商业公司正在威胁他们的权利。有来自乡村的反对者分析道,商业公司的资产"不属于乡村",它是"非个人的","其中没有道德纽带联结","永远不会消亡"。它正在"侵吞乡村的所有土地,带来一种新式贵族制"。① 1786年,马萨诸塞的评论者指责该州富人拥护"贵族原则",他希望"唤起我们吃苦耐劳和独立的精神,形成强有力、坚不可摧的自由链条"。② 对于一部分村民来说,他们并非完全排斥市场,而是希望按照他们自己的原则参与市场活动。他们主张修建公路,改善交通,促进商品流通,进而获得财富。佛蒙特的一些农民宣称,要拥有在法律原则下"获取财富的平等权利"。因此,镇民需要自己修建道路,获得村镇道路带来的益处,从普遍盛行的勤劳精神中获益。吉尔福德的居民也向支持公司的精英发起挑战,他们甚至要求社会精英免费协助修建属于他们自己的公路。请愿者将收费公路与奴隶制、暴政联系在一起,借此反对商业公司。还有一些村民希望银行对他们开放信贷。威廉·曼宁在18世纪末就曾主张,州政府要扩大银行信用,他为纸币辩护,认为州建立的银行打破了联邦党对信用的垄断。他清楚商业和赚钱对社会繁荣和个人幸福的重要意义,认为国家财富的根本来源是"国内生产力"。③

---

① Ronald P. Formisano, *The Transformation of Political Culture: Massachusetts Parties, 1790s–1840s* (New York: Oxford University Press, 1983), p. 273.
② Attleborough, "To the Yeomanry of Massachusetts," *Independent Chronicle*, Aug. 31, 1786.
③ Merrill and Wilentz, eds., *The Key of Liberty*, pp. 31–32.

事实上,的确如很多北方乡民所愿,19世纪30年代后,商业公司的特权逐渐失效。各州相继通过一般公司法,拥有特权的商业公司被在市场中平等竞争的公司取代。① 当然,推动商业公司"去特权化"的过程极为复杂,必然受经济、政治与社会文化环境变化的影响,北方乡村居民的反对在其中究竟发挥了多少作用,几乎无法判断。然而不可否认,北方乡村居民显然参与了推动商业公司"去特权化"的过程。在社会变迁过程中,这些乡民提出的诸如争取平等权利的主张在一定程度上得以实现。有人评论说,"去特权"的商业公司"特别能使拥有小额资产和有限商业知识的人获益",他们能集合他们的财产,"公平地、安全地与那些有技术的、富有的人竞争"。因此商业公司的发展也反映了共和国财富的"整体分配",使人们从事他们以前不能尝试的事。② 从这个意义上来说,这些乡村居民不仅是建国初期北方乡村社会变迁过程的参与者,而且是推动者。

长久以来,在关于美国建国初期北方乡村社会变迁的研究中,学者们更关注乡村居民的经济活动。他们往往从乡村居民的经济生活着眼探寻乡村社会变迁的过程。当然,不可否认,村民复杂、多样且不断变动的经济活动的确能够反映乡村社会深刻的变迁过程。然而在社会变迁过程中,村民的经济活动并不是孤立的,它与村民的思想意识、价值取向以及政治主张交织在一起,相

---

① 宾夕法尼亚州和康涅狄格州分别在1836年和1837年通过了一般公司法,其他各州也开始仿效。到了1859年,美国38个州和领地中有24个通过了一般公司法。引自韩铁《试论美国公司法向民主化和自由化方向的历史性演变》,载《美国研究》2003年第4期,第49—50页。

② William Soden Hastings, *Remarks Made in the Senate upon the Manufacturing Bill*, pp.5-7.

互作用。

  通过北方乡村居民对商业公司的复杂反应可以看出,他们面临经济上的各种复杂抉择。在社会变迁过程中,面对新的经济形态,他们表现出抵触、徘徊、试探或积极的心态。更重要的是,他们还根据自己的价值取向,抒发他们的政治主张。比如曼宁认为,政府应该平等对待穷人和富人,不能将国家的政治与经济活动限制在少数人范围内,要在大众参与的民主政治中保护自由。在他看来,民主包括了通过大众组织合法的政治行动监督富人权力。① 90 名想获得土地的弗吉尼亚人也发出心声,他们表示,"共和国真正的政策,应该包含依法辅助贫穷的人和需要帮助的人建立他们的家,使他们成为对社会有用的、有声誉的一分子"。② 总之,乡村居民提出了一系列反对权力扩张、争取权利平等的主张。从这个意义上可以说,这些乡村居民在社会变迁的过程中,不是被动的参与者,而是主动的推动者。

  实际上,很多乡村居民的政治主张在当时看来,是具有预见性的。比如,一些人认为商业市场不存在绝对的公正,反而表示市场也会被有权力的富人利益引导,而朝与公共利益相反的方向走。③ 再比如,在马萨诸塞的很多村民看来,乡村棉毛纺织厂的雇员在工厂工作,受工厂经理管理,从而丧失了独立性。雇员与雇主之间形成一种依附与被依附关系。由此棉毛纺织厂代表一

---

① Merrill and Wilentz, eds., *The Key of Liberty*, pp.130 - 132,138.
② 引自 Ruth Bogin, "Petitioning and the New Moral Economy of Post-Revolutionary America," *William and Mary Quarterly*, Vol.45, No.3 (Jul., 1988), p.405。
③ Merrill and Wilentz, eds., *The Key of Liberty*, pp.31 - 32.

种新的经济机制,这种机制有悖于公共美德。于是他们提出强烈抗议,指出纺织厂主变成了"贵族"和"君主",侵害了村镇的公共利益。另外,罗得岛报纸上还有人发表评论说,当纺织厂主"进入社区","除了暴君他们还是什么呢"?[①] 随着19世纪各州政府逐渐撤销商业公司的特权,开始承认公司的私有性质,经济领域中涌现了大量私有公司,构建了商业与工业交织的体系。在市场中,逐渐形成雇主和雇佣劳动者两个群体。雇主拥有财富并掌握着财富的支配权,雇佣劳动者依靠劳动所得的工资谋生。新经济秩序的建立使普通劳动者进入新的依附状态。可以说,在新的市场环境中的确出现了这些乡村居民担心的局面。

当然,在乡村社会变迁过程中,政治精英始终掌握着话语权与领导权,他们的思想与主张始终占据支配地位。笔者并非否认政治精英的重要角色。不过,通过北方乡村居民面对商业公司的话语与行动,可以看到在社会变迁时期经济、政治与村民思想意识上的多重互动,从而帮助我们更深入地理解美国建国初期乡村社会变迁的历程。

二 城市工匠与商业公司之间的冲突

18世纪末到19世纪初,随着地方商业资本的扩张与市场的

[①] Seth Luther, *An Address to the Working Men of New England* … (Boston, 1832), p. 24; Jonathan Prude, "Town-Factory Conflicts in Antebellum Rural Massachusetts," in Hann and Prude, eds., *The Countryside in the Age of Capitalist Transformation*, p. 87.

发展,美国工匠的生活发生巨变。① 这些工匠的身份、职业、立场与诉求皆有不同,他们面对的市场化困境各异。一些工匠拥有店铺,他们希望参与市场,开拓事业,却不被当时的精英信任,无法从银行获得贷款。② 与此同时,他们还面临与海外进口商品以及国内制造业工厂的竞争。③ 因此他们的事业可谓阻力重重。随着一部分工匠进入市场,工匠之间的关系也面临考验与变化。

---

① 工匠在英语世界中对应为 artisan、craftsman 以及 mechanic,这三个词经常在文献中交替使用。一直以来,学界对工匠的定义较为模糊。总体来看,对工匠的定义分为三种。有学者将工匠定义为不受雇于他人、凭借手艺谋生的群体。有学者则认为城市中所有的劳动群体都可称为工匠,从拥有店铺的独立手艺人到依靠技艺获得薪水的劳动者,再到学徒工以及契约仆都属于工匠群体。还有学者认为工匠是那些拥有技艺与工具,学徒期满后或拥有店铺或被店主雇佣的劳动者,他们不是学徒、契约仆或者奴隶,拥有独立身份与财产,也有别于无需依靠手艺与体力谋生的商人、律师和教授。尽管学界对于工匠的界定有差异,但是对于工匠的标准拥有基本的共识,即工匠是拥有一定的技艺与劳动工具的群体。工匠掌握技艺需要经历漫长而复杂的阶段,几乎所有的工匠都经历过学徒期,此后一些学徒成为能挣取工资的工匠,还有一些人则能拥有自己的店铺,成为师傅。综上所述,文中将工匠界定在拥有技艺的店铺主人、受雇于店主并拥有独立身份的劳动者以及学徒范畴内。参见 Charles S. Olton, *Artisans for Independence: Philadelphia Mechanics and the American Revolution* (N. Y.: Syracuse University Press, 1975), p. 7; Eric Foner, *Tom Paine and Revolutionary America* (New York: Oxford University Press, 1976), p. 28。
② 18 世纪末,美国人对于银行的了解来自英国。英格兰银行(Bank of England)从 1694 年建立开始,为国王提供了稳定的信贷服务,为英国的军队装备提供资金支持,推动帝国变得强大,与此同时,银行也使投资者获利。美国革命时期,为了缓解财政困境,亚历山大·汉密尔顿建议效仿英国,建立银行,并推动国会于 1781 年在费城特许建立北美银行。在 1793 年,费城建立了第一家州特许银行宾夕法尼亚银行。总的来说,美国建国初期,特许银行在经济上扮演两个重要角色。在个人层面上,银行向个人提供贷款。在更大范围和区域上,银行提供货币供给。当然,当时社会上有一些私人银行也能提供贷款,不过私人银行的运行缺乏必要的法律保障,由于没有得到州的特许状,私人银行发行的货币也不能用来支付税款。总之,特许银行是货币的最大贷方,它的借贷政策对地区、州甚至国家的货币供应都产生重要影响,它有义务向州提供借款。参见 Schocket, *Founding Corporate Power in Early National Philadelphia*, pp. 79 - 81。
③ 18 世纪末,在财政部长亚历山大·汉密尔顿的推动下,美国出现特许的制造业工厂。最初,制造业工厂分布在纺织和金属制造业中。各州政府都赋予了这些制造业工厂特权,比如减少税款、以低利率贷款给予它们专利权等。参见 Davis, *Essays in the Earlier History of American Corporations*, Vol. 2, pp. 277, 279 - 280, 283。

第四章　商业公司引发的社会冲突

身为雇主的工匠出现了双重身份,他们既是工匠,也是"商人"与"老板"。而身为雇员的工匠与学徒则变成工资劳动力。他们之间由原先的"合作"关系变成了纯粹的雇佣关系。雇员、学徒与雇主之间出现新的矛盾与冲突。另外,还有一部分工匠在市场中希望保持传统的工作坊模式,然而在市场环境越来越活跃的情况下,他们的事业不断受到排挤,面临沦为雇佣劳动力或失业的窘境。

很多美国历史学家聚焦于美国建国初期城市工匠的经历,考察了在马萨诸塞州的林恩、纽约、费城,新泽西州的纽瓦克以及巴尔的摩等地的工匠。[①] 关于美国建国初期工匠面对变动中的经济生活的态度与反应,美国学术界做过详尽深入的研究。约翰·康芒斯(John R. Commons)在文章《美国的制鞋匠(1648—1895)》中指出,工匠对不断扩展的市场之所以提出抗议,很大

---

① 代表性著作包括 Alan Dawley, *Class and Community: The Industrial Revolution in Lynn* (Cambridge: Harvard University Press, 1976); Paul G. Faler, *Mechanics and Manufacturers in the Early Industrial Revolution: Lynn, Massachusetts, 1780 - 1860* (Albany: State University of New York Press, 1981); Susan E. Hirsch, *Roots of the American Working Class: The Industrialization of Crafts in Newark, 1800 - 1860* (Philadelphia: University of Pennsylvania Press, 1978); Bruce Laurie, *Working People of Philadelphia, 1800 - 1850* (Philadelphia: Temple University Press, 1980); Ronald Schultz, *The Republic of Labor: Philadelphia Artisans and the Politics of Class, 1720 - 1830* (New York: Oxford University Press, 1993); Howard B. Rock, *Artisans of the New Republic: The Tradesmen of New York City in the Age of Jefferson* (New York: New York University Press, 1979); Steven J. Ross, *Workers on the Edge: Work, Leisure, and Politics in Industrializing Cincinnati, 1788 - 1890* (New York: Columbia University Press, 1985); Charles G. Steffen, *The Mechanics of Baltimore: Workers and Politics in the Age of Revolution, 1763 - 1812* (Urbana: University of Illinois Press, 1984); Sean Wilentz, *Chants Democratic: New York City and the Rise of the American Working Class, 1788 - 1850* (New York: Oxford University Press, 2004); Bruce Laurie, *Artisans into Workers: Labor in Nineteenth-Century America* (New York: Hill and Wang, 1989).

程度上是基于个人经济利益。① 在过去30年中,学界较为深入地探讨了工匠的社会身份与思想意识,并将其与工人阶级的形成与发展关联起来考察。学者们将工匠的价值取向与观念贴上了"共和主义"的标签,以此来解释他们对抗资本主义发展、反对将劳动力视为商品的思想意识。比如肖恩·威伦茨(Sean Wilentz)指出,市场革命不仅是对工匠生活标准的攻击,而且是对他们捍卫共和国理想的攻击。因此,在早期工业化时期,工匠的反抗与其说是因为狭隘的个人利益、下降的工作条件以及低工资,不如说是他们对受到伤害的共和价值观的反应。② 罗纳德·舒尔茨(Ronald Schultz)也认为,共和思想是工匠抵制小店铺衰落的主要思想来源之一。③

这些关于工匠共和主义思想的研究极具启发性,无疑深化了我们对身处18世纪到19世纪初美国资本主义进程的工匠的理解。然而,若将工匠的反应与话语置于资本主义进程的复杂局面中来考察,可以看出,他们的反应是复杂多变的,诉求也不尽相同。若将他们复杂多变的诉求与理念都贴上"共和主义"的标签,显然是对共和国初期复杂的经济与社会转型理解简单化了。实际上,在政治文化与社会经济的发展变化中,人们对共和主义的

---

① John R. Commons, "American Shoemakers, 1648 - 1895," in Commons, *Labor and Administration* (New York: The Macmillan Company, 1913), pp. 219 - 266. 康芒斯更多从物质因素对工匠行动做出解释,他在四卷本的《美国劳工史》中也提出过类似观点,另外提出相似观点的还有卡尔·布里登博(Carl Bridenbaugh)。参见 John R. Commons et al., *History of Labour in the United States* (New York: A. M. Kelley, 1966); Carl Bridenbaugh, *The Colonial Craftsman* (Chicago: University of Chicago Press, 1961).
② Wilentz, *Chants Democratic*, p. 58.
③ Ronald Schultz, *The Republic of Labor: Philadelphia Artisans and the Politics of Class, 1720 - 1830* (New York: Oxford University Press, 1993), pp. xi - xv.

理解更加复杂与充满不确定性。在本节中,笔者将通过梳理工匠面对商业公司的反应与诉求,分析其中蕴含的思想意识与价值取向,进而考察美国建国初期资本主义发展、社会变迁以及人们的思想意识之间的复杂关联。

① 工匠的遭遇与困境

工匠是城市中重要的社会群体之一。他们分布在建筑业、制衣业、皮革业、食品业、造船业以及金属锻造业等各领域。他们大都拥有些财产,虽然生活并不富足,但身份独立,多能维持生活,为子女提供教育。到18世纪末,随着政治文化的变动、地方市场发展与工匠数量不断增长,大多数工匠的生活发生了剧烈变动,面临多重复杂的困境。

费城工匠的生活变动就颇具代表性。从18世纪末到19世纪初,费城开始从商业城市转变为工业城市。很多原先从英国进口的商品逐渐在本土生产。在1808年底,《曙光报》列出城市中制造业工厂的名单。这份名单提到,在贸易禁运政策的推进下,费城有6家纺织厂、4家玻璃制造厂、3家化工厂、1家肥皂厂等工厂。[①] 此外,在19世纪初,费城还有数十家制革厂、家具制造厂以及金属制造厂。制造业的发展印证了费城的工业化转型。一位法国旅行者雅克-皮埃尔·布里索·德·瓦维尔(Jacques-Pierre Brissot de Warville)写道,"制造业工厂在城镇中崛起,工

---

① Schultz, *The Republic of Labor*, p.166.

业迅速发展,竞争逐渐激烈"。① 无论是商人,还是拥有店铺的工匠师傅,或是打工挣钱的工匠与学徒,他们都被卷入市场,成为这场"革命"的见证者与参与者。

随着市场扩大,生产规模也在不断变大,越来越多的工匠改变生产模式。在美国革命前相当长的一段时间里,大多数工匠都是独立的生产者,一部分拥有店铺的工匠、契约仆、学徒和一两个雇员一同在工作坊工作。工作坊通常离店主家很近,甚至就在店主家。工作坊的生产规模不大,除了订制品,主人和其他工匠也小批量生产一些商品。主人与其他工匠之间的关系较为亲密,他们还会教授学徒技艺与读写,使学徒成长为独立的工匠。②

18 世纪 70 年代,独立战争爆发,战争中出现物资紧缺,一批具有冒险精神的工匠寻求新的发展机会。他们走出工作间,走进商人的经济活动领域,试图掌控资源,参与进口、出口和批发商品。他们有野心,愿意参与竞争,将商人和工匠的身份结合,逐渐认同商人的利益诉求。还有一些工匠则成为大型工厂中的监工。③ 很多身为店主的工匠更倾向于采用灵活的劳动体系,以提高产量。18 世纪中后期以来,越来越多的海外移民以及乡村居民来到费城,劳动力资源逐渐丰富,身为店主的工匠雇佣更多身

---

① Jacques-Pierre Brissot de Warville, *New Travels in the United States of America: Performed in 1788* (London, 1792), p. 325.
② Bruce Laurie, *Working People of Philadelphia, 1800 – 1850*, p. 4.
③ Stuart M. Blumin, *The Emergence of the Middle Class: Social Experience in the American City, 1760 – 1900* (New York: Cambridge University Press, 1989), p. 71; Eric Foner, *Tom Paine and Revolutionary America*, pp. 41 – 42.

份自由的工匠充当劳动力。① 这些工匠逐渐放弃原先与其他工匠之间的相处模式,从把雇员和学徒当作子女一般的职责中脱离。② 为了获得更多利润,他们希望压低雇员工资,缩减开销,变成"工头"和"承包商"。普雷斯利·布莱基斯顿(Pressly Blackeston)是一名拥有店铺的费城鞋匠,在革命前,他有6名契约仆。在战争结束时,他的非自由劳动力从6名缩减到1名,他开始雇佣身份自由的工匠作为劳动力。根据城市档案,他把自己的职业类型从鞋匠改为了承包人。③ 生产模式的变化,使工匠内部逐渐出现了分化。店主、普通工匠与学徒的"共同体"被打破,店主与店铺中其他工匠的关系转向了纯粹的雇佣关系,分化为雇主与雇佣劳动者两个阶层。

对于身份与地位发生变化的工匠来说,他们各自面临多重、复杂的困境。在18世纪90年代,美国的政治与经济主要由一批精英和富有商人主导。虽然美国革命在一定程度上打破了传统的社会分层与等级制,但是在一些精英看来,革命中释放的自由与平等思想对于社会秩序是一种潜在的威胁,个人对自由与平等的追求容易演变成对权威的攻击,使随心所欲的"恶"合理化。④ 因此,一些政治精英主张扩大政府权力,防范"过度民主"。

---

① Sharon V. Salinger, "Artisans, Journeymen, and the Transformation of Labor in Late Eighteenth-Century Philadelphia," *The William and Mary Quarterly*, Vol. 40, No. 1 (Jan., 1983), pp. 66-68.
② Laurie, *Working People of Philadelphia, 1800-1850*, p. 5.
③ Sharon V. Salinger, *"To Serve Well and Faithfully": Labor and Indentured Servants in Pennsylvania, 1682-1800* (Cambridge University Press, 1987), p. 155.
④ W. J. Rorabaugh, "'I Thought I Should Liberate Myself from the Thraldom of Others', Apprentices, Masters, and the Revolution," in Young, ed., *Beyond the American Revolution*, p. 196.

在政治上，他们不信任普通民众，认为他们没有足够的学识与能力管理国家、参与政治；在经济上，他们更依赖于大商人，对工匠以及其他普通民众在经济上的需求置之不理。

在这种情况下，工匠拓展事业的阻力重重，其中商业公司的建立就是巨大的阻力之一。一方面，一些工匠的贷款需求得不到满足。工匠生产规模的扩大，促使他们购买更多原材料，这就增加了他们的成本，因此他们渴望获得贷款。然而他们申请贷款却存在障碍。当时理想的贷款来源是城市的商业银行。但是在18世纪80年代建立的北美银行并不贷款给工匠，只向大商人和富绅提供贷款。[①] 在1784—1813年间，费城的4家特许银行都被精英阶层控制，几乎只贷款给大商人和大制造业商，对工匠的贷款需求视而不见。[②] 1790—1820年，纽约州议会从公共基金中拿出27.3万美元借贷给制造业公司。不过州政府并不是向所有人提供贷款，而是只鼓励精英建立制造业公司。只有精英才能说服议员颁发特许状。[③] 另一方面，工匠还面临国内与海外市场的竞争压力。在制宪会议以后，汉密尔顿推行制造业计划，由政府支持一批特殊制造业项目。他的计划迎合了一部分制造业商的需要。在纽约、波士顿、费城、威尔明顿、巴尔的摩和里士满，城市商人开始促成大型工厂项目。尽管在18世纪末，大型制造业工厂还处于初步发展阶段，但是对于工匠来说，拥有特权的制造业工厂具

[①] *An Address to the Assembly of Pennsylvania, on the Abolition of the Bank of North America* (Philadelphia, 1785), p.5.
[②] Schocket, *Founding Corporate Power in Early National Philadelphia*, pp.88-90.
[③] Lawrence A. Peskin, "From Protection to Encouragement: Manufacturing and Mercantilism in New York City's Public Sphere, 1783-1795," *Journal of the Early Republic*, Vol.18, No.4 (Winter, 1998), p.614.

有潜在的威胁，会造成垄断，控制市场。① 1810年建立的"本土制造协会"（Home Manufacturing Society），是查尔斯·乔伊（Charles Joy）和"其他大资本持有人"建立的纺织工厂。州政府认为，工厂能"推动州内制造业发展，特别是利用美国生产的原材料，通过推动工业，更少依赖于外国，来增长福利和加强国力"，有利于社会的公共利益。这个制造业公司是在1790年到1819年间建立的193个商业公司之一。② 工匠深感自己被政府与银行无情抛弃。实际上，城市工匠面对的市场非常有限。18世纪末，从欧洲进口的商品价格低廉，能够满足很多普通家庭的日常所需。相比之下，城市工匠生产的商品并没有价格优势。③ 总之，工匠开拓市场的尝试在这种环境下举步维艰。

对于在店铺中打工的工匠和学徒来说，他们除了面对精英对他们诉求上的轻视，工匠内部关系的变化还使他们面临经济与身份上的危机。身为主人的工匠不断寻求降低成本，控制工资。雇佣工匠变成工资劳动力。这些雇员本希望通过技术获得一份能够养活自己的工作，但是当他们进入劳动雇佣关系后，发现身为雇主的工匠对于雇佣工匠的薪水有发言权。雇员没有固定的薪水标准，他们的收入不稳定，生活缺乏基本的保障。他们更没有独立的社会地位。比如，在身为雇主的家具制作工塞缪尔·阿什

---

① Lawrence A. Peskin, "How the Republicans Learned to Love Manufacturing: The First Parties and the 'New Economy'," *Journal of the Early Republic*, Vol. 22, No. 2 (Summer, 2002), p.239.

② Peskin, "From Protection to Encouragement: Manufacturing and Mercantilism in New York City's Public Sphere, 1783–1795," *Journal of the Early Republic*, Vol. 18, No. 4 (Winter, 1998), pp.614–615.

③ Foner, *Tom Paine and Revolutionary America*, p.32.

顿(Samuel Ashton)和雇员塞缪尔·戴维斯(Samuel Davis)的合同中,戴维斯每工作6天,会有25先令的固定收入。一年后,阿什顿就把塞缪尔·戴维斯的薪水降到每周20先令。① 在雇主拥有薪水决定权的情况下,相当一批工匠的薪水在下降,拥有的财产数量在不断减少,甚至面临失业。从18世纪80年代到90年代,费城鞋匠和裁缝的工资都在下降。而印刷工在18世纪下半期的工资一直处于停滞状态。② 学徒面临与身为雇员的工匠类似的困境。当雇主不再愿意为其提供劳动工具、衣物以及住所,他们与雇主之间仅存在契约关系,学徒便时刻面对雇主的盘剥。总之,雇员和学徒的工作极不稳定,他们随时面临被解雇的威胁,与雇主之间不断产生矛盾与冲突。

还有相当一批工匠没有开拓事业的野心,在市场化的环境中想要维持生计,他们同样需要面对新的问题。大多数工匠拥有的财产不多,最多能雇佣一到两个学徒,与学徒一同工作。他们需应付可能遭遇的各种疾病、意外以及原材料成本上涨。谋生的艰难使他们没有心力去开拓事业。在市场化的环境中,他们又遭遇残酷的竞争,不得不面对商人和其他工匠对他们事业的挤压,随时有沦为雇佣劳动力或失业的可能。因此,他们的抱怨声不断。③

可以看出,工匠师傅、普通工匠与学徒因为各自的立场、处境

---

① Salinger, "*To Serve Well and Faithfully*", pp.158-159.
② Sharon V. Salinger, "Artisans, Journeymen, and the Transformation of Labor in Late Eighteenth-Century Philadelphia," *The William and Mary Quarterly*, Vol.40, No.1 (Jan., 1983), p.69.
③ Schultz, *The Republic of Labor*, pp.6-7.

第四章　商业公司引发的社会冲突

与诉求差异，面临极为复杂多变的困境，不能一概而论。同时，由于工匠所处行业不同，在市场化环境中受到的冲击程度也有分别。在一些高度资本化的领域中，比如在造船和酿酒业，工匠实际上已成为"企业家"。在需要掌握高超技艺的行业中，比如钟表、仪器制造以及金银制造行业，工匠受到的市场化冲击相对较小。而在一些不需精细技艺的行业中，工匠受到的冲击最严重。比如，制衣行业当时已具有标准化生产的趋向，而一些小店铺和工作坊的生产成本过高，拥有小店铺的裁缝、鞋匠以及纺织工匠都无法同纺织工厂竞争，必然受到排挤。① 在各种困扰与危机中，工匠纷纷诉诸各种话语与行动展开反抗。

面对政府的不信任与资源分配不均，想拓展事业的工匠开始通过政治斗争争取权利。比如在纽约市，一位自封为"平等权利之友"的人写道，那些出身良好的人应该认识到城市的工匠与商人拥有平等的权利。他们与这个社区内的任何一部分同等重要。在波士顿，店主、身为雇员的工匠和学徒组成联盟，号召其他城市的工匠联合发起保护美国工匠权利的运动。② 他们还要求议会采取行动，控制原材料的成本。在1800年的总统竞选中，他们支持同情他们境遇的民主党，将选票投给民主党候选人托马斯·杰斐逊。

---

① Foner, *Tom Paine and Revolutionary America*, p.28.
② Alfred F. Young, "How Radical Was the American Revolution?" in Young, ed., *Beyond the American Revolution*, p.331.

② 共享的"共和主义"话语

当工匠面对商业公司带来的各种困境时,他们都借助共和主义话语表达激烈的不满和抗议。自美国革命以来,共和主义成为美国不同社会群体追寻的目标。在不同语境中,不同时期的各个社会群体恐怕对共和主义都有不同理解。不过,在共和主义复杂多变的内涵中,包含一些基本的要素,即反对腐败和奢侈,追求公共利益、美德、独立、平等与自由。① 尽管工匠的处境各不相同,对于共和主义基本要素的认知存在千差万别,但是当他们都遭遇了"特权"阶层对他们权利的侵犯时,他们的价值取向就出现"合流",相似的共和主义价值观念或多或少地被不同工匠所表达。

推动公共利益,追求独立、平等与自由,参与公共事务,这些都是共和主义的核心要素。这些理念无疑为工匠们提供了一剂良药。无论是拥有店铺的工匠,还是普通工匠和学徒,当他们在市场化环境中,面对精英对资源的分配不公时,都深感自己的权利受到威胁。同时,他们也都担心自己在经济上成为依附者,变成工资劳动者,甚至成为被救济对象。② 于是,他们纷纷诉诸推进公共利益、捍卫独立、平等与自由、参与公共事务的共和话语。

他们在各种公共活动中使用共和话语捍卫权利。这在游行活动中体现得尤为明显。比如在 1788 年费城庆祝宪法批准的游

---

① Wood, *The Creation of the American Republic*, p. v; Freeman, *Affairs of Honor*, p. 7.
② Gary B. Nash, "Artisans and Politics in Eighteenth-Century Philadelphia," in Margaret C. Jacob and James R. Jacob, eds., *The Origins of Anglo-American Radicalism* (London: Allen & Unwin, 1984), pp. 259 - 278.

行中,拥有店铺的师傅、普通工匠与学徒都走上了街头。陶工用马车带着各种杯子与碗,在一面旗帜上写着标语"陶工对他的泥土拥有权力",希望通过技艺使自己拥有独立的生活与身份。砖匠的标语则是"建筑与统治者都是我们双手的杰作"。① 这些工匠通过标语,展现了他们对于国家强盛和推动公共利益做出的贡献。②

此外,这些工匠在政治活动中汇聚起来,借助共和话语争取政治权利。在18世纪80年代,费城的一些皮革匠、印刷工和木工等组成工匠委员会,要求议会保护小生产者的权益。他们在报刊上发表文章,批评北美银行只满足少数富人的利益,指出自己为国家独立做出的贡献,认为建国之后他们被国家遗忘,提出在工作中他们应受到尊重。③ 1783年,费城工匠要求州议会出台限制英国商品的法令,遭到州议会拒绝后,他们展开一系列政治行动。同年10月,署名为"一名工匠兄弟"的人在一份政治提案中提醒工匠,在美国革命中,他们参军,为国家和共同体服务,做出了巨大牺牲,因此有权在众议院获得代表席位,然而这项权利他们至今没有获得。④ 在18世纪90年代,他们加入民主共和社团,

---

① Francis Hopkinson, *Account of the Grand Federal Procession Philadelphia, July 4, 1788: to Which is Added, a Letter on the Same Subject* (Philadelphia: M. Carey, Printer, 1788), pp. 5-7.
② Jeffrey L. Pasley, "The Cheese and the Words: Popular Political Culture and Participatory Democracy in the Early American Republic," in Jeffrey L. Pasley, Andrew W. Robertson, eds., *Beyond the Founders: New Approaches to the Political History of the Early American Republic* (The University of North Carolina Press, 2004), p. 44.
③ "A Hint to the Mechanics and Manufactures of the City and Liberties of Philadelphia," *Pennsylvania Packet*, June 28, 1783.
④ "To the Mechanicks of Philadelphia," *Independent Gazetteer*, October 11, 1783.

反对联邦党发展大型制造业的计划以及银行政策,批评投机者和证券经纪人,控诉那些利用工匠劳动获利的人。① 1801年,纽约州立法机关特许成立面包公司,为全城供应面包,并雇佣那些独立的烘焙师。这遭到纽约面包师傅的反对,他们认为面包公司垄断所有利润,使大部分面包行业的师傅沦为依附关系的工人,垄断者运用权力减少工资,这样,"我们现在产业中突出的独立精神,共和制中有价值的独立精神就会完全被消灭"。② 总之,在一定程度上,"共和话语"成为工匠共享的思想来源。

对于拥有店铺的师傅、普通工匠与学徒来说,他们之所以都诉诸推进公共利益的共和话语,是因为他们相信,他们生产的商品在满足人们日常所需的同时,也在为社区的利益服务。这恰恰与共和主义理念是一致的。一直以来,"工匠"是一个令他们骄傲的标签。他们以手艺人身份和共和国公民的身份为荣,并将两者联系起来。对于他们来说,劳动不仅是体力活,也并非单纯为了满足经济需求,更是富有道德与社会意义的行动。他们对于劳动的理解可以回溯到前工业时期。在工业化时代以前,工匠是重要的社会群体,他们拥有技艺,为地方居民的生活提供各种保障与服务。早在12世纪,英国和欧洲其他国家的工匠就宣称,他们的劳动创造出文明社会所需的无数物品。③ 可以说,他们的劳动是

---

① "Boston, May 7," *General Advertiser*, May 17, 1792.
② Howard B. Rock, *Artisans of the New Republic*, pp. 183‐197;"For This Gazette," *New-York Gazette and General Advertiser*, Nov. 24, 1801.
③ 参见 Antony Black, *Guilds and Civil Society in European Political Thought from the Twelfth Century to the Present* (Ithaca: Cornell University Press, 1984), pp. 1‐29; Mack Walker, *German Home Towns: Community, State, and General Estate, 1648‐1871* (Ithaca: Cornell University Press, 2014), pp. 34‐144。

地方生活的基础。

可见,工匠运用"推进社会共同福祉"的共和话语,与他们对自己的劳动价值判断密切相连。正因为工匠的劳动对于生活的深远意义,他们对自己的劳动价值充满自豪感。本杰明·富兰克林在谈到劳动的价值时表示,劳动是唯一衡量价值的方式,"国家的财富也由劳动量衡量"。[1] 工匠最重要的目标就是学到技艺,依靠他们的劳动生活,这不仅关系到他们的经济状况,而且决定了他们在社区中的地位。因此劳动的价值远远超过了金钱回报,涉及他们对于自己身份和地位的认知与期许,换句话说,他们希望通过劳动获得社会的肯定。[2] 在18世纪中期,穿戴皮围裙、运用技艺生产必需品的小店主是理性时代的化身。[3] 可以说,在18世纪中期,工匠将自己放在国家和社区生活的中心,相信他们的劳动是社区幸福的根本,是国家繁荣的关键。[4]

关于劳动价值的认知一直延续到美国建国初期,被大多数工匠接受。加里·B. 纳什(Gary B. Nash)写道,对于工匠来说,一个相互间的亲密关系是存在的,他们的工作有比这门手艺更深远

---

[1] Benjamin Franklin, "A Modest Enquiry into the Nature and Necessity of a Paper-Currency," in Leonard W. Labaree, et al., *The Papers of Benjamin Franklin* (New Haven: Yale University Press, 1959), Vol. 1, pp. 149 - 150.

[2] John Rule, "The Property of Skill in the Period of Manufacture," in Patrick Joyce, ed., *The Historical Meanings of Work* (Cambridge: Cambridge University Press, 1987), pp. 99 - 118.

[3] Paul A. Gilje, "Identity and Independence: The American Artisan, 1750 - 1850," in Howard B. Rock, Paul A. Gilje and Robert Asher, eds., *American Artisans: Crafting Social Identity, 1750 - 1850* (Baltimore: The John Hopkins University Press, 1995), p. xiii.

[4] Ronald Schultz, "Alternative Communities: American Artisans and the Evangelical Appeal, 1780 - 1830," in Howard B. Rock, Paul A. Gilje and Robert Asher, eds., *American Artisans*, p. 66.

的意义。这意味着一种职责,主人和雇主工匠都"相互服务,为共同体服务"。工作不仅是为了谋生,更有一种"对身份和共同体的承诺"。① 所以,在18世纪末,当政治精英表现出对工匠的轻视,认为只有精英与富人才能建立社会的真正根基时,工匠表现出强烈不满,他们提到,他们的技艺对于社会不可或缺,正是因为这样的技艺,他们同富人和精英一样也是社会的根基。② 威廉·杜安(William Duane)是费城著名的印刷商与政客,协助出版支持共和党的报刊《曙光报》。他思想激进,为工匠代言。他在19世纪初出版了一系列题为《公民与工匠的政治》的文章。杜安在文中也提到,劳动是促进共同体幸福的关键,而从事制造业的劳动者非常重要。③

此外,共和主义观念强调独立、平等、自由以及公共参与,这些内容都成为店铺师傅、普通工匠以及学徒捍卫自身权利的工具。一方面,这与工匠对自身形象的认知密不可分。在18世纪初,受古典共和主义影响的作家对工匠形象的塑造,无疑深化了工匠对身份的自豪感与信心,为他们借助共和理念捍卫权利提供了有力佐证。在这些作家笔下,鞋匠是自由、勇敢和独立的劳动人民。比如《加图信札》中写的,每个补鞋匠都能像政治家一样对

---

① Gary B. Nash, "Artisans and Politics in Eighteenth‐Century Philadelphia," in Margaret C. Jacob and James R. Jacob, eds., *The Origins of Anglo-American Radicalism*, pp. 259 – 278.
② John Rule, "The Property of Skill in the Period of Manufacture," in Patrick Joyce, ed., *The Historical Meanings of Work*, pp. 99 – 118.
③ William Duane, "Politics for Mechanics," in *Politics for American Farmers: Being a Series of Tracts, Exhibiting the Blessings of Free Government, as It is Administered in the United States, Compared with the Boasted Stupendous Fabric of British Monarchy* (Washington City, 1807), p. 82.

国家事务做出判断,他是国家事务合法的批评人。① 而奥利弗·戈德史密斯(Oliver Goldsmith)在《世界公民》中批评英国当权者压制民众声音,将自由的英国人变成"沉默的大多数"。他将修鞋匠视为"自由的化身",将他们塑造成哲学家、讲故事的人,甚至最终能成为受欢迎的政治家。② 这些作家的作品跨越大西洋,进入北美居民的视野中,深刻影响了普通人尤其是工匠的思想。古典共和思想中对于君主制和贵族制的批判得以延续,同时经过不断重塑产生了变异,在民众的视角下演变得越来越激进。工匠在日常生活中独立经营的状态与这些作品中独立自由的形象桴鼓相应,也正是因为这样的形象塑造,工匠独立自由的形象被赋予了政治意义,工匠成为政治抗争的重要力量。

另一方面,工匠共享的共和主义观念,也同革命时期工匠的政治经历息息相关。在美国革命中,工匠维护独立、平等与自由身份以及防范权力无限扩张的呼声融合在一起,推动了他们参加抵制英帝国殖民地政策的斗争。一些在波士顿、纽约、费城、巴尔的摩以及查尔斯顿的城市精英依靠工匠组成反叛军队。③ 在费城,工匠成为发动革命的主导力量之一,很快使革命变得越来越激进。在斗争中,他们不断受到殖民地精英的引导,产生了对英王扩大权力的恐惧,深感自己的自由受到威胁,唯恐沦为"依附

---

① John Trenchard and Thomas Gordon, *Cato's Letters* (London, 1723), Vol. 1, p. 88.
② Oliver Goldsmith, *The Citizen of the World: or, Letters from a Chinese Philosopher, Residing in London, to his Friends in the East* (Albany, 1794), pp. 251 - 252.
③ Paul A. Gilje, "Introduction. Identity and Independence: The American Artisan, 1750 - 1850," Howard B. Rock, Paul A. Gilje, and Robert Asher, eds., *American Artisans*, pp. xiii - xiv.

者"。在他们看来,自由不仅意味着政治上的独立,而且意味着享有私人领域的自由,可以根据自己的意愿生活与行动。可以说,他们对自由的界定是非常激进的。他们参加革命,不仅寻求美国独立,而且要重建小生产者的社区。在革命期间,激进派与工匠联合,起草了一份激进的州宪法。在这份州宪法中,他们设计了阻止权力无限扩张的多重机制,建立了与人民关系紧密的一院制议会,要求官员经常轮换。① 在某种程度上,美国革命成就了一部分工匠,比如包括银匠保罗·里维尔(Paul Revere)、鞋匠罗杰·舍曼以及铁匠纳撒内尔·格林(Nathanael Greene)等在内的一批工匠都进入了政治与军事管理者的队伍,要求平等的政治权利。②

美国革命后,工匠追求独立、自由与平等的思想进一步发酵。美国革命释放了挑战和否定社会权威的思想。当大多数美国人谈到平等时,他们表示平等是身份的平等和法律面前权利的平等,而不是财产或者收入的平等。美国革命的参与者、"自由之子"社团的重要成员托马斯·杨(Thomas Young)反对根据财产安排投票权,也不支持依据财富拥有量任命政府官员。他批评宾夕法尼亚的制度安排给予放荡者和腐败者垄断的权力。③ 无论是想要开拓事业的工匠,还是希望维持现状的工匠,抑或是那些受雇于他人、试图维护自身权益的工匠,在他们看来,所有独立的

---

① Theodore Thayer, *Pennsylvania Politics and the Growth of Democracy, 1740 – 1776* (Harrisbrug: Pennsylvania Historical and Museum Commission, 1953), pp. 186 - 196.
② W.J. Rorabaugh, "'I Thought I Should Liberate Myself from the Thraldom of Others', Apprentices, Masters, and the Revolution," in Alfred F. Young, ed., *Beyond the American Revolution*, pp. 194 - 195.
③ "For the Pennsylvania Packet," *Pennsylvania Packet*, April 22,1776.

公民都有权不受权贵干涉,享有合法的权利。

法国革命给工匠注入了一剂强心剂。他们庆祝法国革命的胜利,深受法国革命蕴含的反暴政、争取平等与自由理念感染。就在法国国王路易十六被处决数月后,工匠在酒馆中不断演绎法国国王被处决的情景剧。在每次演出的最后一幕,国王的头颅滚到草篮里,酒馆里都会迎来欢呼声。他们还将法国国徽缝在自己的衣服上,在街头巷尾谈论报刊上的法国革命报道。① 他们纷纷诉诸革命时期争取独立与平等的话语,寻求参与政治生活,发出政治声音,争取他们的政治与经济权利。对于工匠来说,他们更强调,社会平等应该是身份与权利的平等,政府应该制定保护他们身份与权利平等的法律,使他们拥有平等且实际的代表权。

可以说,工匠中间确实存在这些共同的价值取向与诉求。在建国初期,当店铺主人、普通工匠和学徒在市场化进程中都面对权力集中、商业公司享有特权、自身经济上缺乏扶持的情况时,他们对劳动价值的判断、对"公民"意识的认同,革命时期对独立、平等与自由的追求,以及法国革命的影响力融合起来,塑造了共享的共和话语。作为工匠利益的"代言人",杜安曾为工匠共享的共和话语寻找依据。他认为,革命时期的精英承诺美国将成为小生产者的共和国,能力与自我尊重是社会的基础。但是革命后,建国精英却背离了革命时期的承诺,在政治与经济领域涂上了浓厚的精英统治色彩。他提醒这些工匠,如果美国的小生产者允许商人资本家执行像英国一样的国策,这种承诺就不会实现。纸币、

---

① Benard Fay, *The Two Franklins: Fathers of American Democracy* (Boston: Little Brown Company, 1933), pp. 211 - 213.

商业化和银行体系使穷人成为富有阶层的奴隶。杜安认为,农民与城市工匠在生产进程中的重要位置赋予他们特殊的政治责任来管理和规范社会。如果他们忽视了自己的职责,就像英国的农民与工匠那样,就会被商人资本家统治,最终资本家主导的政策会形成一个阶级分化的国家。① 相同的命运使工匠们回溯到他们共同的政治经历与价值取向,塑造了他们的共和话语。然而,在共和主义话语背后,这些工匠还有更加复杂多样的目标与立场。

③ 市场化环境中的分歧

尽管工匠有相同的价值取向与思想意识,但是毕竟他们的处境与遭遇各不相同。在美国革命时期与革命后,当他们面对权力扩张时,诉诸相同的理念反抗"集权",参与政治斗争。不过,在18世纪末市场活动逐渐增多的环境中,他们对市场产生了复杂多样的态度,并引发了诸多分歧与矛盾,这种复杂多样的态度也体现在他们对商业公司的反应上。虽然他们都运用推进公共利益、平等与美德等共和话语,但这些话语蕴含的意义却不是单一的,而是多元化的。

在古典共和思想中,追求公共利益是核心话语之一。但对于公共利益与个人利益的关系,工匠中间却存在意见分歧。18世

---

① William Duane, "Politics for Mechanics," and "Politics for Farmers," in *Politics for American Farmers: Being a Series of Tracts, Exhibiting the Blessings of Free Government, as It is Administered in the United States, Compared with the Boasted Stupendous Fabric of British Monarchy*, pp. 14 – 15, 82, 92 – 94.

纪末,在工匠中,有一批雇员工匠和学徒相信,社会中存在超越个体的"公共利益",他们与社会上其他群体的劳动和工作都应以推进公共利益为目标,而个人利益的膨胀必然会伤害公共利益。在他们眼中,这份技能不仅能保证他们的独立身份,养活家庭,而且促使他们与社区之间有一种道德协约,推动地方社会的共同利益。①

在这些工匠看来,工作坊是工匠与学徒一起为国家的经济利益服务的和谐场所。在大型工厂兴起之前,在小店铺中,身为雇主的工匠与雇员以及学徒一起工作。在这些场所中,他们的工作是通过各种形式的合作完成的。他们的劳动没有高低贵贱之分,他们组成一个小型的共同体,个体都为共同的利益与幸福而工作。② 对于他们来说,在人们共同生活的社会中,每个人的权利与权力都需服务于公共利益,如果有悖于公共利益,就需用规则予以规范。③

这些工匠显然不认同商人追逐个人利益。在美国革命时期,在工匠看来,商人依靠工匠的劳动,获得财富。然而,工匠的劳动是整个共同体的"共同事业",所以从这个意义上来说,商人是在仰仗工匠为推进公共利益付出的劳动而攫取利润,这无疑有损公共利益。他们没有接受商人的自由主义理念,认为当个人的私欲超越了界限,就需依据公共利益来限制个人私欲。④ 51位马车制

---

① Ronald Schultz, "Alternative Communities: American Artisans and the Evangelical Appeal, 1780-1830," in Howard B. Rock, Paul A. Gilje and Robert Asher, eds., *American Artisans*, p.67.
② [August; John Nixon; John Wilcocks], *Pennsylvania Packet*, September 10,1779.
③ 同上注。
④ 同上注。

造者将自己定位为工匠,他们将他们的诉求与"保护平等权利、鼓励企业和辛勤工作"联系起来,害怕传统的生产模式被打破。他们提到,"我们作为马车行业中的工匠,希望有朝一日能够依靠我们的劳动,收获利润。如今,我们拱手让给其他人。我们认为商业公司压垮了所有可行的企业,迫使我们为他人服务"。他们还表示,"商业公司将资源置于那些没有经验的资本家手中,从我们这里获得利润。而这些利润是我们花费了很多年的劳动才获得的,我们才应该享有特权"。[1]

18世纪末,很多工匠并没有做好参与市场活动的准备。他们最重要的目标是掌握一门技艺,维持生计,保持经济独立。而大商人以及大企业主积累资本的野心必然会对他们的独立构成威胁。在他们看来,为了维持独立,就需要拥有一定数量的私有财产,而私有财产包括他们的金钱、技能与工具,身为店主的工匠的财产还包括他们的店铺和顾客。对大多数工匠来说,他们若能拥有一定数量的财产,就可以维持独立身份和相对舒适的生活,在社会中占据中等地位,可以说,财产是维持独立的基础。因此,他们格外珍视自己的私有财产。同时,他们认为,只有劳动所得才是合法的财产。正如费城几位激进派与工匠组成的13人委员会所言,工匠付出了劳动,作为回报,他应该拥有所生产商品的所有权。[2] 他们不像投身市场活动的商人那样,将劳动看作积累财富的要素,否认劳动力是商品。总之,他们将劳动看作"个人财富

---

[1] "Remonstrance of George W. Cushing & Others," Oscar and Mary Handlin, *Commonwealth*, p. 266.

[2] [August; John Nixon; John Wilcocks], *Pennsylvania Packet*, Sept. 10, 1779.

的一种形式",使他们能在社会中拥有独立地位。①

不过,对于想拓展事业的工匠,他们却颠覆了个人利益与公共利益存在冲突的认知。在很多工匠看来,他们在市场中自由竞争,追求利润,就能够推进公共利益。然而,商业公司的出现却使他们丧失了获得更多利润的机会。当马萨诸塞要颁发特许状建立"阿默斯特马车运输公司"(Amherst Carriage Company)时,遭到小业主的强烈反对。波士顿、坎布里奇、东布里奇沃特、塞勒姆的反对者纷纷要求议会拒绝这个公司的申请。他们强调这个公司会对个人企业造成威胁。公司的建立会"颠覆平等的权利"。只有在"个人企业不能完成的公共事业中",并且需要大量资金的情况下,才能建立这样的公司。如果不遵循这样的原则,建立商业公司,那么公司"就是罪恶的","因为他们试图垄断"。他们表示,个人"能与个人的技术、冒险精神与资源竞争,但是不能与商业公司的财富与权力竞争"。通过特权的优势"来低价竞争",商业公司能"压垮小企业,完全控制市场"。② 可以说,一些工匠对于追逐个人利益充满疑虑,而旨在拓展事业的工匠却相信,追求个人利益与推进公共利益存在一致性。

古典共和主义的一条核心原则就是平等。在古典共和主义思想中,财产平等是共和政府的基础之一。因为一切权力都要追溯到财产,只有财产被平等分配,政治权力才会随之分配。尽管

---

① Paul A. Gilje, "Identity and Independence: The American Artisan, 1750 – 1850," in Howard B. Rock, Paul A. Gilje, and Robert Asher, eds., *American Artisans*, p. xv.
② 引自 "Incorporating the Republic: The Corporation in Antebellum Political Culture," *Harvard Law Review*, Vol. 102, No. 8 (Jan., 1989), pp. 1900 – 1901.

美国革命时期及建国初期，大多数人已经不再指望财产平等，但仍有一些人抱有财产平等的愿望。诺厄·韦伯斯特（Noah Webster）在18世纪80年代曾表示，"财产的平等……是共和国的灵魂"。① 马萨诸塞的约翰·韦尔顿（John Welton）上尉认为，在民主体系中，"平等分配财富是必须的"。② 在宾夕法尼亚州，有人提出，"共和国或者自由政府，只能在拥有美德的人管理下，或者财富平等分割的情况下存在。在这样的政府中，人民拥有主权，他们的意见是公共政策的关键"。③ 而在革命一代的一些人看来，经济上的不平等会使共和政府的稳定受到威胁。一些激进的工匠接受了财产平等的理念，他们批评身为主人的工匠，提出财富平等的要求。④

不过，对于大多数人来说，"平等"更多是一种理想状态的表达。在18世纪的欧洲，"平等"首先是一种"抗议的理想"。实际上，那些诉诸"平等"话语的人并没有奢想一种完全平均的状态。他们只是需要借助"平等"的理想来对抗现实生活中的不平等。⑤ "平等"确实为工匠提供了对抗特权与权力扩张的有力武器。正如前文所言，在面对政治精英对工匠政治与经济权利的侵

---

① Noah Webster, "An Examination into the Leading Principles of the Federal Constitution," in Paul Leicester Ford, ed., *Pamphlets on the Constitution of the United States 1787-1788* (Brooklyn, 1888), p.59.
② "Wednesday May 30," *Middlesex Gazette*, Connecticut, June 18, 1787.
③ "Letters of Centinel, No.1," Oct. 5, 1787, in Herbert J. Storing, ed., *The Complete Anti-Federalist* (Chicago: University of Chicago Press, 1981), Vol.2, p.139.
④ Adrew Shankman, *Crucible of American Democracy: The Struggle to Fuse Egalitarianism & Capitalism in Jeffersonian Pennsylvania* (Laurence: University Press of Kansas, 2004), p.42.
⑤ Sanford A. Lakoff, *Equality in Political Philosophy* (Cambridge: Harvard University Press, 1964), pp.89-90, 100, 113.

犯时，这些工匠对于权利"平等"的诉求是一致的。然而，当这些工匠面对不同的困境时，他们对"平等"的诉求就出现了差异。

从 18 世纪末，平等对于很多工匠来说，并非是财富的"平均化"，也不仅是身份与政治权利的平等。他们更强调追求经济利益机会的平等。到 18 世纪 80 和 90 年代，大批工匠拥护自由市场，反对传统的价格控制，支持建立银行，获得信贷。当费城的特许银行将工匠拒之门外时，他们激烈批评政府在制造政治与经济权利上的不平等。而在 19 世纪初，据 5 家费城银行超过 700 个投资人的资料表明，虽然商人和金融家仍然占据了银行一半以上的资本，但是，更多工匠和零售商占据投资人总数的 63%，拥有的股票份额占了总数的 40%。木工、食品杂货商、运货马车车夫、制帽人、旅店老板和裁缝这些财富和社会威望的"绝缘体"占了抽样投资人总数的 20%。[1] 可以看出，工匠们正在坦然接受社会经济的发展。杜安曾表示，"实业的重要性以及利益对于所有勤奋工作的人来说都是相同的"。[2] 历史学家威廉·保罗·亚当斯(William Paul Adams)提到，时人的要求不仅是"每个人在法律面前平等或者在政府中能平等发声，而且是每个人平等分享共同的事业"，他们相信，通过政府的分配机制，他们在政治领域与

---

[1] *Kite's Philadelphia Directory for 1814: Containing the Names, Professions, and Residence of Heads of Families and Persons in Business in the City and Suburbs, with other Useful Information* (Philadelphia: B. T. Kite, 1814); John Majewski, "Toward a Social History of the Corporation: Shareholding in Pennsylvania, 1800–1840," in Cathy Matson, ed., *The Economy of Early America*, p.316.

[2] William Duane, "Politics for Mechanics," in *Politics for American Farmers: Being a Series of Tracts, Exhibiting the Blessings of Free Government, as It is Administered in the United States, Compared with the Boasted Stupendous Fabric of British Monarchy*, p.81.

市场环境中都能拥有平等的权利。① 在工匠看来,在这种经济环境中最重要的就是争取平等的机会。只有在自由的市场环境中,鼓励个人的冒险经营活动,才能解决社会中的不平等问题。

在18世纪末,越来越多参与到市场活动中的工匠已经开始抛弃"古典共和主义"的理念了。从18世纪70到80年代,随着独立战争中出现物资紧缺,以及城市与现代金融制度的发展,一批具有冒险精神的工匠开始寻求新的发展机会。他们走出工作间,走进商人的经济活动领域,试图掌控原材料的资源,参与进口、出口和批发商品。他们拥有更大的野心,强调自律,愿意参与竞争,将商人和工匠的功能结合,逐渐认同大商人的利益诉求,试图融入资本主义发展的进程。还有一些则成为大型工厂中的监工或充当协调他人工作的角色。②

工匠的行为趋于商业化,使他们更不能容忍商业公司拥有的特权以及对他们的排挤,他们与商业公司之间的各种冲突越来越普遍。实际上,工匠的商业化活动,意味着这些工匠与持有"古典共和"理念工匠之间的决裂。对他们而言,追求平等、独立以及推进公共利益有着不同的意味。

随着工匠越来越多地参与市场活动,传统的"共同体"理念正在消逝。商业与贸易的发展推动了专业化,雇主与雇员之间的关

---

① William Paul Adams, *The First American Constitutions: Republican Ideology and the Making of the State Constitutions in the Revolutionary Era* (Chapel Hill: University of North Carolina Press, 1980), p.188.

② Stuart M. Blumin, *The Emergence of the Middle Class: Social Experience in the American City, 1760-1900* (New York: Cambridge University Press, 1989), p.71; Foner, *Tom Paine and Revolutionary America*, p.42.

系更加职业化与契约化,他们之间出现了更细致的劳动分工。以往工匠之间更加亲密的相互协作关系逐渐被商业化的制度所取代,雇主与雇员之间不再是"家庭成员"式的关系。工匠们寻求成为生产者兼商人,开拓市场,竞争使他们没有选择,他们需要从大批量生产和降低劳动力成本中获利。① 劳动关系上的"去情感化"和"去私人化",意味着这些工匠对于"共同体"的理解出现了变化。

值得注意的是,在联邦诉普林斯案②中,身为雇员的工匠并没有诉诸"古典共和"理念为自己辩护。相反,他们希望遵循市场活动的准则。在他们看来,雇主降低雇员工资,依靠雇员"双手劳动而生活",成为他们"劳动力的零售商",这种不平等的关系是不民主、不公正的,因为这阻止了劳动者"获得对我们家庭的公正支持"的权利。③ 为雇员辩护的西泽·A. 罗德尼(Caesar A. Rodney)和沃尔特·富兰克林(Walter Franklin)指出,解决目前不平等关系的方案就是需要一个资本与劳动力自由的市场。④ 自由的市场能提供所有人所需,也能够提供充足的机会,在这样的市场中,所有的工匠能根据市场安排他的商品。只有每个人依靠他的劳动和他能雇佣的劳动,市场"才能正确规范这些

---

① Larson, *The Market Revolution in America*, p. 88-89.
② 1805年秋,费城一些身为雇主的鞋匠降低雇员的工资,遭到身为雇员的鞋匠反击。这些雇员要求提高工资,在遭到雇主拒绝后,持续了长达六个月的罢工。1806年,雇主向法院提出诉讼。参见 John R. Commons, eds., *A Documentary History of American Industrial Society*, New York, Russell & Russell, 1958, Vol. 3, pp. 86-87, 100-101。
③ Commons, eds., *A Documentary History of American Industrial Society*, Vol. 3, pp. 121, 123-124.
④ Christopher L. Tomlins, *Law, Labor, and Ideology in the Early American Republic* (Cambridge: Cambridge University Press, 1993), pp. 128-139.

事务",费城劳动力的斗争也能够结束。罗德尼宣称,要让劳动者像呼吸空气那样自由询问工资。针对他们的工作价值给出相应的工资,市场足可以准确规范这些事务。可以看出,雇员的要求就是根据市场来为自己的劳动制定价目表。[①] 通过这些雇员的态度可以说明,他们已经将劳动力视为市场中的"商品",他们话语中的"平等"意味着在公正的市场环境中获得平等的机会。

建国初期,工匠面对商业公司时,他们提出对独立、平等、美德与公共利益等概念的多元化理解,展现出他们的"共和主义"理念极为多变。政治上要求平等、相信社会存在共同福祉与推崇商业与市场扩张、争取个人利益,这些理念在当时交织共存。思想的混合使很多概念呈现出多元化的界定。从 18 世纪末到 19 世纪初,工匠之间在共享一些观念的同时,也充满观念上的分歧与碰撞。当商业公司的特权威胁到工匠的权利与自由时,他们都充满对"工匠"身份的自豪感,都在争取政治平等与权利,将自己视为"人民"的代表,对抗"特权阶层"。而当面对市场化的经济环境时,他们却对平等以及私人利益与公共利益的关系产生不同理解。虽然他们都借助共和话语表达针对自身境遇的诉求,但是对于一些工匠来说,共和主义更像是他们服务于公共利益、追求社会身份与政治权利平等状态的基石,而对于那些积极参与市场竞争的工匠来说,共和主义则被用来解释他们创业以及追求商业化的野心。可以说,这些工匠并不能被视为单一整体,工匠角色内部存在多重的价值取向。在这些工匠身上,诸如珍视劳动的价

---

① Commons, eds., *A Documentary History of American Industrial Society*, Vol.3, p.180.

值、追求财富、机会与权利平等、追求个人利益以及为"共同体"服务等看似相互矛盾的理念并存。

在市场化的经济环境中,工匠的忧虑、困惑以及勇气构成了一幅复杂的图景。尽管这些工匠都借助共和主义话语捍卫自己的权利,但透过他们对共和主义内涵多元化的理解可以看出,一方面,人们对共和主义的界定在不断变化,另一方面,人们对共和主义的理解趋于多元,工匠的思想似乎无法用单一的共和主义做出解释。那么工匠复杂多元的思想意识意味着什么?

④ **思想意识的多元化与早期资本主义的发展**

工匠面对商业公司复杂多样的价值取向,展现了美国建国初期资本主义发展的复杂性。政治精英在经济活动中对普通人的种种排斥,使价值取向并不完全一致的工匠成为并肩作战的"伙伴",对抗"特权"与不平等。在某种意义上,他们的行动使他们成为资本主义自由化发展进程中的推进者。而随着市场活动的"去特权化",一部分工匠身兼"商人"与"老板"数职,他们与身为雇员的工匠之间的裂痕越来越大,进一步加剧了工匠团体的分化。

正因为工匠在反"特权"与不平等过程中相同的诉求,他们汇聚起来,展开一系列行动。在18世纪末,由于轻视工匠、支持精英的政策多由联邦党提出,而费城的民主共和党领袖詹姆斯·哈钦森(Dr. James Hutchinson)和亚历山大·詹姆斯·达拉斯(Alexander James Dallas)努力塑造代表城市工匠利益的形象,所以费城工匠的矛头主要对准了联邦党。① 民主社团成为他们重要的抗议组织。根据保存下来的材料,已经无法看出这些社团成员中分别有多少店主和雇员工匠,但是可以确定,在 217 位社团成员中,共有 74 位工匠。可以说,这个社团是费城工匠参与政治生活的重要方式。该社团提出,宾夕法尼亚的人民是一个不可分割的整体,他们的政治权利、利益在一定程度上永远一致。社团批评费城的联邦党人自私和傲慢。② 布莱尔·麦克莱纳根在工匠圈是受欢迎的人物,他在 1794 年被选举为民主社团(Democratic Society)的主席。在他当选后,进一步将协会与城市工匠联系起来。1794 年 5 月 8 日,他联合 300 位雇员工匠在州议会抗议联邦党主导国会通过的消费税。③

工匠的行动究竟产生了多大的影响,几乎难以判断。不过 19 世纪初,宾夕法尼亚议会确实颁布法令,建立了为农民与工匠提供贷款的银行。其中,农民与工匠银行的特许状规定,大部分董事会成员需是农民或是工匠。此后,在 1812—1813 年,议会特许建立了 25 家银行。④ 与此同时,商业公司拥有的特权松动,特权不被看作"永恒和绝对的"。不仅商业公司的反对者认为特权会伤害公共利益,而且很多法官也相信,拥有特权的商业公司并

---

① Roland M. Baumann, "John Swanwick: Spokesman for 'Merchant Republicanism' in Philadelphia, 1790-1798," *The Pennsylvania Magazine of History and Biography*, Vol. 97, No. 2 (April, 1973), p. 149.

② *Principles, Articles, and Regulations, Agreed upon by the Members of the Democratic Society in Philadelphia* (Philadelphia, 1793), p. 5.

③ Roland M. Baumann, "Philadelphia's Manufacturers and the Excise Taxes of 1794: The Forging of the Jeffersonian Coalition," *Pennsylvania Magazine of History and Biography*, Vol. 106, No. 1 (Jan., 1982), pp. 16-17.

④ Schocket, *Founding Corporate Power in Early National Philadelphia*, p. 90.

不一定有益于公共利益。在1830年,宾夕法尼亚州政府规定,只有认定公司从事的是一项公共事业时,才能授予公司特权。① 可见,在美国建国初期,"精英统治"的色彩在资本主义的发展进程中被冲淡了,"去特权化"和自由化的趋势越来越明显。

当然,推动商业公司"去特权化"的过程极为复杂,必然受经济、政治与社会文化环境变化的影响。然而不可否认,工匠显然参与了推动商业公司"去特权化"的过程。很多学者都提出,美国建国初期自由资本主义的精神,是从美国革命的思想意识与政治经历中孕育出来的。② 革命释放的自由、独立与平等理念以及政治参与的热情,的确在资本主义自由化进程中占据不可忽视的地位。工匠作为革命的参与者以及自由、独立与平等理念的传播者,他们提出的诸如争取平等权利的主张在一定程度上得以实现。从这个意义上来说,工匠不仅是资本主义自由化发展过程中的参与者,而且成为众多推进资本主义自由化的社会群体中的一员。

然而,工匠参与"反特权"的活动,似乎只是他们参与美国早期资本主义发展进程的一个面向,并不是故事的全部。实际上,工匠内部存在多种理念,他们对平等、美德以及个人利益与公共利益关系有多元化的理解。自由资本主义的发展又进一步推动着工匠价值取向的多元化。促成人们价值取向与思想意识多元化与复杂化的因素非常复杂。政治生活的变动、社会环境以及个

---

① Hartz, *Economic Policy and Democratic Thought*, p.72.
② 参见 Joyce Appleby, *Inheriting the Revolution: The First Generation of Americans* (Cambridge: Harvard University Press, 2000), pp.5 - 6; Wood, *The Radicalism of the American Revolution*, pp.3 - 8。

人生活轨迹的变化都会影响他们的思想。不过,市场活动的增多无疑推进了人们价值取向的多样化。在美国建国初期,经济市场化的过程中,工匠内部逐渐出现分化。一些工匠提出,他们需要在市场环境中得到平等的机会,合理获取个人利益并不会损害公共利益。还有一些工匠仍相信,追逐个人利益必有损于公共利益。随着市场活动的增多,相信个人利益与公共利益存在一致性的观念逐渐占据主流。

实际上,那些相信追求个人利益能够推动公共利益的工匠,他们已经接受了新的"游戏规则"。他们将劳动力视为"在自由资本主义经济中可以被出售的商品",寻求控制劳动力的新方法,追求更高的工资与更好的工作条件。[1] 在18世纪末,越来越多的人参与市场竞争。亚当·斯密的经济体系开始被人们所认同。斯密将市场环境看作一个"完美的自由与公正的自然体系",自然体系追求的是自由与平等。他不否认市场会给个人施加压力,但是他认为这种压力比借助政治权威施加的压力更加合法和公正。市场经济不仅公正,而且是"民主"的,因为它代表了所有消费者和生产者的判断。如果按照它自身的规则,经济社会必然会导向公正和平等。[2] 1779年后,激进的托马斯·潘恩(Thomas Paine)支持斯密的经济理论。他认为,劳动力或是商品,都应该放在一个自我规范的市场中,由市场决定它们的价值,人们可以在市场

---

[1] Eric Hobsbawm, *Labouring Men: Studies in the History of Labour* (New York: Basic Books, 1964), p.345.
[2] Adams Smith, *An Inquiry into the Nature and Causes of the Wealth of Nations* (New York: The Modern Liberty, 1937), p.572; Sheldon S. Wolin, *Politics and Vision: Continuity and Innovation in Western Political Thought* (Princeton: Princeton University Press, 2004), p.280.

中自由地讨价还价。他批评通过立法限制劳动者工资的行为,认为对价格的控制是无效的。① 约瑟夫·T. 白金汉(Joseph T. Buckingham)是19世纪初波士顿的一位印刷商、编辑。他在波士顿最重要的工匠组织——马萨诸塞慈善技工联合会担任要职。他也设想了一个自我规范的市场,他强调市场需自我管理与控制,同时反对不公平竞争,更反对不规范的市场活动与特权。②

可以说,工匠对于个人利益与公共利益存在一致性的看法,是建国初期相当一批人思想的缩影。白金汉在马萨诸塞慈善技工联合会庆祝活动上发表演说,他对市场经济的潜在动力充满信心。他提到,在一个财富总量快速增长的社会中,所有人在理论上都能提升自己。利己才能刺激各阶层与职业的人。从某种意义上,利己与社会的共同福祉是一致的,保持"公共精神"并不比追求私利更能服务于公共利益。每个人或多或少都是自私的,在追求私利的行动中,个人和公众若能够受益,他们的行动就可以被称为是无私的。因此,从这个意义上来说,服务于整体利益的利己主义与"公共精神"没有差别。白金汉反对经济上的平均派,指出财富或者收入的平均化会不可避免地导致懒惰和堕落。③

这种观点无疑对"古典共和"理念中美德的概念提出挑战。在秉持"古典共和"理念的人看来,美德是指能够为推进社会共同

---

① Philip S. Foner, ed., *The Complete Writings of Thomas Paine* (New York: The Citadel Press, 1945), Vol. 1, p. 439.
② Joseph T. Buckingham, *An Address Delivered Before the Massachusetts Charitable Mechanic Association at the Celebration of the Eighth Triennial Festival*, October 7, 1830 (Boston: Printed for the Association, 1830), pp. 18-19.
③ 同上,第5—10页。

福祉牺牲个人利益的品德。古典共和主义的信徒对资本主义的发展与社会的商业化趋势颇为不满。他们反对富人的生活方式，认为满足个人私欲、追求奢侈和腐败，都是败坏美德的行为，与共和精神相悖。① 理查德·亨利·李（Richard Henry Lee）也指责"贪婪、强夺以及赚取财富"的恶魔已经吞噬了社会"所有阶层"，原先在"腐败"的英国和"拥有美德"的美国之间的道德界限正在消失。②

而在越来越市场化的环境中，对于积极投身市场活动的人来说，拥有美德则体现在个人的勤奋、努力工作与不屈不挠的精神上。缺乏美德更意味着个人在事业与生活上的懒散。白金汉提到，美德不再具有最初的内涵。人们努力工作，依靠体力或者智识谋生，能够增加社会整体财富，也体现了个人的美德。③ 潘恩提到，拥有美德不代表对商业嗤之以鼻。他在1777年和1778年分别撰文表示，发展自由贸易，推进商业与追求美德并不矛盾。④

尽管有一些工匠仍反对私欲，强调个人服务于共同体的公共精神，但市场活动的增多与生产规模的扩大是一个不争的事实，而这样的市场环境本身就对保持公共美德等古典共和主义理念构成挑战。而且，在18世纪末的费城，越来越多参与到市场活动中的工匠已经开始抛弃古典共和主义的理念。对他们而言，追求

---

① Wood, *The Creation of the American Republic*, pp. 68 – 69.
② "To George Mason, June 9, 1779," in James C. Ballage, ed., *The Letters of Richard Henry Lee* (New York: The MacMillan Company, 1914), Vol. 2, p. 65.
③ Buckingham, *An Address Delivered Before the Massachusetts Charitable Mechanic Association at the Celebration of the Eighth Triennial Festival*, October 7, pp. 18 – 19.
④ Philip S. Foner, ed., *The Complete Writings of Thomas Paine*, Vol. 1, p. 400.

平等、独立以及推进公共利益有着不同的意味。将劳动力视为商品，争取机会平等、否认商业活动有损美德以及对个人利益的追逐，都对古典共和理念形成冲击。对于越来越多的人来说，共和主义更多地意味着在政治上争取权利平等，在经济上获得平等的机会，保持个人勤勉俭省，追求个人利益与推动公共利益能够和谐并存。从某种意义上来说，随着工匠越来越多地参与市场活动，强调个人服务于"共同体"、追求财富平等以及保持公共美德等的古典共和主义理念逐渐在衰落。

可以说，市场打破了原先存在于家庭、工作坊和社区中的关系网。使人与人之间的关系发生了重组，重新塑造了共和主义的内核。在工匠的世界中，市场使工匠作为"共同体"一员这样的身份消失，工作坊中的关系在市场中变得脆弱而不堪一击。在市场中，工匠根据他们的劳动获得报酬，劳动力成为商品。就在市场活动不可避免地改变着人们的社会关系与理念的同时，有相当一批人意识到，完全自由的市场可能会造成财富的过度积累，形成新形式的不平等。在1806年费城鞋匠的诉讼中就提及这种情况。雇员工匠的辩护者指出，在竞争中，雇主总会想方设法在竞争中降低成本，压低劳动者的工资，使雇员的利益受损。[1] 一些意识到这种情况的人没有退回到古典共和的立场，也并非"自由市场"的支持者。他们试图构建一个更平等、民主、更具有包容性和参与性的政治体系。他们提出，在出现财富过度集中和垄断时，政府应保护公共秩序。在这样的政治体系中，自由市场能够

---

[1] Commons, eds., *A Documentary History of American Industrial Society*, Vol. 3, pp. 151-152.

在政府规范下进行活动。① 1810 年,一本匿名小册子呼吁,需要建立合适的法律,阻止"垄断"与"贪婪",推进共同利益。② 白金汉也指出,自由市场并不意味着支持不公平竞争,他更反对不规范的市场活动与特权。他在赞美劳动与工作的同时,鄙视那些贪婪与无休止的投机行为。可以说,他所支持的是一种公正与稳定的理性市场环境,在这种环境中,物质交易能让卖方与买方都获益。③ 对于相当一批劳动者来说,公平的市场环境是保障他们权益的基础。1832 年 2 月 16 日在马萨诸塞波士顿起草的新英格兰农民、工匠和其他工人联盟章程的前言提到,"如果没有迅速的和足够的监督,穷人最终会成为富人的奴隶",联盟"否认所有对雇主利益的敌视",宣称,"我们的唯一目标是推动社区的利益互惠,如果没有利益互惠,那么平等的权利就不会存在"。实际上这些人希望通过公正的市场环境,获得舒适的生活,通过勤劳工作,使自己的子女获得更好的教育资源。④

通过 18 世纪末到 19 世纪初的工匠对商业公司的诉求可以看出,工匠内部对于共和主义的观点并不一致,雇主、雇员与学徒对于共和主义有多元化的理解,人们对于共和主义的界定也在不断发生变化。共和主义确实无法作为理解复杂社会变迁中工匠

---

① Seth Cotlar, "Radical Conceptions of Property Rights and Economic Equality in the Early American Republic: The Trans-Atlantic Dimension," *Explorations in Early American Culture*, Vol.4(2000), p.196.

② Anonymous, *Debtor and Creditor* (Philadelphia, 1810), pp.4-5, 11-13.

③ Buckingham, *An Address Delivered Before the Massachusetts Charitable Mechanic Association at the Celebration of the Eighth Triennial Festival*, pp.18-19.

④ Gary J. Kornblith, "The Artisanal Response to Capitalist Transformation," *Journal of the Early Republic*, Vol.10, No.3 (Autumn, 1990), p.319.

多重价值取向的简单依据。尽管如此,学者们还是对工匠共和主义理念进行研究,为打破政治史、经济史与社会史之间的界限提供了一种思路。

20世纪70和80年代以来,很多学者在研究19世纪美国的劳工运动时,用"劳工共和主义"(labor republicanism)来解释劳工的话语与思想意识。也有学者用共和主义理解18世纪末处于美国早期资本主义发展过程中的工匠们的理念。历史学家丹尼尔·T. 罗杰斯(Daniel T. Rodgers)曾提到,长久以来,在社会史与经济史的领域,学者一直将政治排斥在外。而"劳工共和主义"则在劳工工作的工作坊、工厂和农场中,探究劳工寻求政治机制以从资本剥削中保护经济权利的过程。可以说,用共和主义解释工匠或劳工的思想意识,为历史学家提供了将政治与经济关联起来的方式。①

从18世纪末到19世纪初,美国早期资本主义的发展、人们复杂的思想意识与政治诉求之间存在密切的互动关系。美国建国初期资本主义的发展塑造了一种复杂、变动的文化,工匠群体充满不确定性的多元化价值取向与观念充分体现了这种文化。在这种文化中,保持公共美德,强调追求个人利益会有损公共利益的观点在工匠中逐渐衰落,而相信个人利益与公共利益具有一致性的理念在工匠中开始盛行。与此同时,美国建国初期资本主义发展进程中的"精英化"与"特权化",促使拥有不同价值取向的工匠共享相同的政治诉求,推进"反特权"活动与资本主义的自由

---

① Daniel T. Rodgers, "Republicanism: the Career of a Concept," *The Journal of American History*, Vol.79, No.1 (Jun., 1992), p.29.

化。而资本主义发展过程中的市场化,加剧了工匠之间的理念分歧。他们对于"平等"的不同诉求,激化了社会矛盾,使资本主义发展进程出现了新的阶级冲突。通过工匠面对商业公司展现出的思想意识与诉求,可以看到美国建国初期社会变迁中经济、政治与工匠思想意识的多重互动,从而有助于我们更深入地理解美国早期资本主义发展的历程。

第五章
商业公司属性的再界定

第五章　商业公司属性的再界定

1819年的经济危机，使围绕商业公司的争论逐步升级。政治精英与普通民众都参与到关于商业公司的讨论中，提出了解决经济危机的多种方案。他们的话语与行动展现出对国家政治与经济复杂多样的理解，同时也意味着美国的政治生活正在发生变化。在政治生活的变动中，人们对商业公司的理解也趋于多样化。

在围绕商业公司的冲突中，越来越多的人并不认为私人利益与公共利益之间有不可调和的矛盾，反而相信追求私人利益是推动社会"共同福祉"的有效途径。更多的人没有认为商业公司中的私人财产不具有公共属性，而强调财产是私人获得利益的资源。这一系列观念的变化，推动了对商业公司属性的重新界定。

由于商业公司中含有私人财产，法官们开始将商业公司与公共机构区别看待，承认商业公司的私人特征；根据私人利益能够推动共同利益的观念，商业公司的特权也不被认为是绝对的，法官们开始酌情使商业公司的特权"失效"。直到各州通过一般公司法，商业公司的特权也不具有合法性了。在商业公司"去公共化"和"去特权化"的过程中，它实际上变成了一种私人经济组织。这样一来，追求私人利益就变得合法和合理了，更多的人参与到了商业公司的经营中。

一 1819年经济危机与民主化呼声

1819年,美国爆发经济危机。国家金融体系面临崩溃,大量银行即将破产,投机商与大量贷款人瞬间倾家荡产,工厂中大量工人失业,一时间,国家经济千疮百孔。联邦政府与各州政府开始寻求解决危机的对策。如何处理银行券与硬币、是否颁布破产法与延缓债务法、是否实施保护性关税等问题都成为各州议会与民众讨论的主题,商业公司也成为争论的焦点话题之一。各地政治精英、政治经济学家、报刊编辑以及普通民众都参与到这场关于国家政治与经济的对话中,国会报告、政府文件、政治家演说、宣传小册子、政治经济学家撰写的文章、报刊评论以及公民请愿书体现了关于政治与经济的不同思想意识与立场,充满争论与分歧。从这个角度来看,1819年的经济危机,也是一场政治危机,反映了19世纪初期美国政治生活正在发生的剧烈变动。

关于1819年的经济危机,美国学术界做过较深入细致的研究。1962年,默里·罗思伯德(Murray N. Rothbard)出版了系统研究1819年经济危机的专著。他全面考察各州关于危机的争论,分析货币紧缩政策、缓解债务人危机的立法以及关税保护主义等各项对策的出台,对危机做了深入而微观的研究。[①] 此外,还有学者关注危机对弗吉尼亚、宾夕法尼亚、波士顿、纽约、肯塔

---

① Murray N. Rothbard, *The Panic of 1819: Reactions and Policies* (New York: Columbia University Press, 1962).

基等地的影响。① 除了这些对于危机本身的具体研究,一些学者还在更广阔的视野中考察危机,将其置于美国19世纪初社会转型的历史情境中,将危机视为经济转型的关键时刻,并分析其对美国政治、社会与文化的冲击。比如戈登·伍德认为,在19世纪初期,革命一代政治精英仍持有传统共和观念,对银行扩张与商业繁荣持悲观态度,而普通人则更倾向于平等地追逐私利,支持发展资本主义,将资本主义视为民主的基石。1819年的危机体现了多种思想观念碰撞的混乱过程,并展现出整个社会追求拓展个人利益、建立自由新秩序的趋势。② 不过,在查尔斯·塞勒斯(Charles Sellers)看来,在19世纪初期,银行是少数利益群体贪婪牟利的工具,而生产阶层曾在少数富人精英群体牟利的过程中逐渐失去独立性。1819年经济危机带来市场革命的内在冲突,北方普通劳动者开始抵制政治特权与资本主义势力之间的联合,掀起了民主革命。③

---

① 相关研究包括 Clyde A. Haulman, *Virginia and the Panic of 1819: The First Great Depression and the Commonwealth* (Brookfield: Pickering & Chatto, 2008); Andrew R. L. Cayron, "The Fragmentation of 'A Great Family': The Panic of 1819 and the Rise of a Middling Interest in Boston, 1818-1822," *Journal of the Early Republic*, Vol. 2, No. 2 (Summer, 1982), pp. 143-167; Janet A. Reisman, "Republican Revisions: Political Economy in New York After the Panic of 1819," in William Pencak and Conrad Wright eds., *New York and the Rise of American Capitalism* (New York: New York Historical Society, 1988); Robert M. Black, "Pennsylvania Banks and the Panic of 1819: A Reinterpretation," *Journal of the Early Republic*, Vol. 9, No 3 (Autumn, 1989), pp. 335-358; Sandra F. VanBurkleo, "'The Paws of Banks': The Origins and Significance of Kentucky's Decision to Tax Federal Bankers, 1818-1820," *Journal of the Early Republic*, Vol. 9, No. 4 (Winter, 1989), pp. 457-487。
② Wood, *The Radicalism of the American Revolution*.
③ Charles Sellers, *The Market Revolution: Jacksonian America 1815-1846* (New York: Oxford University Press, 1991).

可以看出,伍德更强调危机中思想意识与政治文化的变迁,而塞勒斯则在"市场革命"的框架中,强调不同社会阶层之间的斗争与冲突如何推动民主与资本主义走向妥协。尽管两人的解释框架不同,但无论伍德还是塞勒斯的研究,都不再孤立看待1819年危机,而将危机与19世纪美国深刻的政治与社会变革联系起来。肖恩·威伦茨的《美国民主的兴起》也在民主兴起的视野下考察危机,认为危机后"反银行"的批评与抗议"恢复了城市与乡村民主派的元气",使人们"开始关注经济与金融主题"。[1] 这些研究无疑有助于深入理解1819年危机与19世纪初期美国政治与社会变迁之间的影响与互动。不过,危机中批评意见的多样性还有待进一步分析,危机中展现的19世纪初期美国资本主义发展与民主之间的关系还值得更加深入地探讨。因此,下文在前人研究的基础上,通过梳理1819年经济危机引发的关于商业公司的批评与争论,探讨在社会经济发展过程中政治文化的变动,由此进一步考察政治文化变动与资本主义发展之间的关联。

① 经济危机的爆发

1815年后,美国经济经历了短暂的繁荣。实际上,在1812年英美战争爆发后,美国的经济重心就开始转向国内。各地区的制造业工厂数量每年都在增加,到1813年,各州的制造业工厂达

---

[1] Sean Wilentz, *The Rise of American Democracy*.

到66家,在1814年达到128家,大多数工厂生产纺织品。① 詹姆斯·麦迪逊在1815年的年度报告中明确提出,为了战后需要,支持"种类更复杂的制造业"。② 激进的共和党人托马斯·库珀也承认,大规模制造业的优势远远超越了它的劣势。他希望美国通过发展制造业更加繁荣,在经济上能够自给自足。他强调扩大制造业能推动国内市场的发展,相信国内市场能够完全吸收国内的农产品。③ 同时,各州也在不断建立新的银行。在1811年,全国有88家银行被特许建立,到1815年,银行数量增长到208家。④ 总之,随着银行业与制造业发展,交通运输状况不断改善,人口不断向西部移居,商业网络开始向乡村与内地渗透,商业公司数量迅速增加,这些都成为美国经济发展的关键。据统计,从1789年到1819年,各州共颁发了2500个特许状以建立商业公司。对于这段时期经济的初步繁荣,商业史学家布雷·哈蒙德(Bray Hammond)提到,在经济空间中,"物物交换让位给了更多责任、契约、可转让票据、公正以及无形的抽象概念"。⑤

托马斯·杰斐逊和麦迪逊在担任总统期间,都支持国家主义,是发展国内经济的支持者,他们尤其支持发展乡村与西部经

---

① Daniel S. Dupre, "The Panic of 1819 and the Political Economy of Sectionalism," in Matson, ed., *The Economy of Early America*, p.269.
② "Madison's Annual Message, Dec. 5, 1815," in James D. Richardson, ed., *A Compilation of the Messages and Papers of the Presidents* (Washington, D.C.: Bureau of National Literature and Art, 1902), Vol.1, p.552.
③ "Cooper to Thomas Jefferson, Aug. 17, 1814," in James P. McClure and J. Jefferson Looney, eds., *The Papers of Thomas Jefferson Digital Edition* (Charlottesville: University of Virginia Press, 2008-2017), Retirement Series, Vol.7, p.557.
④ Dupre, "The Panic of 1819 and the Political Economy of Sectionalism," in Matson, ed., *The Economy of Early America*, p.270.
⑤ Hammond, *Banks and Politics in America*, p.274.

济。杰斐逊曾认为,国内改进能使更多人参与市场活动,他的支持者也认为商业扩展对人民有益,建立公路与运河不仅能改善人们生活环境,而且还创造了更多有利于经济发展的环境。此外,很多人相信,这个过程展现的商业精神会改变人们的精神面貌。① 纽约州务卿彼得·B. 波特(Peter B. Porter)曾提到,没有参与市场活动的人工作不会努力,他们长期不参与市场活动,容易对道德水准起到消极作用,使人们变得懒惰安逸、无所事事。②

尽管很多政治精英相信通过银行与国内改进,能够推动国内经济发展,但是银行与其他商业公司也拥有特权,它们的管理者与经营者利用特权谋取私利的情况屡屡发生。比如时任第二合众国银行主席的威廉·琼斯(William Jones)和一些部门主管就凭借私人权力,不顾硬币储备上的需要,扩大远超过授权限制的贷款,而这些贷款通常面向"自己人"。同时,他们任意发行银行券,来填补自己私吞的部分。③ 在俄亥俄,一些地方政治精英支持全国性银行扩展业务。他们一方面提出,地方上有一些未经特许建立的私人银行,这些银行也在发行纸币,会对州特许银行的稳定造成威胁,他们希望全国性银行的分支机构能够帮助规范经济,禁止未经授权的银行纸币流通。另一方面,州特许银行由这些地方政治精英控制,他们为了维持在政治经济上的地位,希望

---

① "President's Annual Message," in *Annals of Congress*, 9th Congress, Senate, 2nd Session, pp. 11 – 16.

② Richard E. Ellis, "The Market Revolution and the Transformation of American Politics, 1801 – 1837," in Melvyn Stokes and Stephen Conway, eds., *The Market Revolution in America: Social, Political, and Religions Expressions 1800 – 1880* (Charlottesville: University Press of Virginia, 1996), p. 154.

③ Hammond, *Banks and Politics in America*, pp. 258 – 262.

全国性银行介入俄亥俄，打击私人银行。①

面对不断增多的商业公司，政治精英并非没有担忧。在国会，有人曾对数量过多的商业公司表达过忧虑。② 早在1807年，哈里森·奥蒂斯（Harrison Otis）观察到商业公司开始增多时，就抱怨说，"尽管已经有很多了，但是还在分配建立更多的商业公司"。③ 约翰·亚当斯极为不信任过多的"金融机构"，他对约翰·泰勒说："少数人在渴求，多数人也为同样的事疯狂……民主和贵族制结合起来，推动着垄断和商业公司。"④

事实上，数量猛增的银行和其他商业公司的确产生了隐患。在这些特许银行中，很多银行发行的纸币远远超过它们的金银储备。特别是在1812年战争的压力下，很多银行不考虑实际库存的金银，发行超过实际金银储备的大量纸币，暂停了硬币支付业务。同时，这些银行竭力拓展信贷业务。从1813年到1819年，银行资本从650万美元增长到超过1 250万美元，银行经营者从中牟得大额效益。⑤ 另外，银行的增多引发管理不善，加之不根据资金发行纸币，使公众面临纸币贬值的危险。在城镇和乡村，

---

① Kevin M. Gannon, "The Political Economy of Nullification: Ohio and the Bank of the United States, 1818-1824," *Ohio History*, Vol. 114(2007), pp. 81-82.
② Cathy D. Matson, "Capitalizing Hope: Economic Thought and the Early National Economy," *Journal of the Early Republic*, Vol. 16, No. 2 (Summer, 1996), p. 286.
③ "Harrison Gray Otis to R. G. Harper, Apr. 19, 1807," in Samuel Eliot Morison, ed., *The Life and Letters of Harrison Gray Otis, Federalist, 1765-1848* (Boston: Houghton Mifflin Company, 1914), Vol. 1, p. 283.
④ "Letters to John Taylor of Caroline, Virginia," in Charles Francis Adams, ed., *The Works of John Adams*, Vol. 6, p. 508.
⑤ Hammond, *Banks and Politics in America*, pp. 274-276; Ronald P. Formisano, *For the People: American Populist Movements from the Revolution to the 1850s* (Chapel Hill: The University of North Carolina Press, 2008), p. 71.

人们抱怨不知道该接受还是拒绝这些纸币。总之,银行在增加了货币供应的同时,也削弱了对货币的控制。①

大量纸币流通,也使国家经济受到不断增多的投机的威胁。各地投机商与投资者充分利用银行业务,向银行贷款,尤其中西部定居者贷款购买了远超其所需的土地。在19世纪第二个十年,中西部的公地买卖投机交易逐渐增多,城市与乡村房地产价格逐渐上涨。另外,受欧洲粮食歉收以及英国对美国短绒棉的无限需求影响,越来越多的人加入购买土地与棉花生产的投机活动。

然而投机带来的繁荣是短暂的。自1818年起,因为银行发行大量纸币,导致纸币贬值,通货膨胀。海外贸易方面,伴随欧洲农业复苏,英国在东印度的棉花进口量增加,欧洲对美国农业需求减少。整个国家的出口总价值从1818年的93 281 133美元跌到1819年的70 142 521美元。美国在对外贸易中进口额远远超过出口额,导致硬币大量外流。再加上国家急需偿还购买路易斯安那的200万美元债务,而金银供给的主要来源——墨西哥与秘鲁政局动荡,硬币持续短缺,这一切无异于雪上加霜。1818年,国家为了遏制硬币外流,开始紧缩政策,合众国银行要求各分支赎回借款,各分支开始兑现州银行券,收回硬币。各地银行也缩短它们的贷款期限,要求借款人尽快偿还债务。大西洋中部各州、南部与西部各州的银行此前竭力拓展信贷业务,发行大量银

---

① "Notice: to the Patrons of the Boston Patriot," *Boston Patriot*, Sept. 6, 1809; A Society of Gentlemen, *The Monthly Anthology and Boston Review* (Boston, 1809), Vol. 7, pp. 192–193.

行券,硬币支付暂停了多年,此时面临极大压力。①

国内市场环境也一片萧条。包括玉米、烟草、棉花、大米和小麦等在内的美国商品价格在1818年迅速下跌。在查尔斯顿市场,1818年的棉花价格每磅高达33到35美分,到1819年跌至每磅15美分。② 而1818年的小麦价格为一蒲式耳1.45美元,在1820年跌到72美分。③ 同时,信贷紧缩也使土地价格迅速下跌。美国大宗商品价格与土地价值都下跌了50%—75%,衰退就像倒下的多米诺骨牌,从投机者到商人到农民都受到了影响。东部商人和大城市的商人争着清理他们与国外债务人之间的债务,他们会向南方与西部更小的商人与店主施压,让他们支付贷款。这些内陆小商人为了避免破产,又向他们的顾客施压。而他们的顾客通常是农民,农产品价格下跌和硬币稀缺,使农民偿还债务变得异常艰难。这样一来,商人和农民都面临抵押变卖财产。同时,因为相当一批债务人无力偿还银行贷款,导致大批银行倒闭,个人破产。"无数农民在经济危机中只能降低产品价格,无数城市工匠和小店主要么闲散不做工,要么眼睁睁看着他们工资的价值不再与印刷出来的纸币价格等值。"④

在这场经济危机中,只有新英格兰保守的州银行抵挡住了危机,依然保持硬币储备,受损失比较小。南部和西部受到的打击

---

① Douglass C. North, *The Economic Growth of the United States 1790-1860* (Englewood Cliffs: Prentice-Hall, 1961), p.233; Wilentz, *The Rise of American Democracy*, p.206.
② North, *The Economic Growth of the United States 1790-1860*, p.262.
③ Formisano, *For the People*, p.71.
④ Wilentz, *The Rise of American Democracy*, pp.206, 215-216.

是"灾难性的"。① 那些在繁荣时期购买了高价公地并贷款的人，背负着沉重的债务，面临将他们的土地抵押给联邦政府的困境。在乡村，一名英国旅行者看到印第安纳州杰斐逊维尔的状况，写道，"农业凋萎了，雇佣劳动力的农民不能获利"，劳动力和技术工人有工作需求，"超过 1500 人 11 个月以来一直在寻找工作，很多人称他们没有钱"。② 城镇人口面临失业。一份 1820 年的费城报告显示，在主要的手工业领域，雇工数量比 1815 年下降了五分之四。报刊主编与出版商赫齐卡亚·奈尔斯（Hezekiah Niles）认为，在巴尔的摩、费城和纽约有 5 万人口失业。③

面对经济危机，一些政治精英仍然持乐观态度。比如，詹姆斯·门罗（James Monroe）总统完全忽视危机，在 1818 年的国会咨文中，他仍为商业繁荣欢呼。在随后的国会咨文中，尽管门罗注意到经济衰退，但他认为依靠个人采取补救措施，危机会消退。④ 一些报刊编辑也附和门罗的观点。《纽约每日发布者》(*New-York Daily Advertiser*)刊登文章指出，尽管银行暂停了硬币支付，但这只是暂时的。⑤ 不过，更多的人并没有随声附和，而是向国家政治经济提出质疑与反对。经济危机很快引发了一场关于治国理念的激烈斗争。

---

① Wilentz, *The Rise of American Democracy*, p. 207.
② James Flint, *Flint's Letters from America 1818 - 1820* (Carlisle: Applewood Books, 2007), pp. 224 - 226.
③ Larson, *The Market Revolution in America*, pp. 40 - 41.
④ "James Monroe's Second Annual Message, November 16, 1818" and "James Monroe's Third Annual Message, Washington, December 7, 1819," in Richardson, ed., *A Compilation of the Messages and Papers of the Presidents*, Vol. 2, pp. 608, 623 - 631.
⑤ "Grene County; Bank," *New-York Daily Advertiser*, June 25, 1819.

② 经济危机引发的争论

在1819年的危机中,很多人开始相信,他们之前对于国家经济过度乐观了。在危机中,他们的生活遭到毁灭性打击,陷入贫困。在这种状况下,1819年的经济危机几乎在全国范围内引发了各种批评与抗议活动。特别是在受危机影响严重的中东部、南部与西部地区,危机使众多反对者释放出对国家政治经济的强烈不满与怒火。政治反对派、报刊编辑与普通民众都投入到反对国家经济活动的批评与斗争中。实际上,从18世纪末到19世纪初,对于国家与各州的经济活动一直存在各种争论,1819年的危机进一步激化了矛盾,商业公司成为众矢之的。尽管这些反对者的批评与主张是多样的,但是他们都借助美国革命时期的政治话语,批评掌权者有扩大权力的嫌疑,旨在剥夺人民的自由。反权力、反腐败与反阴谋几乎成为所有反对者共用的话语。

一些反对者完全反对商业发展,不信任银行体系。他们将银行体系视为少数"贵族"的垄断机构。弗吉尼亚的共和党人约翰·泰勒是律师,也是种植园主。他一直反对汉密尔顿的经济计划,认为建立银行,由银行决定货币供应,会助长富人的野心,使农民与制造业者成为他们的附庸,导致农民贫穷,贵族奢侈骄傲。[①] 他在《解释政府结构与维护宪法》一书中提到,国会一味将特权赋予少数精英,建立银行,银行促使少数精英获得大笔财富,

---

[①] John Taylor, *An Inquiry into the Principle and Policy of the Government of the United States* (Indianapolis, Ind: Bobbs-Merrill, 1969), p.309.

这些创造出"一个完美的贵族,执行着绝对权力",而"农民与工匠"通常受"政治奴役"。在 1819 年的经济危机中,"纸币体系"掠夺了最诚实的生产者。① 北卡罗来纳的纳撒尼尔·梅肯(Nathaniel Macon)曾任国会众议员与参议员,是一位老派共和党。他极不信任银行的纸币与信贷业务,将银行视为"游戏商店",认为"每种可通行的纸币都增加了罪恶"。他警告其他政界人士不要沉迷于商业,不要过于追求荣耀,对一些共和党人提出的发展项目十分警惕。② 在 19 世纪初,很多地区的居民经济生活相对简单而独立,并没有过多参与市场活动,他们不愿看到商业与市场闯入自己的生活,破坏原来的生活方式。梅肯的观点代表了这些人的想法,颇受以土地为生的农民欢迎。与梅肯持相似观点的政治家并不是少数,在其他地区,也有一些政治精英反对市场入侵传统乡村生活。比如在 1819 年,一位新泽西的国会议员告诫他的选民,"投资与贸易的偏好"正在摧毁"个人勤奋",使"公共道德衰退","我们需要缩减欲望"。③

在这些反对银行体系与商业发展的人看来,只有回归勤奋劳动,才是解决危机的合理方式。泰勒认为,通过个人才能与勤奋工作,依靠土地劳动,创造的财富才是"自然的",而纸币、股票以及债券不会产生新的财富,只是"入侵者"。一个好政府应该保证

---

① John Taylor, *Construction Construed, and Constitutions Vindicated* (Richmond, 1820), p. 298, p. 321.
② "Nathaniel Macon to Bartlett Yancey, Jan. 29, 1824," Kemp P. Battle, ed., *Letters of Nathanial Macon, John Steele and William Barry Grove* (Chapel Hill: The University of North Carolina Press, 1902), p. 76.
③ Noble E. Cunningham, Jr., ed., *Circular Letters of Congressmen to Their Constituents, 1789-1829* (Chapel Hill: University of North Carolina Press, 1978), Vol. 3, pp. 1068-1069.

有才能且勤奋工作的人享有他们的劳动成果,而不是将他们的劳动成果转移到他人那里。政府的政策应该以将财产分配给勤劳工作的人为基础。① 梅肯则为劳动者辩护道,他们是"公正的人民,没有任何渴求,只希望享有他们的劳动果实,以他们自己的方式获取利润"。② 1819年,《国家倡导者》报刊的编辑莫迪凯·曼纽尔·诺厄(Mordecai Manuel Noah)撰写了一系列文章,号召人们回归勤奋节俭的生活方式。他将危机归结为银行体系和人们对奢侈无休止的追求,提出"对工业的渴求是罪恶之源",并且认为相当一部分人不够勤奋,生活十分懒散。他认为,解决危机的方式是重新回到18世纪末的道德经济,避开债务,避免奢侈,遏制堕落的习惯。他进一步指出,危机只有依靠个人节俭开销来补救,人们要回归家庭制衣业,停止高级时尚。③

不过,更多的反对者并非反对商业,也没有寄希望于回归自给自足的生活方式。他们反对的是在经济活动中财富分配不均衡,批评国家权力扩张对大多数人权利的伤害,对商业公司拥有过度的权力甚为不满。在19世纪初,随着交通愈发便捷,农作物产量提高,很多乡村居民开始进入市场。这些生产者非常欢迎新的市场机遇,开始考虑扩大利益,依靠雇佣劳动和市场买卖,赚得更多利润。在城市,手工业者、技工和小商人为城市居民提供生

---

① Taylor, *An Inquiry into the Principle and Policy of the Government of the United States*, pp. 234, 246-247.
② Sellers, *The Market Revolution*, p.119.
③ Mordecai Manuel Noah, *Address of the Society of Tammany, or Columbian Order, to Its Absent Members and the Members of Its Several Branches Throughout the United States* (Cincinnati: Morgan, Lodge & CO., 1819), p. 8; "For the National Advocate," New York, *National Advocate*, Oct. 2, 1818.

活必需品,他们渴望通过自己的劳动维持在制造业市场中的地位。然而,城市工业化进程中,大型制造业工厂的涌现使手工业者等群体失去了很多机遇,原本工匠可能拥有的利益转移到了制造业工厂经营者手中。1819年,经济危机使乡村与城市生产者遭到毁灭性打击。在乡村,很多农民因无力偿还贷款而面临破产;在城市,工匠则面临失业。这些反对者同样也借助革命时期"反贵族、捍卫自由"的话语,批评社会经济中存在的不平等。比如,在乡村和城市,反对者们都表示,政府建立银行,使"勤劳的人变穷,而社会中的投机者变得富有"。①

在费城,以迈克尔·莱布(Michael Leib)和威廉·杜安为代表的民主派鄙视共和党中亲企业精英的成员,同情城市工匠与小商人,并代表这些群体,批评新工业的不平等。杜安作为费城《曙光报》的创办者之一和编辑,从19世纪初开始经常在报纸上撰文,为城市生产者与小商人的权利与自由辩护。他在1805年为罢工的制鞋工人辩护,宣称"宪法是一出闹剧,《权利法案》只是对人类轻信的讥讽"。他强烈反对1811年重新颁布合众国银行特许状,他警告说,美国在追随前任不公正统治者的道路,"纸币、商业和银行体系"都使少数人富有,创造出一个"贫穷、疾病和邪恶取代勤劳、智慧、健康以及纯洁"的英国社会。② 实际上,杰斐逊在任时期,杜安与莱布都认为银行是有用的工具。只要财富不集中在少数私人手中,只要普通工匠和农民能够获得贷款,银行就是有益的。杜安曾支持建立满足市民所需的费城银行,认为银行

---

① Schultz, *The Republic of Labor*, p.198.
② Wilentz, *The Rise of American Democracy*, p.210.

通过开展信贷业务,能够满足社会不同阶层的需求。此外,他还鼓励费城银行建立"自由原则",将银行股份向所有社会阶层开放,使小店主、工匠与商人拥有同等持股的机会。①

不过,杜安和莱布对银行的乐观情绪很快就消失了。1819年的危机使费城民主派的思想更加激进。他们激烈反对银行,反对政府一切缓解债务人经济压力的措施,反对扩张金融机构和增加纸币供应,认为政府只有恢复建立以硬币为基础的现金体系,才能使国家摆脱富豪统治和大多数人贫穷的境地。杜安批评第二合众国银行使有特权的私人投资者再次控制公共利益,新的庞大机构使"银行体系过度"。尤其是,银行发行大量纸币会带来道德和金融上的灾难。总之,政府所建立的银行和纸币体系都是"压迫"的"可怕发动机"。② 激进派的史蒂夫·辛普森(Stephen Simpson)也进入杜安阵营,以布鲁图斯(Brutus)为笔名,批评银行不负责任地通货膨胀,认为所有的商业银行都在犯罪,号召废除"所有银行特许状"。③ 他以"不公正"为由,要求改革"整个银行和基金体系",依靠硬币作为流动工具,限制纸币的商业操作。④

通过费城民主派的主张与行动可以看出,他们最痛恨的就是不平等。不过,他们并不认为经济活动本身是造成不平等的根源,而相信不平等的唯一根源就是政治权力的不平等分配。他们认为,在政治生活中应该防范特殊利益集团根据自己的目标控制

---

① Shankman, *Crucible of American Democracy*, p.118.
② Wilentz, *The Rise of American Democracy*, p.212.
③ Sellers, *The Market Revolution*, p.124.
④ Wilentz, *The Rise of American Democracy*, p.211.

权力,任何决策都应该确保最大多数人的机会。这些民主派将社会划分为少数人与多数人,少数人指的是富有并拥有一定社会地位的精英,多数人则是芸芸众生。他们提出,任何政府要么有益于少数人,要么使多数人受益,但是如果多数人能获得政治权力,他们就能够通过运用权力,逐渐缩小与少数人之间的差距。而民主制政府应该使多数人参与权力分配,应由多数人控制,并阻止少数人运用政治权力占用资源、解释法律、确立习俗与文化。总之,只有人民进入政治生活,参与经济议题的讨论,才能实现资源的民主分配。[1]

此外,还有一些反对者深受亚当·斯密和其他苏格兰启蒙运动者的影响,他们批评所有的政府干预,主张自由经济。有人曾提出,商人了解并关注贸易状况与利润率,且应该由市场而非政府决定经济活动。《纽约每日发布者》上有评论文章反复强调危机应该可以自愈。国会的方案不能阻止人民出口硬币;不能教会人们节俭与必要的美德;不能给予无价值的银行信用,或者阻止它们超额经营。补救措施应该是缓慢的、渐进的,应该是来自个人的,而不是政府的。任何政府干预都会给商业公司带来冲击。[2] 波士顿的《周报》则刊登文章提到,危机不会持续很长时间,经济会逐渐好转。自由经济会促成令人满意的生活,给地方带来利益,给国家带来荣耀。[3] 还有人提出,危机是遵循"自然轨

---

[1] 参见 Shankman, *Crucible of American Democracy*, pp.114 - 120。
[2] "Saturday, March 6, 1819, for the New York Daily Advertiser," *New-York Daily Advertiser*, March 6, 1819; "Thursday, June 10, 1819," *New-York Daily Advertiser*, June 10, 1819; "Thursday; May 20, 1819," *New-York Daily Advertiser*, May 20, 1819.
[3] "The Public Good," Boston, *Weekly Report*, September 30, 1820.

迹"的,经济环境会"再度平衡"。①

可以看出,尽管反对者几乎用与革命时期相同的话语批评当政者,指责他们是"一群投机与垄断的阶层",但是他们的语境已经与美国革命时期以及18世纪末期有了明显分别。在19世纪第二个十年左右,美国社会经济更加多样化与复杂化。越来越多的人开始进行土地投机,人口逐渐向西迁移,对于交通、货币以及信贷的需求不断增加。农业需求与产量不断增多,纺织业的早期机械化开始初步发展。在政治文化上,各州的民主派就开始呼吁进行民主改革。他们要求扩大选举权,使代表权平等。西部地区的共和党、联邦党和东部地区温和的共和党提议减少东部乡村地区在参议会中的代表权。在政治经济不断变动的情况下,不同地域与地区、不同社会群体、不同生活习俗以及不同政治观念的人们自然对于危机有多样化的判断与不同主张,对于银行等商业公司引发的一系列问题也有多样化的理解。

不过,无论是保持"俭省"的生活方式,还是由多数人掌权,抑或是遵循政府不干涉的自由经济法则,这些主张似乎在现实中都或多或少难以付诸实践。对于大多数希望进入市场活动,对商业产生浓厚兴趣的人来说,使他们回到"节俭勤奋"的传统生活似乎并不现实,他们更向往富有生气的生产与消费社会。以杜安为代表的费城民主派尽管宣称为"人民"代言,但其主张只被少数激进的工匠接受。大多数城市居民更倾心于支持政府发展国内经济的举措,在很多人看来,杜安的主张只会增加民众的愤怒与绝望,

---

① Cathy Matson, "Mathew Carey's Learning Experience: Commerce, Manufacturing, and the Panic of 1819," *Early American Studies*, Vol.11, No.3 (Fall, 2013), p.476.

带来危险与毁灭性的影响。① 此外,针对那些反对政府干预,希望依靠自由市场从危机中"自愈"的观点,当时著名的政治经济学家马修·凯里提出了强有力的反驳。他指出,在危机中,信任"自由经济"和"自由商业"并不能快速创造新的工作机会,这种在危机中自我矫正的方式反而会造成过高的社会经济代价。②

尽管针对危机的各种批评与主张都不完美,但是这场危机掀起了围绕国家政治经济的各种争论。针对国家政治经济和商业公司的多样化观点,展现了在19世纪初美国不断商业化与市场化的过程中,人们对于国家政体机制不同理解之间的碰撞。对于那些希望回归"美德"的人来说,他们依然深受古典共和主义影响,认为只有依靠"美德",人们持有自由的土地,"独立劳动",才能实现推进社会共同福祉的目标,才能捍卫美国的共和政体。而激进的民主派则力主将美国的民主制改造为真正意义上的多数人统治。自由经济的提倡者则将经济活动视为私人化的空间,力主国家权力退出私人空间,实现经济领域的民主化。这些复杂多样的观点,体现了人们对于民主不同层面与维度的理解,使民主的内涵得以扩展。

③ 政治民主化的趋向

在危机引发的激烈批评与反对中,不同社会群体都参与其

---

① Shankman, *Crucible of American Democracy*, p.213.
② Cathy Matson, "Mathew Carey's Learning Experience: Commerce, Manufacturing, and the Panic of 1819," *Early American Studies*, Vol.11, No.3 (Fall, 2013), p.476.

第五章　商业公司属性的再界定

中。19世纪第二个十年快结束之际,政治精英与民众的关系在发生变化。在众多不同的批评声中,政治精英需要了解,甚至迎合他们选民的感受,并借助民众的力量实现自己的政治目标。民众则需通过精英来满足他们的诉求。可以说,在危机引发的争论中,政治精英与民众之间的互动更加紧密,他们之间相互影响,直接推动了政治生活的民主化。从这个过程可以看出,"美国的民主"正在发生变化。

实际上,在19世纪初,这些普通民众在政治生活中依然缺乏话语。在国会,共和党成员往往可以决定总统的党派候选人。同时,因为当时共和党在全国的主导作用,所以一旦共和党核心小组选出候选人,那么基本上这位候选人就能够在19世纪初当选美国总统。可见,共和党内精英对于国家政局具有相当大的影响力,相比之下,民众几乎无法通过选票影响到政局走向。

另外在各州,地方精英也控制着州议员候选人的选举。在选举中,民众的影响力极弱,候选人的个人社会关系、家庭关系以及社会地位往往是选举获胜的决定因素。一些地方官员在议会中掌握重要权力,他们决定如何分配任免权,控制土地获得资格、银行特许状以及建立商业公司的特权,甚至直接控制议会选举。当然,在决定过程中这些官员内部会有一些争论,但往往在投票前,他们已经达成妥协,避免由公共投票产生其他结果。① 虽然各州在不同程度上都保护公民的选举权,但是各州的选举权都限定在一定范围内。比如,在南卡罗来纳,民主选举只允许选举拥有

---

① Ellis, "The Market Revolution and the Transformation of American Politics, 1801-1837," in Stokes and Conway, eds., *The Market Revolution in America*, p.158.

500英亩土地或1000英镑个人财产的人做议员。在一些地区，政治精英与企业精英的力量更是联合在一起。比如在纽约，州长乔治·克林顿的侄子德威特·克林顿在纽约市商业精英的帮助下，赢得选举，获得市长职位，成为政界与东北部商业精英的领袖。在执政期间，他运用州权力为某些商业利益服务。①

在19世纪第二个十年，托马斯·杰斐逊曾坦言，美国已经背离了共和主义原则。他认为，共和党以银行机构和其他商业公司为基础，建立了一个"贵族制的单一政府"。他相信，这些人很快就会在人民头上作威作福，"我们的政府比期望的更不像是共和主义"。在此之前，杰斐逊一直认为，精英应该作为国家政治的领导者。而19世纪第二个十年的政治生活使杰斐逊意识到，广泛的选举权与选举活动并不能保证共和制，精英虽然熟知共和主义，但却利用共和主义为自己的利益服务。他提出，只有每位社会成员"通过他选举的代表"表达他的关注，发出平等的声音，政府才是真正的共和制。他倡导改革，提议乡村自治，实施"初级的共和制"，每个地方选举出一位法官与治安官，每个地方都负责建立自己的学校与济贫所。他支持民众的反叛，认为"人民天生的良好感觉与警觉性"会支持他们展开行动。②

正如杰斐逊所言，1819年的危机使人们开始全面质疑国家的政治经济。在商业公司引发的各种冲突中，那些通过利用政治权力获得经济特权的人受到广泛敌视，人们逐渐意识到政府政策

---

① Sellers, *The Market Revolution*, p.110.
② "To John Taylor, May 28,1816," "To Samuel Kercheval, July 12,1816," "To Samuel Kercheval, September 5,1816," in Ford, ed., *The Writings of Thomas Jefferson*, Vol. 10, pp.29 – 30, 37 – 41, 45.

存在不平等。同时,一些政治精英似乎也意识到,他们只有作为人民的"代言人",才能赢得人民支持,在政治生活中发挥更大影响力。在19世纪初,联邦党在政坛逐渐销声匿迹,共和党内部则出现不同派别。各种派别之间形成政治竞争,在斗争中,一些派别依靠的就是反精英主义力量,联合那些对"特权"不满的农民、有民主思想的工人、工匠以及小商人。在19世纪20年代的总统竞选中,这种趋势体现得非常明显。

安德鲁·杰克逊(Andrew Jackson)在1828年的总统竞选中,运用各种方式,努力赢得民众支持。杰克逊号召"改革",防止政府腐败,提倡有限政府,发展经济,支持各州的道路与运河建设,维护州权。他为了赢得竞选,拜访国会代表,接受访问,并在报刊上刊登他撰写的文章。在南方、西部以及大西洋中部各州,他获得大多数人支持。在他的主导下,他的阵营在地方和州建立了各种竞选委员会,引导和协助竞选活动。这些委员会组织游行、集会、阅兵和其他形式的活动,展开竞选活动。另外,从新英格兰地区到路易斯安那,杰克逊阵营还在各地建立报刊。比如在北卡罗来纳,1827年中期就建立了9家报刊。在每个州,杰克逊阵营都会安排一家报刊专门发布官方消息。① 总之,杰克逊通过各种方式来与普通选民交流联络。

当然,并非所有政治精英都愿意吸引并迎合选民。杰克逊的竞争者约翰·昆西·亚当斯(John Quincy Adams)在竞选中就很少主动参与吸引选民投票的活动。他鄙视杰克逊联合民众的行

---

① Ellis, "The Market Revolution and the Transformation of American Politics, 1801 - 1837," in Stokes and Conway, eds., *The Market Revolution in America*, p. 168.

动,甚至厌恶自己被视为与其同属一个党派,他仍然坚信政府应由最有能力且有学识的精英来管理,相信精英具有美德,受过良好教育,能够克服各种分歧与差异。① 还有一些精英则完全敌视民众的批评。曾任纽约最高法院首席法官的詹姆斯·肯特将民众的反对比作"道德大瘟疫",认为整个国家都被"瘟疫"感染了,在最低劣下等的人的煽动下,穷人会掠夺富人,国家会陷入混乱。② 然而,这些政治精英的"精英主义"立场已经很难被大多数人接受。1819年危机后,在"精英主义"与"民众主义"的较量中,"民众主义"路线显然占据了上风。

在19世纪初的宾夕法尼亚,随着市场不断扩展,越来越多的居民进入市场活动。相当多的工匠渴望获得信贷,扩展店铺,雇佣更多劳动力。一些技术能力低的劳动者开始进入工厂,成为工资劳动力,他们也希望保持制造业的繁荣与稳定,维持生活。在这种情况下,发展本土经济受到劳动者的普遍欢迎。他们希望政府能够打破商业公司的垄断,让越来越多的人从市场活动中受益。1819年危机爆发前,在共和党分裂的各个派别中,以西蒙·斯奈德为代表的乡村派一直认为,要改变银行信贷方式,使大多数农民与工匠获得贷款机会,由此使更多生产者获得生产资源。斯奈德派支持建立农民与工匠银行,主张银行由实际生产者管理。此外,他们积极支持国内改进与保护性关税,认为通过保护措施,国内工匠可以与英国制造业展开竞争。总之,他们认为制

---

① Daniel Walker Howe, *The Political Culture of the American Whigs* (Chicago: University of Chicago Press, 1979), pp. 46–47.
② Merrill D. Peterson, ed., *Democracy, Liberty, and Property: The State Constitutional Conventions of the 1820s* (Indianapolis: Liberty Fund, 2010), p. 166.

造业、农业与商业之间是互利的。制造业为农业提供了国内市场,通过银行,更多的人能获得贷款,再加上保护性关税,生产者就有了发展机会。①

在危机爆发后,斯奈德派在一定程度上延续了他们之前的主张。被称为"第三党"(Tertium Quids)的派别做出妥协,与斯奈德派联合推行缓解危机的对策。他们主张暂停硬币支付,保护国内市场,阻止硬币流到国外,恢复银行信用。而参与市场的人更希望能缓解债务压力,免于破产与失业,保持向上流动的可能性。斯奈德派与"第三党"在当时提出的主张显然符合更多人的需求。最终,他们获得大多数人的支持,并在解决危机的过程中发挥了主导作用。1820年,宾夕法尼亚州议会要求州内所有银行暂停硬币支付,缓解硬币稀缺困境,保持银行券流通,并扩展纸币供应。此外,议会通过评估法,在人们面临破产、财产被拍卖时,提供中立方评估财产。

1819年危机爆发后,肯塔基的一系列缓解债务法也是在民众与精英的联合推动下通过的。在1819年之前,肯塔基建立了大量银行。仅肯塔基银行就有13个分支,1817—1818年州议会还特许建立了46家银行,有统计数据指出,截至1818年,肯塔基平均6 700位居民就有一家银行。② 1818年中期,肯塔基经济已经开始出现衰退迹象,土地价格与奴隶价格暴跌,众多劳动者失业,只能去外地谋生。在经济危机中,银行成为人们批评的焦点,

---

① Shankman, *Crucible of American Democracy*, pp. 188-190.
② Sandra F. VanBurkleo, "'The Paws of Banks': The Origins and Significance of Kentucky's Decision to Tax Federal Bankers, 1818-1820," *Journal of the Early Republic*, Vol. 9, No. 4 (Winter, 1989), p. 462.

民众纷纷要求议会通过缓解债务问题的法令。他们通过公共集会、请愿以及在报刊刊登文章表达诉求。在很多人看来,银行不负责任地扩展信贷,在遇到麻烦时迅速要求收回贷款,导致危机爆发。民众的抗议得到一些精英的积极回应。在州议会,参议员杰西·布莱索(Jesse Bledsoe)批评道,那些掌控银行的人也会控制政府,银行以"渗透式的影响",导致道德衰败,他号召废除这些"有钱的联合体"。① 法兰克福市报纸《美国西部的守卫者》的编辑阿莫斯·肯德尔(Amos Kendall)抱怨道,"为了保护银行的信用,人民就要做出牺牲"。而"法律是为人民利益而制定的",如果契约不能促进人民的幸福,就可以被废除,因为"人民的利益"才是"最高法"。②

在民众与精英的共同呼吁下,肯塔基议会先后在1819年12月和1820年2月通过了《延缓债务法》和《返还财物法》,援助债务人,并撤销了一些银行的特许状,在撤销公告中宣布,"议会的所有权力来自人民",显然"那些只被赋予少数人的权力,压制多数人的权力"是有违"人民原始权利"的,应被取消。③ 在1820年11—12月,州议会通过另一部《延缓债务法》,建立共同体银行(Bank of the Commonwealth),授权借贷给任何申请贷款的肯塔基人不超过1000美元,贷款可用于支付他们的债务,或者购买生

---

① Jesse Bledsoe, *The Speech of Jesse Bledsoe... Concerning Banks* (Lexington, 1819), pp. 25 - 26.
② Formisano, *For the People*, p. 74.
③ Sandra F. VanBurkleo, "'The Paws of Banks': The Origins and Significance of Kentucky's Decision to Tax Federal Bankers, 1818 - 1820," *Journal of the Early Republic*, Vol. 9, No. 4 (Winter, 1989), p. 483.

第五章　商业公司属性的再界定

活必需品，或者用于生产。直到1822年，肯塔基开始从危机中恢复。①

在一些地区，当政府通过的法律没有满足民众的诉求时，他们会与精英展开进一步互动。在俄亥俄，1819年危机爆发后，州政府立即通过《延缓债务法》。然而，民众显然对该法并不满意，认为缓解性法律只针对某些阶层，并没有解决民众的困境。他们很快掀起了"反银行"的斗争。7月4日，独立日的庆典演变成一场"反银行"暴动；在辛辛那提，那些被认为与银行利益有关的地方官员遭到民众的排斥与驱逐。银行主管亨利·哈里森（Henry Harrison）在竞选州参议员时不得不宣称，他希望看到所有银行被摧毁，纸币最终会被金银硬币取代。因为他"反银行"的立场，获得了民众支持，并最终赢得选举。②

1819年危机后，田纳西州通过《延缓债务法》，并开始低价出售公共土地，建立新的贷款"银行"，向一些债务人提供贷款。不过贷款主要面向中部地区，而非更贫穷的地区。因此，很多民众依然面临生活压力。他们对银行与投机表示强烈愤怒与不满。来自田纳西中部的国会议员候选人亨利·H.布莱恩（Henry H. Bryan）认为，银行就是"社会中对劳动阶层的骗局……以秘密而不动声色的方式，窃取人们辛苦的劳动所得"。1821年的州长候选人威廉·卡罗尔（William Carroll）积极响应民众的诉求。在竞选中他指出，希望在州内"永远看不到这样的银行"。他的宣言获得民众的支持，这些支持帮助他赢得了选举。随后田纳西州在他

---

① Formisano, *For the People*, p.76.
② Sellers, *The Market Revolution*, p.167.

的推动下,恢复了硬币政策。①

透过1819年危机后全国与地方的政治生活可以看出,美国的政治文化正在发生微妙的变化。制宪时期,尽管建国精英确立了"代表制民主"政府,强调政府所有权力都来自人民,掌管政府的人都直接或间接由人民任命。但从18世纪末到19世纪初,民众主义者与精英主义者关于代表制的分歧始终存在。②在政治实践中,精英对于官员的任命以及政府决策起到关键性作用,相比之下,民众的影响力非常有限。1819年危机后,相当一批政治精英与民众的力量结合了起来。一方面,他们了解民众的诉求,另一方面,他们引导并利用民众的情绪,这样一来,精英与民众产生"合力",推动了社会民主化的实践。这个时期也涌现出一批新的政治家,他们向精英主义发起挑战,不时到各地拉选票。田纳西的一份报告提到,有些候选人不得不"在马背上生活"6个月,他们"除了竞选活动什么都不做"。③ 而相比建国初期,一部分精英看中的财富、教育程度、社会地位以及家庭关系在政治体系中似乎变得越来越不重要。

1819年危机引发的大多数批评与反对,并不是"反市场"和"反资本主义"的,而是反对政治经济生活中的各种不平等。在围绕商业公司的批评中,他们尤其对商业公司的特权深感不满。在众多批评声中,人们对于国家政体机制的理解趋向于多样化与复

---

① Charles G. Seller Jr., "Banking and Politics in Jackson's Tennessee, 1817 - 1827," *Mississippi Valley Historical Review*, Vol. 41, No. 1 (Jun., 1954), pp. 69 - 70, 73.
② 参见李剑鸣《从代表制到代表制政体——再论美国革命时期民主概念的演变》,载《清华大学学报》2015年第5期,第28页。
③ Sellers, *The Market Revolution*, p. 165.

杂化,精英与民众之间的联系越来越紧密,民主的内涵得以深化与扩展。在政治生活中,政治精英并非与民众分离,也不是在充当公允的"裁判者"角色,以自以为是的方式做出判断。透过危机爆发后的政治活动可以看出,相当一批精英与他们选民的意愿紧密联系在一起,确实成了选民的"代理人"。

值得注意的是,无论是治国观念的多元化,还是精英与民众之间的互动,都是在不断市场化与商业化的社会环境中发生的。① 虽然很多学者提到,18 世纪的美国一直存在农业与商业、商业与美德之间的冲突②,但在市场不断扩展的 19 世纪初,商业化与工业化无疑加剧了对美国大部分乡村与城市传统生活的冲击,使人们有关国家政治经济的观点更加丰富与复杂化。尽管有一些人排斥市场活动,希望保持独立与传统的生活方式,但是相当多的人已经开始进入市场,他们渴望获得平等机会,参与竞争,反对由少数人把持特权。从某种意义上来说,在市场环境下精英与普通人之间的界限甚至越来越模糊。对于一些普通民众来说,那些律师与工匠、贸易人在职业上没有区别。在 19 世纪初,外国旅行者在美国发现,"很多车夫、屠夫以及运河工人都被称为'绅士'"。而诺厄·韦伯斯特在著名的《韦氏词典》中给"绅士"下的

---

① 很多学者将 19 世纪初到中期美国市场化的发展称为"市场革命",历史学家对市场革命的各种特征进行过讨论,他们关注市场革命发生的时间与范围、不同群体的反应、与其他改革运动之间的关系、对阶级结构产生的影响以及在商业化过程中人们的思想变化。在这些研究中,最具代表性的论著为 Charles Sellers 的 *The Market Revolution*,一些学者围绕相关主题进行的讨论参见"A Symposium on Charles Sellers, The Market Revolution: Jacksonian America, 1815 – 1846," *Journal of the Early Republic*, Vol. 12, No. 4 (Winter, 1992), pp. 445 – 450; Melvyn Stokes and Stephen Conway, eds., *The Market Revolution in America: Social, Political, and Religions Expressions 1800 -1880*。
② 比如 J. G. A. Pocock, *The Machiavellian Moment*。

定义为:"任何职业中接受教育与良好培养的人"。① 可见,在19世纪初,市场与商业的发展使很多普通人意识到,不同职业、财富与地位的人能够"平等化"。而当他们看到市场环境存在不平等时,就会通过各种途径进行抗议与斗争,斗争的过程在一定程度上推动了精英与民众关系的变化。从这个角度来看,美国资本主义的初步发展进程推动了政治生活的民主化。

不过,在1819年危机爆发后,各州政府仍没有解除银行以及其他商业公司的特权。"反特权"的斗争一直持续。伴随着市场化与资本主义的发展,生产者的境遇始终没有改善,贫富差距反而越来越大。在19世纪中期,民主党因主张更平等的经济发展道路而获得更多生产者的支持。比如,宾夕法尼亚州州长、民主党人弗朗西斯·罗恩·尚克(Francis Rawn Shunk)坚持认为商业公司是与时代不相吻合的机制,与共和制的美国不符,"在其他国家,人民的权力被专制政府侵占,国王给他的附庸进行贸易或市政建设的特权,这释放了一些公民权力。但是在我们自由的体系下,赋予特殊的权力就是倒退。这剥夺了人民的共同权力,将其交由少数人掌管,建立不平等和专制"。② 在这种情况下,这些反对者开始全面质疑经济体制,寻求通过政府力量,以民主的名义反对少数精英在经济领域的垄断。1837—1838年,宾夕法尼亚州制宪会议中反特许状的代表宣称,"特许公司获得的权力,就

---

① Wood, *Empire of Liberty*, pp.709-710.
② Pauline Maier, "The Revolutionary Origins of the American Corporation," *The William and Mary Quarterly*, Vol.50, No.1 (Jan., 1993), p.60.

是从州内拿走的权力,是对社区大众根本权力的损毁"。① 韦伯斯特提到,公共的需要实际上是"大众的感受","从这个层面上,我们处于毁掉《权利法案》的危险中"。② 19 世纪中期,小罗伯特·兰托尔(Robert Rantoul,Jr.)对商业公司提出批评,他坚持认为"平等的法律和特权归所有人所有"是美国宪政的基本原则,要清除"贵族制"的影响,撤销特殊立法。③ 在宾夕法尼亚州修改宪法的会议上,有人提出,"自由政府的公民应该平等地享有社会的优越之处,承担社会的压力"。④

在反对者看来,国家的权力已经侵害了"人民"的权利。美国建国后,建国精英们早已对政府的目标达成共识,那就是保护人的生命和财产,维护人的基本权利。而一切国家权力的拥有和运行都是为了确保人的各项基本权利与自由。因为各个阶层的人都希望通过政府保护,获得财富与利益,然而,政府授权建立商业公司的最大受益人是精英阶层。政府的这种权力操纵必然伤害了其他阶层的权利。他们必然将公司看作"人民"的威胁。一位自称是"老民主派"的人表达了对银行的憎恶:

> 人民都在沉睡。他们还不知道立法机关在赠送特权。他们只有感觉到专制政体的脚步临近,才会意识到危险;他

---

① *Proceedings and Debates of the Convention of the Commonwealth of Pennsylvania, to Propose Amendments to the Constitution, 1837 - 1838* (Harrisburg: Packer, Barrett and Parke, 1837), Vol.1, pp.366 - 367.
② *Charles River Bridge v. Warren Bridge*, 24 Mass.; 7 Pick.344(1829).
③ Luther Hamilton, ed., *Memoirs, Speeches, and Writings of Robert Rantoul, Jr.* (Boston: John P. Jewett and Co., 1854), pp.316 - 317.
④ *Proceedings and Debates of the Convention of the Commonwealth of Pennsylvania, to Propose Amendments to the Constitution, 1837 -1838*, Vol.6, p.84.

们只有感觉到自己被公司欺辱、抢掠和欺骗时,才会认识到风险。公司在既得权力的屏障下,可以肆无忌惮地践踏人民,好像人民是它们的从属和奴隶。[①]

最终反对者的呼声汇聚在一起,推动一些地方政府采取措施,防止某些企业的过度垄断,推进改善普通人的生活环境。可以说,民主的呼声,反过来促使经济发展模式发生转变。

总之,通过1819年危机爆发后的政治反响可以看出,资本主义的初步发展,激发了民众反对任何不平等的诉求,也使政治生活不断民主化。不过这并不意味着资本主义与民主之间保持一成不变的和谐关系,恰恰相反,两者之间始终存在着对抗与冲突。随着19世纪中后期政治民主化进程的不断深化,资本主义发展过程中财富分配的不平等引发了多数民众的强烈不满,在他们与少数有权力的经济精英对抗的过程中,推动了资本主义发展模式的改变。那么,具体到商业公司,在经过了这场冲突之后,它会发生什么样的变化?

二 建国初期财产观念的变化

美国建国初期,一部分政治精英强调,社会精英管理和经营的商业公司能推动社会共同福祉。在建立商业公司的具体操作上,要借助社会精英的私人财产。在他们眼中,私人财产上

---

① "For the N. H. Patriot. Shall the Banks be Reformed!" *New-Hampshire Patriot and State Gazette*, Nov. 24, 1842.

的差别不仅关系到贫富,而且被赋予了政治属性。然而,更多的人似乎并不关心私人财产的政治属性,而更关注财产的多少之分。在不同财产观念的碰撞中,对商业公司中私人财产的认知也发生了变化。

① 政治精英眼中的私人财产

在法律界定上,从 18 世纪末到 19 世纪初,商业公司与市镇公司都是公共机构。自治市镇通过议会颁发特许状,获得财产权,它们的财产权具有与生俱来的公共权威性。然而,商业公司的财产很大程度上是私人资金的集合,而且,并不是所有人都能够将私有财产投入商业公司的经营活动。各州政府只允许少数社会精英投入资本,并赋予他们特权。商业公司之所以具有公共属性,乃是因为各州议会将这些私有财产与公共目标连接起来,赋予了私有财产新的责任与功能,使商业公司的财产也具有了公共特征。

在建国初期一些政治精英的话语中,也反映出汇集少数人私有财产的商业公司具有公共属性。1786 年,宾夕法尼亚州议会的威廉·鲁宾逊(William Robinson)在为北美银行辩护时说,州议会用私人资源为公共服务,并因此赋予了"某些人特权"。当北美银行获得了特许状,它就具有公共服务的价值。[①] 而到 19 世纪

---

① Carey, ed., *Debates and Proceedings of the General Assembly of Pennsylvania: on the Memorials Praying a Repeal or Suspension of the Law Annulling the Charter of the Bank*, pp.11-12.

初,商业公司的"公共特性"依然被强调。1804年,在"黑德和艾默里诉普罗维登斯保险公司案"(Head and Amory v. Providence Insurance Company)中,法官马歇尔对商业公司的性质做出判断,他根据商业公司的界定中包含公共属性,强调商业公司是公共实体,是法令的创造物,只有授权组建它的议会能够改变它。"它的权力只限于那些由议会授予的权力"。法院认定,村镇、公路、运河、保险公司以及学校在内的特许公司都因公共目标而存在,并由政府权力来运作。① 总之,各州法官普遍认为,商业公司就是州的财产,任何人不能进行对其造成损害的竞争行动。② 那么,商业公司中的私人财产为何具有公共属性?这与当时的私有财产观念又有怎样的关联呢?

对于财产的界定,美国政治精英深受古典共和思想和17、18世纪欧洲政治理论家观念的影响。根据古典共和思想,土地是最传统的财产类型。它是"变化最小、形式最长久的财产",是"维持自主权"的最重要保障。它"被看作一个人身份的一部分,也是其权威的来源"。它"被当作维持一个人绅士身份","不受市场变化影响"而悠闲生活的"一种手段"。它能"保护其业主不受外界影响","不受腐败侵蚀","使他们不必你争我夺地做生意","使他们能够做出不偏不倚的政治判断"。③ 在美国建国初期,除了土地,

---

① Head and Amory v. Providence Insurance Company, 2 Cranch U. S. 127(1804);韩铁《试论美国公司法向民主化和自由化方向的历史性演变》,载《美国研究》2003年第4期,第51—52页。

② Morton J. Horwitz, *The Transformation of American Law 1780 - 1860*, Cambridge: Harvard University Press,1977, p.117.

③ Nathaniel H. Carter and William L. Stone, eds, *Reports of the Proceeding and Debates of the Convention of 1821* (Albany, 1821), p.243.

财产也有其他类型,例如政府债券和货币。

在17和18世纪,拥有财产就意味着人格独立。财产不仅被界定为物质所有,还具有人格属性。拥有财产权,就像拥有生命、自由、信仰和财富一样。霍布斯认为,财产是"主观上的概念,由个人智慧决定"。① 在17世纪和18世纪早期,对英国乡村派激进政治家影响最深的是詹姆斯·哈林顿(James Harrington)。哈林顿认为,自由财产能维护个人的公民身份,能使个人摆脱权力的摆布。英国的乡村派推进了哈林顿关于自由财产的观点,认为自由财产赋予公民独立必要的社会基础,使公民能在公共空间中对政治与道德做出公正的选择。② 总之,财产是独立与自治的保证。它使个人形成一个身份,这个身份不仅不是通过外在强制力形成的,而且能抵制、防范"腐败的政治依附"。③

深受这些思想影响的美国政治精英,将财产看作权威与独立的来源。在美国革命时期,大多数人都拥有一定的财产。相比其他国家的居民,合众国居民的财富差别相对较小。所有的财富持有人被认为从根本上是平等的。正如弗吉尼亚的《权利宣言》所提到的,在新的共和国中,财产使人人"同样地自由与独立"。通过财产,可以说明"自己是何种人","并且使自己免受外界压力"。杰斐逊在当时格外强调财产与公民权的同等性。④

---

① Frank M. Coleman, *Hobbes and America: Exploring the Constitutional Foundations* (Toronto: University of Toronto Press, 1977), pp. 82-83.
② Alan Gibson, *Interpreting the Founding: Guide to the Enduring Debates over the Origins and Foundations of the American Republic* (Lawrence: University Press of Kansas, 2006), pp. 26-28.
③ Pocock, *Politics, Language, and Time*, p. 92.
④ Wood, *The Radicalism of the American Revolution*, p. 178.

更重要的是，私有财产还被赋予政治属性。根据洛克的观点，财产权与个人权利、公民权不能被置于对立地位，它们在概念上具有一致性，财产权是个人权利的一部分。个人财产权的质量、持久和安全赋予它政治意义。① 在政体设计中，私有财产被视为划分参议院与众议院的评判标准。建国初期的政治精英普遍认同，为了维护共和体制，根据财产数量，债权人、债务人、农民和手工业者和商人等被划分到拥有"人民权利"和拥有"财产权"的不同集团中。② 麦迪逊曾提到，富有的阶层是少数，"在所有人口数量多的国家，只有较少一部分人关注财产权"。大多数穷人更关注个人的权利。③ 他担忧持有最多财产的阶层的权利遭到侵犯。他和汉密尔顿都认为政府要保护财产的绝对权利不被大众过度侵害。④ 他曾强烈赞同将财产视为选民资格的标准，他提出，在议会中设立两院，是为了保证"人民的权利"和"财产权"分别代表穷人和富人的权利。而马萨诸塞 1780 年的制宪会议就明确规定，参议院以公共税务所占份额选举代表。⑤ 在 1787 年的制宪会议上，弗吉尼亚的代表乔治·梅森多次提议，"要对参议院规

---

① J. G. A. Pocock, *Politics, Language, and Time: Essays on Political Thought and History* (New York: Atheneum, 1971), pp. 80 – 103; Wood, *The Creation of the American Republic*, pp. 214 – 222.

② "Madison's Observations on Jefferson's Draft of a Constitution for Virginia," in Boyd, et al., eds., *The Papers of Thomas Jefferson*, Vol. 6, p. 310.

③ James Madison, "Remarks on Mr. Jefferson's Draught of a Constitution (Oct. 12, 1788)," in Meyers, ed., *Mind of the Founder*, p. 58.

④ Wood, *Creation of the American Republic*, pp. 410 – 411, 503 – 504.

⑤ James Madison, "No. 10," in John C. Hamilton ed., *The Federalist*, p. 109; *Constitution of the Commonwealth of Massachusetts* (1780).

定财产资格,因为参议院旨在'保障财产的权利'"。① 宾夕法尼亚的代表古维诺尔·莫里斯(Gouveneur Morris)则提出,"立法机构设立第二院的目的,就是制约'第一院的轻率、多变和过分举措';而要实现这一目的,除了'能力和美德'外,第二院成员还必须有利益和财产的差异,必须有巨大的个人财产,有贵族精神和独立性"。② 最终,他们将议会分为参议院和众议院,分别代表"人民"的不同属性,体现"不同利益的影响或原则"。③ 可以看出,财产资格成为两院权力能够相互制衡的关键,这样一来,财产就被贴上了"具有政治属性"的标签。

对于政治精英来说,"现代立法的基本任务"就是对各种不同利益进行规范。政府就是相互竞争的利益的中立仲裁者。在《联邦主义者文集》第43篇中,麦迪逊指出立法的任务就是提供"裁判",在给华盛顿的信中,他指出政府在争论中要充当"公正的和心平气和的裁判"。④

私有财产被赋予政治意义,自然与当时的社会环境密切相关。18世纪80年代,在经济困境中,各地民众起事不断。在一部分政治精英看来,由于对民众的自由缺乏足够的限制,美国面

---

① George Mason, June 26, July 26, 1787, in Max Farrand, ed., *The Records of the Federal Convention of 1787* (New Haven: Yale University Press, 1911), Vol.1, p.428; Vol.2, p.121.译文引自李剑鸣《"共和"与"民主"的趋同——美国革命时期对"共和政体"的重新界定》,《史学集刊》2009年第5期,第12页。
② Gouvenneur Morris, July 2, 1787, in Max Farrand, ed., *The Records of the Federal Convention of 1787*, Vol.1, p.512.译文引自李剑鸣《"共和"与"民主"的趋同——美国革命时期对"共和政体"的重新界定》,《史学集刊》2009年第5期,第12页。
③ 李剑鸣《"共和"与"民主"的趋同——美国革命时期对"共和政体"的重新界定》,《史学集刊》2009年第5期,第7页。
④ "Madison to George Washington, Apr.16, 1787," in Hutchinson et al., *The Papers of James Madison*, Vol.9, p.383.

临"民主的暴政"。过度"民主"直接威胁到社会的稳定。无论在政治上还是经济上,他们都对民众的能力与品德产生了极大的不信任。同时,他们更加相信拥有较多财富的社会精英。在这种情况下,他们更强调财产的不平等与利益的多元性。政治精英开始指出,"在所有社会中"都存在"不同的和不一致的利益"。麦迪逊提到,"派别最平常的和最持久的根源是多样和不平等的财富分配。那些拥有财产和没有财产的人在社会中,组成不同的利益"。其中既包括债权人与债务人,也包括了土地利益、商业利益和货币利益。[1] 在《联邦主义者文集》第 10 篇中,麦迪逊将不同的财富获得归因于"人们能力的多样性"和"获取财富的不同和不平等的能力"。"保护这些能力"是"政府的第一目标"。麦迪逊和其他联邦主义者认为,公正有效意味着尊重私人权利,特别是财产权。[2] 在利益多元化的社会,政治精英更加担心"人民"的自由和权利过度。他们担忧拥有较多财产的人的权利遭到侵犯。[3] 在他们看来,财产资格恰恰是制约"过度民主"可以利用的途径。他们按照人拥有财产数量的差异,将人划分成不同集团。1784 年,本杰明·林肯(Benjamin Lincoln)甚至强调,"所有的政府都存在不同利益","拥有更多财产的人有权比贫穷的人掌握更多的政治权力"。因为财产总是有"影响力"的,每个公民如果都掌握相同的权力,政府会完全违反原则,导向毁灭。在他看来,平等的权力

---

[1] James Madison, "No. 10," in John C. Hamilton ed., *The Federalist*, p.108.
[2] 同上,第 110 页。
[3] Gordon S. Wood, *The Creation of the American Republic 1776 – 1787* (New York: W. W. Norton Company, 1993), pp.410 – 411, 503 – 504.

必须被抛弃。①

以财产权作为参议员选举资格的准则反映了政治精英财产权观念的变化。在他们看来,财产权不仅是所有公民的权利,而且是对少数持有较多财富的阶层权利的保障。值得注意的是,相当多的政治精英也是拥有大片土地的大业主。他们将财产看作一种权力。任何要定居在他们土地上的居民,如果没有获得业主的授权,都被视为"掠夺者"和"入侵者"。他们还利用州司法权力来压制"入侵者"。② 他们害怕美国革命会导致"失去控制的、卑鄙的人"误解自由,掠夺他们的财富。在他们看来,对权威的抵制就预示着"崩溃,直至无政府主义"。宾夕法尼亚州议会采用了军事手段镇压农民起事。托马斯·菲茨西蒙斯提到,反政府的活动从边疆"蔓延到更广阔的地区"。他害怕国家产生混乱和无政府的局面,担心国家就此毁灭。他提出,要保护革命的成果,抵挡"偏远地区农耕者"对自由的滥用。拥有一定财产和地位的大业主想保护他们的财产,希望新秩序能保护革命前的合法契约,特别是大片的土地所有权。他们不愿意信任民众,寻求加强政治权力。③ 可以说,议员财产权标准的设定,不只是对"少数精英"的保护,更是对他们的肯定,体现了政治精英视野中民众与精英的差异。这种观念一直延续到19世纪20年代。在1820—1821年

---

① "The Free Republican," *The Independent Chronicle*, Dec. 8, 1785, to Feb. 9, 1786.
② Asahel Stearns, *A Summary of the Law and Practice of Real Actions: with an Appendix of Practical Forms* (Hallowell: Glazier, Masters, 1831), pp. 49 - 55; James Sullivan, *The History of the District of Maine* (Boston: I. Thomas and E. T. Andrews, 1795), pp. 140 - 142.
③ Alan Taylor, "Agrarian Independence: Northern Land Rioters after the Revolution," in Young ed., *Beyond the American Revolution*, p. 225.

的纽约州议会上,法官詹姆斯·肯特和其他联邦党人依然坚持以财产区分参议院和众议院议员。他们要保住"州参议院的选举人所需的拥有自己土地或房屋这一专门的资格"。他们认为,参议员要"与众不同",而财产资格是判断"选民道德与独立性"的标准,而且这种标准是唯一的,是"保护国家不受来势迅猛的乌合之众侵害的唯一手段"。①

建国初期关于建立商业公司的主张,充分反映了政治精英的财产观念。他们赋予少数精英特权,利用他们的私人财产追求公共利益,使社会精英的财产具有权威性。在这样的财产观念下,无论银行和制造业公司,还是国内改进项目,社会精英的私人财产都被赋予了服务于公共利益的新内涵,他们的商业利益被有意识地忽略,经济活动也被赋予了"神圣的使命"。可以说,这种财产观念使商业公司的特权变得合法和合理,推动了财富与权力的垄断。而任何破坏这种特权的行为,会被视为是对社会"共同福祉"的侵害。

② **反对派的财产观念**

实际上,当各州议会将汇集私人资金建立的商业公司界定为公共机构时,引发了相当强烈的反对。更多的人批评私有财产被赋予政治属性,使少数人的财产具有了公共性,由此享有特权,进而侵犯他人的财产和权利。他们希望淡化私有财产的政治属性,

---

① Carter and Stone, eds., *Reports of the Proceedings and Debates of the Convention of 1821* (Albany, 1821), pp.178 – 179, 216, 219 – 221, 246, 268, 284.

维护私有财产在经济生活中的功能。总之,在反对者看来,将一部分人的财产赋予公共性和权威性,就意味着在社会群体中划分出等级,使其他人丧失可能拥有的权利。于是,他们展开对私有财产话语权的争夺。

大多数人认为,财产是自己的劳动所得,而不是区别精英与民众的政治工具。对于生活在乡村的居民来说,早期定居者应该获得他们创造和经营的所有财产。后来的移居者也能获得小块土地。虽然早期的定居者与后来的移居者拥有的财富不等,但是他们的财产都是通过实在的劳动获得的,他们都是独立的生产者。在他们眼中,那些依靠他人劳动而获得财富的业主就是"腐败的寄生虫"。[1] 他们将土地看作最重要的财产。在缅因中部,定居者坚持他们对土地的权利,认为拥有土地无需大业主的授权,也拒绝向大业主交纳任何费用。1761年,希普斯科特(Sheepscot)山谷的许多占地者宣称,他们"有同其他任何人一样的权利",获得荒芜的土地,"他们拥有的就是最好的权利"。他们认为财产根本上是开发荒地的产物,是**物质财产**,是劳动的产品。[2] 劳动创造了拥有财产的合法性,他们要保护自己的"财产权"。普通的乡村居民不反对买卖土地或者扩张已有土地的面积,他们也不反对合法拥有私人财产。他们反对的是财产权成为富人建立"依附制"的工具。根据历史学家艾伦·泰勒(Alan Taylor)的研究,乡村居民认为,任何经济依附,例如佃农或工资

---

[1] Alan Taylor, *Liberty Men and Great Proprietors: the Revolutionary Settlemetn on the Maine Frontier, 1760-1820* (Chapel Hill: University of North Carolina Press, 1990), p.28.

[2] Taylor, *Liberty Men and Great Proprietors*, p.25.

劳动力都通向"奴隶制"之路。有人提到,美国革命解放了小生产者,保护了他们的所得,使他们的劳动成为他们的私有财产。他们认为共和制的基础就是财产在成年白人男性中广泛公平的分配。他们害怕美国复制欧洲,傲慢的贵族剥削贫穷的农民。① 总之,无论是土地还是其他财产,在普通大多数人看来,都是"要被增进或保护的诸多市场利益中的一种",它是"一种物质财物或者资本商品","是可变的","是以人的劳动作为基础的","是世俗幸福的要素"。②

基于这样的财产观念,民众眼中的商业公司并不是"公共权威"。他们认为,商业公司的财产与他们自己的财产在性质上没有差别,都是一种商品,是追求经济利益的资源。于是,对于商业公司给他们财产带来的损失,工匠和农民纷纷要求赔偿。在他们看来,如果商业公司损害了他人财产,它就应该对造成的损害进行补偿。因为个人的任何财产不经允许都不能被剥夺或挪为公用。

在普通民众表达他们财产观的同时,一批政治反对派也对具有政治属性的财产权提出质疑。制宪会议之后,政治精英内部在治国理念上产生分歧。在激烈的党派斗争中,对于财产权的理解,政治精英也并非步调一致。麦迪逊曾主张利用财产权,保证拥有较多财产的人不受"过度民主"的伤害。不过,随着汉密尔顿推行全国财政计划,他开始更担心少数人掌握特权后,会滥用权

---

① Taylor, "Agrarian Independence: Northern Land Rioters after the Revolution," in. Young ed., *Beyond the American Revolution*, p.225.
② Carter and Stone, eds, *Reports of the Proceeding and Debates of the Convention of 1821*, p.243.

力,形成垄断。以杰斐逊和麦迪逊为代表的共和党开始反对联邦党建立"集权政府",批评他们利用财产权,伤害大多数人的利益。在党派冲突中,原先的财产权观念开始动摇。到了19世纪初,一些激进的共和党人彻底将财产权从其政治属性中剥离。反对派认为,以财产资格划分选民的方式是"令人作呕的贵族残余",它使特权阶级永久存在于一个只有"人民"这一种等级的共和国。①

政治反对派开始重新界定私有财产的概念。在一些激进的共和党人看来,财产是"物质财富",是"投机资本","是一种'利益'","人人都拥有均等的权利去获取财产,因为'获得财产的欲望是人皆有之的热望'","这种财产"不再是"一个人身份的组成部分","相反,它'只不过是拥有它的人的诸多权利中的一种'","现代财产,包括土地在内,完全是一个人的劳动与经营技能的产品,它是商业的、动态的,也是无法预测的,和一个人是否自主自立不相干"。② 大法官约瑟夫·斯托里(Joseph Story)表示,少数人将这些私有财富逐渐扩散到"数以千计的表示慈善和传送公共爱心的渠道里"。不过,现代财产不是少数几个"富裕和慷慨的"人的私有财富,现代财产是瞬息万变的——"就像时刻变幻的海浪一样"——而且它属于所有的人,它是"对大家的祝福,祝愿繁荣遍及整个社会"。它是"创造各种舒适生活的源泉"。它促进了"个人幸福;不论是拥有一星半点财产的最贫贱的人还是在美国地位至高无上的人",甚至包括那些只有"一块美元"的人,"人人

---

① Carter and Stone, eds, *Reports of the Proceeding and Debates of the Convention of 1821*, p. 219-220.
② 同上,第235页,第243页。

都为共同的舒适生活做出自己的贡献"。① 曾主张将财产作为区分选民标准的法官肯特也认识到,现代财产并不是统治或独立的资本。他在《评论集》中写道:"人类之所以有财产的观念,是为了摆脱愚昧状态,激励自己去行动。"② 正是由于这些对财产的新认识,关于财产权的观念也随之发生了变化。丹尼尔·韦伯斯特(Daniel Webster)明确提出,财产权为大多数人所广泛拥有,大多数人都有机会获得额外的财产,民主与财产权是一致的。③

③ 私有财产观念的变化

普通民众、政治反对派与商业公司投资人对财产的理解,显然与主张建立商业公司的政治精英存在差异。他们的财产观脱离不了当时的历史情境。在政治上,对政府滥用权力的恐慌;在经济上,商品交易范围的不断扩大,都推动了对财产的多样化解释。18世纪末到19世纪初的美国,随着经济活动范围扩大、劳动分工的出现和市场的逐渐形成,相当多的人看待财产的出发点是追求利益与个人幸福。在市场中,财产成为绝对的权利。在马萨诸塞,私有财产被普遍认为是不可侵犯的权利,是比"社会赋予的其他权利都高"的权利。有人提出,没有财产权,"其他权利就

---

① Merrill D. Peterson, ed., *Democracy, Liberty and Property: the State Constitutional Conventions of the 1820s* (Indianapolis: Bobbs-Merrill Co., 1966), pp. 79 – 82.
② Edward S. Corwin, "The Basic Doctrine of American Constitution Law," *Michigan Law Review*, Vol. 12, No. 4 (Feb., 1914), p. 262.
③ *Journal of Debates and Proceedings in the Convention of Delegates, Chosen to Revise the Constitution of Massachusetts, Begun and Holden at Boston, November 15, 1820, and Continued by Adjournment to January 9, 1821*)(Boston, 1853), p. 278, p. 312.

毫无价值"。① 几乎所有的工匠、农民、渔民和商人都拥有"不可侵犯"的财产权。而政治精英将财产作为区分精英与民众标准的观点越来越不被接受。在大多数人看来,精英和民众的财产都是保证和获得个人利益的资源,属于私人范畴,在本质上并无分别。

在建国之初,政治精英就对国家如何保护公民权利达成共识。他们建立了以"人民主权"原则为基础的代表制政府,实行分权与制衡原则,最重要的目标就是保护"人民"的基本权利。在麦迪逊看来,人类的基本生活是一个私人化的空间。政府的角色不是干涉社会活动,而是监督或者规范私人领域的很多利益竞争。只有政府"公正"的运作,私人权利,特别是财产权才能得到保护。而干涉这些权利,就会产生比任何其他结果都要坏的罪恶。② 麦迪逊将所有关于经济政策的决定看作与司法相关的问题,是个人权利的范畴,其中包括了关于债务人和债权人的法律、保护国内制造业、限制海外贸易、税务分配等问题。③

根据大多数人对财产的理解,财产权正是属于政府应该保护的基本个人权利。亚当·斯密认为,"政府的根本功能就是保护财产权"。政府应该保持公正,而不是利用权力分配财产。政府要对财产权提供合理的保护。在美国,不少强调财产的经济与社会功能的政治家与时评人也提出了类似的看法。詹姆斯·沙利

---

① "A Plea for Peasant Proprietors," *North American Review*, Vol. 67, No. 140 (July, 1848), p. 121.
② Max Farrand, ed., *The Records of the Federal Convention of 1787*, Vol. 1, p. 134.
③ Rakove, *Original Meanings*, p. 315.

文提出:"我们人民拥有财产所有权,他们想用法律和政府来保护它。"①政府的目标就是要保证财产权的安全,关于保护财产权的法律任何人都不能撤销,它至高无上。②

对于商业公司的财产权,很多人提出了政府不能随意干涉的要求。早在1774年,塞缪尔·亚当斯在伯克希尔县会议上就宣称:"任何被赋予特许公司或政治实体的特权和自由,在没有经过它们同意的情况下,都不能随意被剥夺。"③有人表示,当投资者扩大经营,将利润作为动机时,政府不能按照"唯一的原则"管理商业公司。商人更是相信,"政府的干涉是有害的",他们援引欧洲历史,用英国的自由和繁荣,同法国的限制与落后做比较,认定革命时期对经济活动的干涉有害。④ 到了1802年,汉密尔顿承认立法机构不能侵犯已经颁发的特许状。他写道:"立法机构赋予权力或者取消权力是普遍的事实,但是并非放之四海而皆准的事实。所有**既得权利**对规则形成了一个特例。"⑤1804年,弗吉尼亚州法院认定,州议会可以做很多事,但是不能侵犯私人产权和既得财产权。⑥

可以看出,在大多数人的财产观念中,财产并不具有"公共权威性"。他们更强调财产的"社会属性"。象征独立与权威的财产

---

① "O. R. H. Lee, Apr. 11, 1789," in Thomas C. Amory, *Life of James Sullivan with Selection from His Writings* (Boston, 1859), Vol. 2, p. 392.
② Oscar and Mary Handlin, *Commonwealth*, p. 209.
③ *Massachusetts Spy*, July 28, 1774.
④ Oscar and Mary Handlin, *Commonwealth*, p. 116, p. 149.
⑤ "The Examination," 23 Feb. 1802, Syrett, eds., *The Papers of Alexander Hamilton*, Vol. 25, p. 533.
⑥ *Turpin v. Locket*, 10 Va. 113(1804).

概念开始让位给代表冒险与商品交换的财产概念。随着财产观念的变化,财产权与其政治属性之间的联系也被斩断了。因为财产变化越来越频繁,将财产权作为议员候选人资格和投票人资格就逐渐失去了意义。在纽约,共和党人1812年称,拥有财产不能证明"有高尚的美德、眼光或爱国主义"。① 到1825年,除了罗得岛、弗吉尼亚和路易斯安那之外,所有州都实现了成年白人男性的选举权。②

关于财产权的裁定与判断更多出现在联邦和各州的司法机关。法院被认为是保护个人权利的机构,是私人领域解决个人争端的最有效组织。③ 在1789年,杰斐逊就承认,法官能够运用《权利法案》保护个人基本权利。④ 大法官马歇尔也表示,个人合法权利必须由司法权威协调。⑤ 在18世纪80年代末期,麦迪逊曾呼吁一些开明而公正的人排除利益集团政治对州议会的干扰,通过联邦政府解决各州的利益争端。然而在19世纪初的几十年间,他与其他美国人则认为司法部可能是唯一能够担任这一角色的政府机构。⑥ 从18世纪末到19世纪初,法官普遍遵循普通法原则,对社会经济范畴活动做出规范。在法院,法官对财产权的

---

① Harvey Strum, "Property Qualifications and Voting Behavior in New York, 1807 - 1816," *Journal of the Early Republic*, Vol.1, No.4 (Winter, 1981), p.359.
② Wood, *Empire of Liberty*, p.430.
③ Wood, "The Origins of Vested Rights in Early Republic," *Virginia Law Review*, Vol.85, No.7 (Oct., 1999), p.1440.
④ "Letter from Thomas Jefferson to James Madison(Mar. 15, 1789)," in James Morton Smith, ed., *The Republic of Letters: The Correspondence Between Thomas Jefferson and James Madison, 1776 - 1826* (New York: Norton, 1995), Vol.1, pp.586 - 587.
⑤ *Marbury v. Madison*, 5 U.S.; 1 Cranch 137(1803).
⑥ Wood, "The Origins of Vested Rights in Early Republic," *Virginia Law Review*, Vol.85, No.7 (Oct., 1999), p.1445.

判断能够避开党派利益或某些利益集团的干扰,提供衡量支配财产是否合理的标准。总之,人们普遍认为,司法部门作为"人民"的"受托者",保护财产权不受联邦和各州"不负责任的"议会侵害。很多共和党人都提出,所有涉及财产权的问题都只能由法院来判定。在很大程度上,法院承担了"社会工程师"的功能,在经济功能与其造成的损害之间不断平衡。①

三 商业公司属性的变化与社会民主化

在围绕商业公司的争论与冲突中,越来越多的人开始认为追求私人利益是推动社会"共同福祉"的有效途径。原先为防范私人利益侵犯共同利益而对商业公司做的界定和限制就丧失了意义。与此同时,财产被更多地看作个人获取利益的资源,财产权被赋予的"政治属性"也逐渐被弱化。在这种情况下,继续将商业公司中的私人财产视为具有"公共权威"特征,显然有悖于大多数人对财产的理解。可以说,这一系列观念上的变化,推动了对商业公司属性的重新界定。

① 商业公司的"去公共化"

根据商业公司反对者的言论与行动可以看出,这些人既不

---

① Horwitz, *The Transformation of American Law 1780 - 1880*, p.102.

将个人利益视为"共同福祉"的对立面,也没把商业公司看作公共机构。在他们看来,推进"共同福祉"不能依靠社会精英,追求个人利益才是推动"共同福祉"的途径。而相反,政府授予少数人特权建立商业公司,则会伤害大多数人利益,阻碍追求"共同福祉"。

在18世纪,欧洲一批哲学家与政治经济学家开始强调个人利益与公共利益并不对立。荷兰哲学家伯纳德·曼德维尔(Bernard Mandeville)提出,在政治家的引导下,贪婪的个人利益能够推动公共利益。[①] 在孟德斯鸠看来,虽然欲望可能促使人们"做坏人","但是其利益却阻止他们这样做"。[②] 亚当·斯密表示,在自由市场的机制下,个人追求私人利益会自然地促进社会的公共利益。这些思想也在逐渐影响着美国人。[③] 一些人对依靠精英的美德推动公共利益持严重怀疑态度。诺厄·韦伯斯特则直接挑战了古典共和主义中美德是社会基础的观点。他指出,美德从不占主导,个人利益到处都有。[④]

社会存在多样的个人利益是政治精英普遍承认的事实。评论家们指出,社会不是只有一种单一的共同利益的社会,而是由"商人、农民、种植园主、技工和士绅或富人等诸多不同阶层和等

[①] 参见 Bernard Mandeville, *The Fable of the Bees or Private Vices, Publick Benefits* (London, 1725)。

[②] 艾伯特·奥·赫希曼:《欲望与利益——资本主义走向胜利前的政治争论》李新华、朱进东译,上海文艺出版社2003年版,第3—4页。

[③] Adams Smith, *An Inquiry into the Nature and Causes of the Wealth of Nations*, Vol.1, pp.418-421.

[④] Noah Webster, *Sketches of American Policy* (New Jersey: The Lawbook Exchange, 2008), p.25.

级的人"组成的具有多样性的混合体。① 美国革命时期,有人表示,承认各种利益是决定共同利益的基础。当政府抹杀了个人利益,"充满愤恨的人民会将权力重新掌握在自己手中"。② 可以说,一个阶级或一个利益集团的人永远无法切身体会另一个阶级或者集团的人的"处境与需求"。③

在制宪时期,很多政治精英都表示,自我保护和个人利益是人的根本,也是个人活动的基本动机。政府的目标就是保护自由和自然权利。④ 有人写道,政府里唯一"公平的代表制"应该是"社会每个阶层团体……都能共同参与的"。⑤ 建国者设计出一套适用于利益多元化社会的代表制政体,在制度上认可并规范个人利益。所以,代表制政府并非单一利益的代表,而是代表了社会利益的多元性。他们选举代表,不是因为他们的才能、正直与爱国主义,而是因为与他们相同的兴趣与动机。⑥ 因此,代表制政府实际上是个人利益的集合。在这样的社会中立法不是超越不同利益,而是集合它们。⑦

代表制政体为不同利益参与政治生活提供了保证。对个人利益与社会"共同福祉"关系认知的改变发生在18世纪90年代

---

① Philip A. Crowl, "Anti-Federalism in Maryland, 1787–1788," *The William and Mary Quarterly*, Vol. 4, No. 4 (Oct., 1947), p. 464.
② Oscar and Mary Handlin, *Commonwealth*, p. 33.
③ James Winthrop, "Letters of Agrippa," *Massachusetts Gazette*, Dec. 14, 1787.
④ Herman Belz, "Introduction," in Herman Belz, Ronald Hoffman and Peter J. Albert, eds., *To Form a More Perfect Union*, pp. xi–xii.
⑤ Richard Henry Lee, Walter Hartwell Bennett, ed., *Letters from the Federal Farmer to the Republican* (Alabama: The University of Alabama Press, 1978), p. 10.
⑥ "The Republican," Hartford *Connecticut Courant*, Feb. 5, 1787.
⑦ 引自 Wood, *The Creation of the American Republic*, p. 608.

以后。18世纪末,涌现出大量关于17—18世纪农业、贸易以及制造业领域的论著。这些论著的出现在一定程度上意味着经济活动作为独立空间,得到人们的关注。人们不再认为个人利益与共同福祉针锋相对。认知上的变化自然与社会经济发展密切相关。人们在经济活动增多的情况下,开始挑战那些拥有特权的精英。① 对于普通民众来说,他们始终没将个人利益看作一个抽象的东西,而认为要通过劳动创造它。他们希望参与决定什么是公共利益,认为选民个人的幸福和安全,才是公共利益的目标。② 另外,18世纪90年代的党派斗争也推动了对个人利益的认识的改变。以杰斐逊为代表的共和党担心,联邦党的治国之路会造成财富垄断和集权。麦迪逊还预言,富人拥有过多权力就会伤害"人民"的权利。他指出,大众参与变成一种形式,"人民"对政府的责任和控制毫无感觉,结果是权力结构远离"人民"中的基础。③ 在对国家的忧虑中,共和党开始利用个人利益的正面力量。在反对联邦党的活动中,他们号召并发起了民众捍卫自由与权利的运动。个人利益被他们赋予理性实现个人目标的含义。他们激发起个人追求自由与利益的热情。出于对个人利益的追求,人们开始挑战少数精英的"政治权威",质疑政府官员的公正性。他们强调个人利益能使普通人独立与自治,还能引导社会变

---

① Joyce Appleby, "Republicanism in Old and New Contexts," *The William and Mary Quarterly*, Vol. 43, No. 1 (Jan., 1986), pp. 31-32.
② "Worcestriensis," *Massachusetts Spy*, Aug. 14, 1776.
③ Jennifer Nedelsky, "The Protection of Property in the Origins and the Development of the American Constitution", in Herman Belz, Ronald Hoffman and Peter J. Albert, eds., *To Form a More Perfect Union*, p. 65.

得更加平等。① 总之,在共和党的话语逻辑中,个人利益与社会的"共同福祉"并不存在绝对的冲突,反而可能是一致的。

很多人开始强调,通过私人的经济活动推动"共同福祉"。威廉·保罗·亚当斯提到,这段时期,推进公共利益被认为是保护生命、自由和财产权利的保证。这样一来,公共利益和私人利益之间有了一致性。② 在1800年以后,一些共和党人更加认同个人利益与共同利益的一致性。有人提到,"每一个人努力去争取自己的利益才能够最大程度地促进公共利益"。③ 他们认为,应该通过建设性的方式形成寻求个人利益的渠道,将经济建立在自由参与的基础上。政府需要做的就是保证每个人遵守规则。

随着观念的变化,在对商业公司的界定上,发生的最突出的变化之一就是政治精英开始承认商业公司中的私人财产。在司法裁判中,法官逐渐将商业公司与公共机构区分开来,确认了商业公司的私人特征。

在很多司法裁判中,商业公司中的私人财产都获得了承认。1804年,马萨诸塞州议会颁发特许状,建立前街公司(Front Street Corporation)发展波士顿的房地产,集资修路,但是一位土地拥有者并不愿意加入。公司认为,这片土地的所有拥有者都是公司成员,他们应该履行自己的职责。不过,法院却将这个商业公司与自治市镇加以区分。法官艾萨克·帕克(Isaac Parker)指出,自治市镇由"公共法令"颁发建立,虽然商业公司建立的初衷

---

① Appleby, *Capitalism and a New Social Order*, pp. 96 - 97.
② William Paul Adams, *The First American Constitutions*, pp. 218 - 229.
③ 引自 Wood, *The Radicalism of the American Revolution*, p. 296.

是推动公共便利,但是前街公司的资金是私人财产,是个人为了获得利益而运营的,因此有别于自治市镇。最终法院保护了个人的财产权,尊重个人意愿,认定政府不能强制违背个人意愿,使用他们的财产。① 在这个司法裁决中我们可以看到,法官不仅承认公司投资人的目标是获得私人利益,而且也认定公司的财产是私人财产。1806年,马萨诸塞州高等法院承认,当时组建不久的收费公路公司是私人性质。在当时的判决中,法官认为,合法授予商业公司的权力,都不能被之后制定的法律破坏。除非在商业公司建立时制定的法律中,将此项权力保留给了立法机关。② 1828年,在迈纳诉讼亚历山德里亚手工业者银行案(Minor v. The Mechanics Bank of Alexandria)中,法官提到,法院要保护股东的私人财产,并且维护公共利益。③

如果说承认商业公司中的私人财产只是前奏的话,那么将商业公司与公共机构区别看待,则意味着进入重新界定商业公司属性的主题。19世纪第二个十年里的两次司法裁判,对区分不同性质的特许公司产生了重要影响。

1815年,联邦最高法院开始审理特雷特诉讼泰勒案(Terrett v. Taylor)。这场诉讼案的起因是一场由教堂土地引发的纠纷。在弗吉尼亚的费尔法克斯县,济贫院想占用教堂的土地,其负责人提出,教堂土地的支配权应归州所有,而州政府应把这块土地授予济贫院。济贫院先是将诉讼提交到巡回法院,不过法院很快

---

① Oscar and Mary Handlin, *Commonwealth*, p.150; *Ellis v. Marshall*, 2 Mass.; 2 Tyng 269(1807).
② *Jonathan Wales v. Benjamin Stetson*, 2 Mass., 143(1806).
③ *Minor v. The Mechanics Bank of Alexandria*, 26 U.S. 46; 7 L. Ed. 47(1828).

驳回了济贫院的诉讼。之后,济贫院继续诉讼至联邦最高法院。最高法院对教堂土地的归属权展开讨论,并最终认定征收教堂的土地必须得到教堂的同意。

在讨论中,联邦最高法院大法官约瑟夫·斯托里区分了不同性质的特许组织。而他区分特许组织的根本标准就是财产。根据财产的归属,他强调,特许公司分为公共和私人两类。议会能够修改公共特许公司的特许状,限制公共特许组织的行动,但是公共特许组织只包括乡村和市镇,它们的存在是为了公共的目标。其他特许组织,包括商业公司和学院,都是私人财产。因为私人公司受到自然法的保护,一旦被赋予特许权,公司的财产和权利就不能被侵犯,所以不能修改或撤销私人公司的特许状。①

区分公共特许公司和私人公司,意味着对商业公司的界定发生了变化。以往,虽然商业公司的大部分资金或全部资金来自私人,但是政府将它视为公共机构,公司中的私人财产也具有"公共属性"。而随着越来越多的人将财产看作私人经济活动和获取利益的资源,资金来自私人的商业公司也被相当多的人视为私人机构。斯托里本人就是发展商业和制造业的支持者。同大多数人看待财产的观念一样,他将财产看作能够使人获得利益的资源。他提到,财产使人成为一个"个体",属于私人空间。而且他还认为,宪法的目标是使法律促进理性的经济发展。② 他根据公司财产归属,而不是根据公司的功能,来区分公共公司和私人公司。在他看来,私人公司包括了股份来自私人的银行、保险公司、运

---

① *Terrett v. Taylor*, 9 Cranch. U.S. 43(1815).
② Newmyer, *Supreme Court Justice Joseph Story*, pp.118-119.

河、桥梁和收费公路公司。① 实际上，斯托里对特许公司的区分，是将商业公司视为私人机构的认知合法化了。

当然，斯托里的裁决并不意味着国家权力不能介入私人财产。没有人怀疑议会可以使用征用权，将私有财产用于公共目标作为补偿。但是根据现在的裁决，只要既得权利优先于议会权力，议会权力就要在一定范围内行事，它要受到限制。② 斯托里认为，判决遵循正义原则，以"每个自由政府的基本法"为标准，按照"美国宪法的精神"，在"最受尊重的法庭"产生。③ 可以说，经过这场司法裁决，国家权力与商业公司之间的界限更加分明了。商业公司在"去公共化"的道路上迈出了关键一步。

在1819年的达特茅斯学院案中，大法官约翰·马歇尔（John Marshall）则根据特雷特诉讼泰勒案的先例，承认了资金来自私人的公司的私有属性。1769年，王室颁发特许状建立达特茅斯学院。在1815年，主要由公理会和联邦党人组成的学院的受托人撤销了长老会教徒以及共和党人约翰·惠洛克（John Wheelock）的校长职位。惠洛克上诉至新罕布什尔州议会，议会撤销了1769年的特许状，建立了新的特许公司——达特茅斯学院，恢复了惠洛克的校长职位。不过，就在惠洛克恢复职位后不久，联邦党人向州最高法院起诉，认为州议会侵犯了他们的既得

---

① *Dartmouth College v. Woodward*, 4 Wheaton. U. S. 668(1819).
② J. A. C. Grant, "The 'Higher Law' Background of the Law of Eminent Domain," *Wisconsin Law Review*, Vol.6(1930 – 1931), p.70.
③ Sylvia Snowiss, "Text and Principle in John Marshall's Constitutional Law: the Cases of Marbury and McCullough," *John Marshall Law Review*, Vol.33, No.4 (Summer, 2000), p.990.

权利。州最高法院拒绝了他们的请求,法官认为,达特茅斯学院是为公共利益服务的公共机构,不存在是否侵犯既得权利的问题。之后,联邦党人上诉至联邦最高法院。大法官约翰·马歇尔做出了颠覆性的决定。他根据斯托里的判定,承认达特茅斯学院是私人拥有的特许公司。根据法官斯托里的观点,不能因为特许公司为公共服务,就认定它们是公共的,凡是资金来自私人的团体都是私有的。①

马歇尔进一步区分了私人公司和公共公司:"私人公司由私人投资,公共公司由政府或行政部门负责。"如果政府为公共利益建立银行,并拥有银行股份,银行就是公共公司。但是,如果私人拥有银行股份,即使银行由政府创立,并以公共利益为目标,银行也是私人公司。② 可以看出,建立商业公司为公共利益服务的目标没有改变,但是对商业公司的界定却改变了。商业公司被赋予的"公共属性"消失了,它被认为是私人经济组织。同时,这也意味着个人利益推动公共利益的理念得到了承认。

马歇尔还运用了"契约"这个古老概念,以保护特许法人组织中的私有财产。塞缪尔·亚当斯曾提到,契约权利就是为了防范议会滥用权力。③ 而在特许法人组织中,契约概念成为保护私人财产不受州政府侵犯的依据。马歇尔将学院的特许状看作州与特许团体之间的契约,并且根据联邦宪法第一条第十款规定,学院的特许状不能被州改变,州不能强加给学院一些不包含在特许

---

① *Dartmouth College v. Woodward*, 4 Wheaton. U.S. 668(1819).
② 同上注。
③ Oscar and Mary Handlin, *Commonwealth*, p.154.

状中的条例,也不能修改条例。① 而早在1802年,纽约州参议院的莫里斯就使用了契约的概念来保护商业公司建立者的管理权。他认为,当政府赋予一个人权力建立收费公路或者桥梁后,不能通过随后的法律将它撤销,因为政府制定了合约,就要遵守它。② 马歇尔的裁定将受契约保护的范围扩大了。在契约的概念下,不仅学院建立者的管理权得到保护,而且他们的私有财产也得到了保护。③

根据斯托里和马歇尔的裁定,商业公司不被视为公共机构,其中的私人财产不仅得到承认,而且受到保护。可以说,商业公司的私有特征具有了合法性。

在承认了商业公司中私有财产的同时,很多商业公司承担的职责也减少了。汉德林夫妇指出,1820年之后,商业公司对损失的补偿减少了。每个商业公司负担的责任不能超过它的投入总量。④ 对于自治市镇这些特许组织,无限的征税不会侵犯成员的财产权,但是对商业公司的无限征税,就会侵犯其成员的财产权。在波士顿和伍斯特,州政府建立了两条铁路——波士顿与伍斯特铁路以及西部铁路。不过州政府对铁路公司没有太多的限制,公司花销较小,并保持垄断,他们基本能够自由运营,而不受政府的

---

① 引自 Eric Hilt, "When did Ownership Separate from Control? Corporate Governance in the Early Nineteenth Century," *The Journal of Economic History*, Vol.68, No.3 (Sept., 2008), p.660。
② *Debates in the Senate of the United States on the Judiciary During the First Session of the Seventh Congress* (Philadelphia, 1802), p.39.
③ *Dartmouth College v. Woodward*, 4 Wheaton. U.S. 668(1819).
④ Oscar and Mary Handlin, *Commonwealth*, p.158.

直接摆布。①

越来越多的政治精英表示,商业公司越来越不像是服务于社会"共同福祉"的公共机构,而是个人为了使合作更加方便而建立的私人机构。一位律师提到,"建立制造业公司的真正目标是促进合作"。1807年,法官西奥多·塞奇威克(Theodore Sedgwick)将股东和合伙人做了类比。② 一年之后,帕森斯强调,公路公司通过收取通行费获得利润,公司成员投资股票而获得分红。③ 1824年,斯托里在伍德诉达默案(Wood v. Dumme)中用了同样的解释:资本是信托基金,商业公司是托管人,股东是信托资产受益人。④ 很多人将商业公司看作经济生活的一部分,是获得私人利益的途径。有人指出,投资者就是为了分红和个人利益而建立商业公司。"商业公司能够以任何方式,出于任何目的",最大程度地发展商业。"它只对拥有的财产负责。"它用于实现投资者的个人利益,获得一次又一次的分红。"股东成为商业公司的债权人,从某种程度上,他们非但不对商业公司负责,相反,商业公司要向他们负责。"⑤ 还有评论人在19世纪发表评论认为,"铁路公司完全是私人性质的",因为它同"私有公司"一样,都是为了增加公司利润的私人企业。"铁路属于他们所有","增长的利润也属于私人所有"。"它可能有助于公共利益",但是提高公共利益并

---

① Oscar and Mary Handlin, *Commonwealth*, p.175.
② *Gray v. Portland Bank*, 3 Mass.; 3 Tyng 364(1807).
③ *Tippets v. Walker*, 4 Mass.; 4 Tyng 595(1808).
④ *Wood v. Dummer*, 30 F. Cas.435; U.S. (1824).
⑤ "For the Register. Liability of Stockholders in Manufacturing Corporaiton-No. V," *Essex Register*, May 29,1826.

不是它的目标。它同银行、制造业、商店、酒馆、律师所或其他私人公司一样,都是私人公司,为私人牟利。①

原先为了保证商业公司的"公共特征"而采取的一系列政策被修改或者干脆撤销。在宾夕法尼亚州,1831 年颁发的银行特许状中,银行董事会中州议员的席位减少了 4 个。这样,尽管州持有银行 1/3 的资金,对银行事务的影响却变弱了。② 到 19 世纪 40 年代,宾夕法尼亚州议会清除了大部分州持有股份。到 1850 年,各地的商业公司都失去了它们的"官方色彩"。有限责任被加入商业形式中。1857 年,宾夕法尼亚州政府颁发宪法修正案,禁止对商业公司进行公共投资。③ 这些行动表明,州政府无意再保持商业公司的"公共机构"形象了。

② 投资人责任的变化

在建国之后相当长的一段时期内,商业公司股东承担的职责与自治市镇成员没有分别。因为自治市镇的公共特征,所以它的成员要对自治市镇的债务承担责任。虽然大部分商业公司的财产是私有财产,股东不是其所有财产的所有者,但是他们也要为"整体负责"。自治市镇与商业公司都拥有权力,向其成员征集更多资金,用来交付债务或者用于其他目的。同时,商业公司成员也不能提出任何违反商业公司公共义务的诉讼。1800 年,在汤

---

① "Shall the People or Shall Corporation Rule?" *New-Hampshire Patriot and State Gazette*, October 7, 1841.
② Schocket, *Founding Corporate Power in Early National Philadelphia*, p.92.
③ Hartz, *Economic Policy and Democratic Thought*, p.82.

普森诉讼拉塞尔案(Thompson v. Russell)中,海马克特剧院公司(Heymarket Theater Corporation)主席向其股东征集额外资金,一些股东拒绝支付。法院裁定股东的拒绝无效,他们应该支付这笔费用。实际上,法院的判定是对商业公司股东有限责任的否定。① 在一项关于保险公司的法令中,立法者考虑的仍然是如何使股东对公司所有的损失负责。1800年以后,在马萨诸塞州,人们普遍认为公路公司成员要担负潜在损失。根据法律规定,乡村居民要为乡村公共公路的建立承担个人责任,而同样的责任在公路公司也适用。② 运河公司的法规也提及,当公司需要赔偿其造成的他人损失时,公司能够向其成员征收这笔费用。③ 在1809年,制造业领域的商业公司法律规定,政府能向公司和公司中的任何成员征收税款。④ 在银行业,股东对公司债务负责的现象也非常普遍。⑤

不过,随着商业公司的"去公共化",商业公司中股东的个人责任也发生了改变。有人表示,既然承认商业公司中的私有财产,商业公司投资人所负担的责任同他投资的资产份额应该是成比例的,"若商业公司投资人只拥有一定数额的股份,却要对全部债务负责,这就违反了商业公司的精神"。⑥

在逐渐扩大的市场活动中,个人更多的是要对经济行为负

---

① William E. Nelson, *Americanization of the Common Law: The Impact of Legal Change on Massachusetts Society, 1760 - 1830* (Cambridge: Harvard University Press, 1975), p. 133.
② Oscar and Mary Handlin, *Commonwealth*, p. 148, p. 146.
③ 同上,第159页。
④ 同上,第160页。
⑤ Nelson, *Americanization of the Common Law*, p. 135.
⑥ "Miscellany, Speech of Mr. Prince," *Salem Gazette*, March 8, 1825.

责,他们的责任被更多地划定在商业范畴,而不是公共服务范畴中。在纽约,伊利运河的完成、蒸汽船在内陆航线中的应用、纺织品与金属工业新技术的运用以及机械化的生产,都推动了经济快速发展,财富迅猛增长。在这种商业蓬勃发展的情况下,商业公司中有限的个人责任被认为是"开发新商业机会的最佳合法途径"。[①] 1809 年,在"安多福与梅德福收费公路诉古尔德案"(Andover and Medford Turnpike Corporation v. Gould)中,公路公司要求其成员为修建公路支付一定的费用,但是遭到成员的拒绝。法院认定,如果公路公司的成员没有保证交纳这笔费用,那么他们就不能承担公司债务。公司对拖欠者唯一能做的是以他们能卖掉的价格卖掉股份。成员只需根据其在铁路公司的股份进行补偿。这项裁决意味着,法院不仅保护个人财产,而且限定了商业公司股东的责任。投资人在参与商业公司的过程中更有主动性,他们的职责在发生转变。在以往的案例中,商业公司的股东往往被认为是在为公共利益服务,因此有责任担负商业公司的债务,但在古尔德案中,股东与商业公司的关系被看作一种契约,他责任的大小要根据他的股份决定,要由与商业公司的契约来决定。[②]

19 世纪以后,各州法院判定,商业公司的股东或投资人仅仅承担有限责任。个人并不必受制衡商业公司公共特征的法律制度控制。在 1819 年,最高法院的两个案例中,都做出了银行股东

[①] Ronald E. Seavoy, "The Public Service Origins of the American Business Corporation," *The Business History Review*, Vol.52, No.1 (Spring, 1978), p.59.
[②] *Andover v. Medford Turnpike Corportaion*. 6 Mass.; 6 Tyng 40(1809).

不需对银行债务担负个人职责的裁定。① 法官裁定，根据普通法原则，"个人无需负责"。② 除非立法明确规定了责任条款，他们才对银行债务负责。同样，在制造业中，法官也缩小了股东的职责。例如，他们规定，除非债务人证明股东卖出股票是为了击垮公司的债务人，否则，卖出股票的股东不再对公司债务负责。③ 另外，法官还判定，已经去世的股东不需对公司债务负责。④ 最后，不经股东同意，股东无需交纳公司征收的税款。⑤ 法官希望通过这些裁定，公正地对待债务人和股东，股东只需对他投资的部分资金负责。这项规定也使股东从"不良资产"中退出。⑥ 在1819年以后，商业公司股东的有限责任制更加明确了。在1826年，马萨诸塞州法官杰克逊确定，如果马萨诸塞慈善机械工人联合会建楼，个人不需要为建楼发生的债务负责。因为"成员"享有一些自由的权利，不需要对所有的事务负责。⑦

在19世纪20年代，各州议会在建立新的商业公司时，减少了股东的职责。⑧ 1825年，颁发运河的特许状规定，股东不负担全责。很多人已经将有限责任看作合情合理的。在1827年，议会修改了制造业公司股东负全责的法令。3年之后，议会彻底撤

---

① *Spear v. Grant*, 16 Mass.；16 Tyng 9(1819)；*Vose v. Grant*, 15 Mass.；15 Tyng 505 (1819).
② *Spear v. Grant*, 16 Mass.；16 Tyng 9(1819).
③ *Bond v. Appleton*, 8 Mass.；8 Tyng 472(1812).
④ *Ripley v. Sampson*, 27 Mass,；10 Pick.371(1830)；*Child v. Coffin*, 17 Mass.；17 Tyng 64(1820).
⑤ *Franklin Glass Co. v. White*, 14 Mass.；14 Tyng 286(1817).
⑥ Oscar and Mary Handlin, *Commonwealth*, p.146.
⑦ 同上，第158页。
⑧ 同上，第148—149页。

销了这样的法令,对股东施行有限责任制。① 到 1830 年,有限责任制在商业公司法中被普遍建立起来。当有限责任成为制度的一部分,商业公司也越来越有利于投资人追求个人利益。

③ 商业公司的"去特权化"

在 18 世纪末,由于商业公司被州议会界定为"公共服务机构",所以它们不仅拥有特权,而且它们的特权具有排他性和垄断性。直到 19 世纪第二个十年,在法律上,商业公司与其他公共机构之间仍没有明确差别。一些人将商业公司当作公共机构的一种形式,不允许其他组织与商业公司竞争。②

然而,越来越多的人承认,私人利益能够推动社会"共同福祉",并将商业公司组织视为私人获利的机构。在这些观念影响下,相当多的人主张政府应该扩大利益的平等分配,反对将建立与经营商业公司的特权赋予少数精英。很多反对者表达了对政府控制商业公司的不满。在马萨诸塞,有人提出异议,产业需要独立,"人民"而非政府是他们利益的判断者,要允许自我规范。③

现实生活中,防范财富集中、争取平等利益分配始终是大多数美国人对政府的要求。弗吉尼亚人曾向州议会请愿,提供土地

---

① Nelson, *Americanization of the Common Law*, p.136.
② Horwitz, *The Transformation of American Law 1780 - 1860*, p.50.
③ Willard Phillips, *A Manual of Political Economy*, p.195, p.209, p.210; "Public Interests," *Boston Commercial Gazette*, Sept. 23, 1819.

转让模式,使普通人能限制垄断。1776年,宾夕法尼亚居民提议利用州的《权利宣言》,使新的州政府通过关于土地的法律,禁止财富的过度积累。他们认为,财富过度积累"对人民权利是危险的,对人类的共同幸福是毁灭性的"。① 在新泽西,缓解债务人的立法被批评,因为它"不以公正为原则,而是用剑"。1787年5月,波士顿有人在《独立报》撰文抱怨,马萨诸塞州议会缺乏"坚定的语调支持公正原则"。② 对于农民和手工业者,他们希望政府创造公平竞争的环境,取消所有设置的障碍。在他们看来,商业公司破坏了公平竞争。反对者将商业公司视为私人契约,谴责地方政府运用"不公正的法律"。在南卡罗来纳州,有人表示,这样的法律"公然侵犯公正原则"。③

当法院承认并保护商业公司中的私人财产,商业公司中的私人财产不被认为具有公共属性时,在某种程度上意味着,投资人的私有财产与社会中大多数人的财产并无差别,都是个人权利与利益的一部分。在这种情况下,限制甚至取消商业公司的特权似乎是再合理不过了。

商业公司拥有的特权开始松动,特权不被看作是"永恒和绝对的"。不仅商业公司的反对者认为特权会伤害公共利益,而且很多法官也相信,拥有特权的商业公司并不一定有益于公共利益。这种趋势在纽约1803年的案例中就出现了。法院剥夺了磨坊主对河流流向的控制权,支持在上游建立新的水坝,为公共提

---

① Wood, *The Creation of the American Republic*, p.89.
② 同上,第406页。
③ *Gazette of South Carolina*, Mar.5,1787.

供便利,促进经济发展。在19世纪初期,无论有没有立法改革,法官在判决中,以牺牲既得权利和原先习惯为代价,开始支持创新,使更多的人参与推动"共同福祉"。到了19世纪20年代,法官莫顿表示,虽然"一些令人尊重的饱学之士曾经主张,对第一家银行的成立授予了这种广泛的排他性特权",但这种观念"现在已经被普遍推翻了"。① 而且"在很多案件中,立法机关批准建立新的收费公路,这些公路中的一部分与已有的公路紧密并行,分散了客流,给已有的公路经营者造成了损害,甚至摧毁了他们的特权"。②

在著名的查尔斯河桥案中,法院更是否定了查尔斯河公司的特权。1785年,马萨诸塞州议会授权建立查尔斯河桥。桥梁建立以后,在推动波士顿和坎布里奇经济飞速发展的同时,公司也赚取了过桥费,查尔斯河桥股票上涨了五到六倍。被高额利润吸引,另一家公司向州议会申请,在查尔斯河桥附近修建沃伦桥。1828年,在查尔斯河桥仍拥有收取过桥费特权的情况下,州议会批准了建立沃伦桥的申请。这一举动引发了查尔斯河桥业主的不满,因为沃伦桥的竞争使他们遭受了经济损失,他们要起诉沃伦桥的业主。原告指出,立法机关通过法律允许建立沃伦桥,这同立法机关赋予原告的特权是相互矛盾的。他们认为,即使剥夺了他们的特权,也要对他们的损失进行适当补偿。③ 但是沃伦桥的支持者认为,现有桥梁已经不能满足交通需要,货物在通过桥

---

① *Charles River Bridge v. Warren Bridge*, 24 Mass.; 7 Pick.344(1829).
② 同上注。
③ 同上注。

梁时，会遇到交通堵塞。而新建桥梁带来很多公共利益，不仅交通更加便利了，而且能节省很多时间和费用。①

值得注意的是，法官们在讨论案例时，并没有认为桥梁公司的特权不可侵犯，而对特权是否有利于公共利益提出质疑。帕特南提到，"有钱和有精力的人会投资公共事业，希望能够随着公共事业的繁荣而发财……但是如果人们怀疑会出现相反的结果，公共信用就会瘫痪"。②斯托里表示，"在安全性和产出方面，如果资本都不具有确定性和可靠性，那么，最稳妥的方案就是停止对个人投资和企业投资公共项目的改良"。③莫顿法官虽然承认"在短时期内，排他性权利有时会推动公共利益"，但是他也相信，从长远角度看，"这些特权的一般趋势是，阻碍公共事业的进程。妨碍公正和平等的竞争"。④

1837年，联邦法院法官罗杰·托尼（Roger Taney）做出最终判决，查尔斯河桥公司没有对查尔斯河的垄断权，在查尔斯河桥附近可以修筑其他桥梁。托尼指出，尽管根据特许状，查尔斯河桥公司有70年的垄断权，但是"没有人质疑"公共利益会因为该特权受到影响，"国家应该推动社区的幸福与繁荣"，在"自由活跃"的国家中，"每天建立新的交流渠道是必要的"，是人们舒适生活的基本要素。⑤

1820年以后，在几个案件审判中，法官相继否认了商业公司

---

① *Essex Register*, Mar. 15, 1827.
② *Charles River Bridge v. Warren Bridge*, 24 Mass.; 7 Pick. 344(1829).
③ *Charles River Bridge v. Warren Bridge*, 36 U.S.; 11 Pet (1837).
④ *Charles River Bridge v. Warren Bridge*, 24 Mass.; 7 Pick. 344(1829).
⑤ *Charles River Bridge v. Warren Bridge*, 36 U.S.; 11 Pet(1837).

的特权。商业公司的特权被不断"弱化"。1832年,新泽西的议会授权建立卡姆登-安博伊(Camden-Amboy)铁路公司,公司对纽约和费城之间的铁路运输具有特权。不过此后不久,费城-特伦顿铁路公司获得了特伦顿·布伦兹维克公路公司的大部分股票,公司希望新泽西州议会授权他们在公路公司建立的公路附近建立新的铁路。这个举动引发了卡姆登-安博伊公司的不满,并向法院提起诉讼。[①] 法官托尼质疑卡姆登-安博伊公司的特权。他分析到,立法机关是"人民的代理人",它授予了公司特权,不过问题是,"新泽西的人民是否委托立法机关订立这份合同,并同意在特定的时期内剥夺他们从事国内改进事业的权利"? 他认为,除非选民明确授权,否则不能认为这些权利是由代表享有的。[②] 在种植园主银行诉夏普案中,托尼明确表示,法院不会通过任何附加条款促进垄断,而要鼓励企业自由竞争。[③]

一向为特权辩护的法官肯特也改变了态度。他承认,特权的授予都是经济增长的障碍。他表示,因为商业公司的特权能够"繁殖",所以,"保留变更和调整的权力对于州的繁荣和安全而言就是最重要的了"。州政府应该保留自由地解释特许状的权力。不过,议会"一旦匆促地、不慎重地颁发了特许状","他们的手脚就会被束缚"。他还提到,当议会授权建立了铁路公司后,并不意味着他们不需建立新的铁路线。[④] 言下之意就是,商业公司并不一定拥有特权。

---

① Cadman, Jr., *The Corporation in New Jersey*, pp. 55–59.
② Horwitz, *The Transformation of American Law*, pp. 135–136.
③ *The Planters' Bank of Mississippi v. Sharp*, 47 U.S.; 6 How 301(1848).
④ Horwitz, *The Transformation of American Law*, p. 138.

不过,法官们否认商业公司特权并不意味着各州议会不再授予任何公司特权。在1825年后,各州政府对赋予特权变得更加谨慎了。政治精英严格限定公司的活动范围和应该持有的财产总额。在1830年,宾夕法尼亚州政府规定,只有认定公司从事的是一项公共事业时,才能授予公司特权。① 1841年,有人指出,在人民政府中,"所有权力来自人民","赋予公司的每个权力原本是属于人民的。如今将它交给有特权的少数人","这种制度将不可避免地导致反对甚至敌对政府的情况",所以特权应该被谨慎赋予,在获得特权后,公司也应该受到严格监督。②

值得注意的是,以往各州政府格外强调,特权只能被赋予从事公共事业的公司。然而,商业公司开始被越来越多的人视为私人经济组织。而且随着很多法官并不将特权看作绝对的权力,各州立法机关涉及商业公司拥有特权的立法往往就丧失了意义。在以前,授予商业公司特权是为了更有效地推进社会"共同福祉"。而当更多的人意识到,追求个人利益是推进社会"共同福祉"的途径,拥有特权并不一定能促进公共利益时,商业公司拥有特权的合法性不断受到质疑。可以说,观念的改变推动了立法的改革。19世纪30年代以后,各州相继通过一般公司法,取代拥有特权的商业公司。"宾夕法尼亚州和康涅狄格州分别在1836年和1837年通过了一般公司法,其他各州也开始仿效。"到了

---

① Hartz, *Economic Policy and Democratic Thought*, p.72.
② "Shall the People or Shall Corporation Rule?" *New-Hampshire Patriot and State Gazette*, October 7, 1841.

1859年,"美国38个州和领地中有24个通过了一般公司法"。① 这样一来,商业公司的特权就彻底失效了。与此同时,在商业公司不具有特权的情况下,人们平等参与建立商业公司的观念具有了合法性,推动了更广泛的群体参与经济活动。

④ 国家与社会关系的新认识

从商业公司的"去公共化",到商业公司的"去特权化",对商业公司的界定在发生变化。这一系列变化推动了商业公司走出公共机构的城墙,逐渐成为人们私人生活的一部分。它不再被看作借助少数精英的公共服务意识推动"共同福祉"的公共机构,而变成了私人经济组织。可以说,商业公司从"公共范畴"转入了"私人范畴"。虽然各州政府并没有改变建立商业公司的初衷——服务于社会"共同福祉",而且仍然对商业公司进行有效的管理,但是对商业公司属性的认知却改变了。

商业公司的巨大变化反映了政府推进社会"共同福祉"方式的转变。以往通过少数社会精英推进"共同福祉"的方式衰退了,取而代之的是以在政治之外更广泛的社会团体推动"共同福祉"。"共同福祉"并非一定由国家权力导向决定,而更多地反映了社会中个人的基本利益与权利诉求。值得注意的是,这种转变是在反对商业公司的社会冲突中发生的。反对派政党、报刊编辑以及普通劳动者出于不同的利益诉求,与商业公司的支持者展开对抗。

---

① 韩铁《试论美国公司法向民主化和自由化方向的历史性演变》,载《美国研究》2003年第4期,第49—50页。

在对抗中，反对派对个人利益能促进共同利益的认知、对商业公司是个人获取私人利益机构的理解，都推动了商业公司属性的重新界定。

在最初支持建立商业公司的政治精英眼中，商业公司并不是一个追求个人利益的平台，而是一个公共机构，它和自治市镇、教堂、医院和学校一样，都是为了推动社会"共同福祉"而建立的。从建立商业公司的初衷上来看，即使投资人能从经营中获得私人利益，那也是"共同福祉"的伴随物。"公"与"私"的界限非常模糊。可以说，国家权力是私人利益的支配者。当一部分的私人利益被划定为"公共"范畴，这些私人利益也就变成了"公共权威"。

公共生活与私人生活界限不分的状况可回溯到古代希腊城邦政治。在古希腊，"对于亚里士多德和希腊人来说，城邦是至善的共同体，而人在天性上则是从属于城邦的动物，是城邦的一分子。即是说，只有当个人是属于城邦的一员，当个人参与城邦共同体的活动时，他才具有存在的意义"。[1] 在政治生活中，"古代希腊城邦的权力是至高无上的，不受任何制约和限制"。[2]

进入 17、18 世纪后，私人领域与"政治社会"之间出现分野。随着商业资本主义的发展，社会外在于政治的特征明显，人们更珍视个人自由与财产权。自由越来越不能唤起一种公共的或政治自由的感觉，即"人民在政府中分享权利"的感觉，而越来越多地唤起一种个人的或私人自由的感觉，即"保护，尤其通过立法机

---

[1] 黄洋《民主政治诞生 2500 周年？——当代西方雅典民主政治研究》，载《历史研究》2002 年第 6 期，第 129—130 页。
[2] 黄洋《古代与现代的民主政治》，载《史林》2007 年第 3 期，第 139 页。

构保护个人权利不受政府的任何侵犯"。① 洛克、孟德斯鸠等思想家在对自由主义的探索中,明确指出存在一个独立于国家和教会的私人领域。自由主义政治理论的核心之一就是要使私人领域从政治干预中解脱。不过,在18世纪的欧洲,国家仍然拥有垄断强制性权力。政府以推动社会"共同福祉"为口号,不断将国家权力扩大到私人领域。

在北美殖民地,国家权力与私人领域之间的界限同样不分明。所谓的公共机构能够介入私人领域,而私人权利也可以应用在国家权力机构中。国王作为社会上最富有、拥有土地面积最多的地主,他的特权来自他的私人地位。他的政府实际上成了皇室扩张的工具。"皇室安排的地方长官没有立法政策",很多政府活动都是"私人的和地方的"。同时,殖民地时期的政府"很多时候集中处理所谓的私事",却"花很少时间处理所谓的公务"。一些殖民地议会往往充当法院的角色,而不是立法机关。甚至殖民地的居民都不认为王权与"人民"权利之间的冲突是公共权威与私人权利之间的矛盾。②

无论是最初建立商业公司,还是建立学校,政府都没有将公共权力与私人领域区别开。例如,在康涅狄格州,政府计划建立学院时,并不是由政府出资,而是赋予私人合法权力来建立或者运行它。大多数公共行动依靠私人能量与资金。③ 另外,这种

---

① 戴维·赫尔德《民主的模式》,燕继荣等译,中央编译出版社2008年版,第67页。
② Wood, "The Origins of Vested Rights in Early Republic," *Virginia Law Review*, Vol. 85, No. 7 (Oct., 1999), pp. 1428-1429.
③ 同上,第1431页。

"公私不分"带来的一个严重结果就是,国家权力往往具有强大的支配力,私人领域受到严重侵犯。建国初期,虽然商业公司由私人出资,但州议会对商业公司拥有很大权力。很多商业公司的特许状可以被州议会随意更改。一些商业公司产生的额外利润为州政府所有。州政府还严格限制银行董事会成员名额、董事在任时间以及选举办法。在发放股票、分红以及硬币存贮方面也有限制。①

实际上,私人领域是个人社会生活的部分,是关于个人财产与家庭生活的部分,是政治生活之外的部分。关于政府与社会的关系,时人普遍接受了洛克的政府理念。根据洛克的观点,政治活动"为个人自由提供框架与条件",以便在社会中"实现个人的私人目标"。② 政府是社会中的个人为了保护基本权利,经过个人同意,而将一部分权力让渡出来形成的。政府的权力是社会中的个人赋予的,社会先于政府而存在。时人相信,在政府形成之前,每个人都有权利。马萨诸塞1780年的制宪会议中,有人解释了政治社会的形成。"政治团体由个人自愿的联合组成:它是社会契约,是所有人相互之间的契约,它的形成是为了共同利益"。③ 制宪时期,《独立思考者报》的编辑威廉·利文斯顿曾提到,人"本质上是群居动物",社会是由个人自然形成的,政府是谨慎形成的,是为了保护个人的"生命、自由与财产",经过个人同意

---

① Donald J. Pisani, "Promotion and Regulation: Constitutionalism and the American Economy," *The Journal of American History*, Vol. 74, No. 3 (December, 1987), p. 752.
② 戴维·赫尔德《民主的模式》,第78页。
③ J. R. Pole, ed., *The Revolution in America, 1754–1788: Documents on the Internal Development of America in the Revolutionary Era* (Stanford, Calif.: Stanford University Press, 1970), p. 479.

而形成的。利文斯顿解释说,政府相当于个人相互形成的社会契约。政府的目标就是维护基本的个人权利。① 费城的评论家表示,个人财富高于政府。政府之所以存在就是要保护个人的权利和利益。② 埃尔布里奇·格里也认为,"所有政府的首要目标是保护个人权利"。③

在时人看来,既然政府是为保护个人基本权利而建,那么必然不能侵犯个人权利。1776年,马萨诸塞州康科德召开了村镇会议,在10月21日对决议进行表决时,有人宣称,"我们认为一个合适的宪法要建立有原则的体系,保证其中的追随者享有他们的权利和特权,反对政府的任何侵犯"。④ 罗伯特·约瑟夫·泰勒(Robert Joseph Taylor)认为,新世界形成了以其社会成员的个人利益为基础的政治体系。政府不再仅仅为了促进"人民"整体幸福,而且如托利派在70年代所言,还要"保护个人自由和财产"不受公共意愿的伤害。⑤

围绕商业公司的社会冲突反映了私人领域与国家权力之间的抗衡。在冲突中,众多利益团体为各自的利益展开竞争,反对政府授予商业公司特权。它们一系列的行动与话语不仅反映了

---

① John Stevens, William Livingston, *Observations on Government,: Including Some Animadversions on Mr. Adams's Defence of the Constitutions of Government of the United States of America: and on Mr. De Lolme's Constitution of England* (New York, 1787), p. 53.
② *An Essay upon Government Adopted by the Americans* (Philadelphia, 1775), pp. 20-21.
③ Mercy Otis Warren, Elbridge Gerry, *Observations on the New Constitution and on the Federal and State Conventions: By a Columbian Patriot* (Boston, 1788), p. 6.
④ Oscar Handlin and Mary F. Handlin, eds., *Popular Sources of Political Authority: Documents on the Massachusetts Constitution of 1780* (Cambridge, Mass., 1966), pp. 152-153.
⑤ *Providence Gazette*, Nov. 7, 1789.

对个人利益与"共同福祉"的认知上的变化,以及财产权观念上的变化,而且通过这场冲突,私人领域与国家权力之间的界限更加分明了。商业公司不再是一个代表国家权威的公共机构,而是获取私人利益的经济组织。它不再是少数社会精英掌控的特权机构,而是包容了更广泛群体利益的社会组织形式。可以说,这场冲突是关系到国家与社会关系的冲突,是有关精英与民众关系的斗争。

从国家与社会关系的角度来看,商业公司的反对者强调限制国家权力,在社会中释放个人的能量。而冲突带来的结果是,国家与社会之间出现了一种新的平衡。美国建国初期商业公司的建立表明,一部分政治精英认为,社会的"共同福祉"要依靠政府抵制私人利益、塑造公共权威来维护。不过,国家权力却与私人利益产生了冲突。反对商业公司的活动推动了私人利益的角色变化。政府不仅不压制私人利益,还利用私人利益推动社会的"共同福祉"。各州政府开始防范以经济或政治权力侵犯他人财产的行为,维护个人的基本权利。这样一来,私人利益在得到承认与保护后,开始推进社会的"共同福祉"。

从精英与民众关系的角度来看,商业公司的反对者否定了社会的"共同福祉"要依靠具有美德且掌握特权的社会精英,强调社会广泛群体的共同参与。托马斯·潘恩曾表示,政府要保护社会平等,维护大多数人的利益。他鄙视英国体制,认为英国的政体建立在压制基础上,使少数人过着"文明"的生活,而多数人生活贫困。[①] 这场冲突则反映了大多数人争取平等的诉求。在冲突

[①] John W. Seaman, "Thomas Paine: Ransom, Civil Peace, and the Natural Right to Welfare," *Political Theory*, Vol. 16, No. 1 (Feb., 1988), p. 125.

中，不同社会身份、政治地位与职业的人通过"反对特权"而集合起来，在某种意义上，少数人和多数人之间的差异不存在了。

不过，关注个人自由与个人利益并不意味着国家权力的"式微"，而代表了运用国家权力方式的转变。政治的目标依然是建立推动社会"共同福祉"的政府。只是这个目标的实现"并非通过寄希望于公民的美德"，而是通过设计管理的合理机制来"规范、引导和鼓励"个人利益，形成一种"在公民与政府之间的张力"。在这种宪政秩序中，"共同福祉"不是靠政府的条令强制执行，而是通过激励和规范个体的"自由与能力"来实现。[1] 约翰·亚当斯在《为美国宪法辩护》的前言中指出，手工业的发明、自然哲学的发现、航海、商业和文明与人性的进步改变了世界的环境和人类的特征。对于共和主义者，在明显具备现代商业特征的美国保持斯巴达式的神圣，是一种误导。如果他们追求自由，就要接受奢侈。不过自由的人也最容易沉迷于奢侈，所以如果不在宪法中设立防御条款，就会有潜在的危险结果，必须要规范它。[2] 还有人认为面对个人利益的追逐，政府合理的做法是"规范财富的使用，而不是排斥它"。[3]

商业公司属性的变化体现了国家权力运作方式的转变。当商业公司的特权逐渐减少时，各州政府的公共权力并没有消失。那些争取平等权利的反对者也并非否定各州政府的权力，追求

---

[1] Harvey C. Mansfield, Jr., "Constitutional Government: The Soul of Modern Democracy," *The Public Interest*, Vol. 86 (Winter, 1987), pp. 53 - 64.
[2] John Adams, *A Defence of the Constitutions of Government of the United States of America* (Philadelphia, 1787), p. vi.
[3] "Commencement Exercises," *Pennsylvania Packet*, May 29, 1775.

"无政府"的状态。各州政府不仅关注个人基本权利,而且规范个人追求利益的过程。在1780年到1814年间,马萨诸塞州议会通过一系列法律规范各种产品的市场,从木材、渔业、烟草、制鞋,到黄油、面包、钉子和火器,州政府从没有丢掉他们对于安全、经济、道德以及公共的职责。[1] 在因为银行数量过多引发的金融混乱中,1831年马萨诸塞州法官内森·阿普尔顿(Nathan Appleton)建议对发行纸币施行限制。[2]

从政府的角度来看,政府始终在维护"共同福祉",公共利益优先于个人利益。1828年,纽约州高等法院发表的声明提到,"每一个公共项目几乎必然或多或少地影响到个人便利和财产;当损害属于远因造成的,而且是间接的时,它就是非法律上的损害。它就被视为是为了社会条件的改善而付出的部分代价。这种理论建立在这样一个原则的基础上:整体利益优于作为局部的个体的便利"。[3] 另外,在1833年,康涅狄格州的运河公司实施内河航运项目,项目使一些土地所有者的财产受损,因此,他们要求赔偿,但遭到法院拒绝。法院裁决道,建造内河是为"人民"谋福利,而且间接伤害都是"远因",所以,不必遵循私人财产用于公共时需得到补偿的原则,运河公司没有责任进行赔偿。[4] 1851年,波士顿—缅因铁路公司(Boston and Maine Railroad)延长了铁路线,需要穿越部分城市,并迫使波士顿城的部分商业区关闭。当

---

[1] Wood, "The Origins of Vested Rights in Early Republic," *Virginia Law Review*, Vol. 85, No. 7 (Oct., 1999), pp. 1443–1444.
[2] Nathan Appleton, *Bank Bills or Paper Currency, and the Banking System of Massachusetts: with Remarks on Present High Prices* (Boston, 1856), p. 3.
[3] *Lansing v. Smith*, 8 Cow. 146 New York (1828).
[4] *Hollister v. The Union Company*, 9 Conn. 436 Conn. (1833).

土地所有者要求对此进行补偿时,马萨诸塞的大法官莱缪尔·肖(Lemuel Shaw)认为,虽然土地所有者遭受损失,而且看似损失很大,但是这些损失是为了公共的发展,属于"共同的损失"。① 因此,不必对土地所有者进行补偿。这些案例都说明,政府在推动"共同福祉"过程中,可能会牺牲一部分个人利益。从这个意义上看,政府在承认和保护个人利益的同时,一部分个人利益也要做出让步。国家与社会始终处于博弈之中。

⑤ 社会的民主化趋势

随着商业公司被界定为私人经济组织,通过商业公司追求私人利益的行动也变得合法化和合理化。不仅社会中大多数人的个人利益得到承认,而且社会与经济地位不高的民众获得了更多追求个人利益的机会。他们的个人利益得到最大程度上的尊重和保护。更广泛的社会群体能参与建立与经营商业公司,获得更平等的利益分配。

商业公司的投资人和建立者不再局限于社会精英,更多的人参与了投资,并从中获益。在银行业,允许小股东和存款人参与大股东的资金投资。有人评论说,商业公司"特别能使拥有小额资产和有限商业知识的人获益",他们能集合财产,"公平、安全地与那些有技术的、富有的人竞争"。商业公司的发展因此也反映了共和国财富的"整体分配",使"小商人"从事他们以前不能尝试

---

① *Smith v. Boston*, 61 Mass.; 7 Cush., 254(1851).

的事。对时人来说,商业公司成为一种合作经营的方式,而这种方式比起个人经营,承担的风险更小,"更加安全,也与政府的精神更加一致"。①

到了1860年,商业公司的经营领域不再局限于国内改进、银行、制造业或者保险行业,而延伸到新的涉及人们生活的各个领域。而且在商业公司中,看不到任何"公共特征"。换句话说,这时的商业公司已经变成了商业机构,也就是人们所说的公司了。在旅店、船坞、汽油、戏院、报业、贸易等各个领域,涌现出大大小小的公司。无论从政府的角度,还是在经营者看来,公司都是企业家防范风险和投资获利的工具。②一些人将生意做大,例如史蒂芬·杰勒德(Stephen Gerard)建立了他的矿业和运河帝国;但是更多的小制造业主、投资人和小店主成了自足的小企业主。③

商业公司的建立与社会需求更加一致。托克维尔在《美国的民主》中认为,在贵族制政体下,个人无需结社,因为依附于权贵就自然形成了"永久的和强制的"联合。但是"在民主国家,全体公民都是独立的,但又是软弱无力的,他们几乎单凭自己的力量去做一番事业,其中的任何人都不能强迫他人来帮助自己。因此他们如果不学会自动地互助,就得全都陷入无能为力的状态"。④ 在某种程度上,商业公司恰恰提供了个体之间相互联系

---

① Hastings, *Remarks Made in the Senate upon the Manufacturing Bill*, pp. 5-7.
② Oscar and Mary Handlin, *Commonwealth*, p. 180.
③ Lee Soltow, "Economic Inequality in the United States in the Period from 1790 to 1860," *Journal of Economic History*, Vol. 31, No. 4 (Dec., 1971), pp. 822-839.
④ [法]托克维尔《论美国的民主》(下卷),董果良译,商务印书馆2002年版,第636页。在托克维尔笔下,美国数以千计的大大小小的"公司",是指民间的自发结社行为。在英译本中,"公司"对应的是"associations",不是"corporations"。文中的引用,是转用托克维尔关于个人在社会中相互联系与交往方式的观点。

的方式,这种方式并不依靠也不依附于国家权力,而是出于对个人利益的共同追求。

这样的商业公司,融入了民主生活,成为民主社会的一部分。商业公司发生了巨大的变化,与其在建国初期的概念已经截然不同。它不再作为国家的一种延伸,不再是特权机构,也不意味着具有公共权威性。它是个人获得私利的平台。在商业公司中,人们追求私人利益具有了正当性和合法性。更重要的是,通过商业公司,人们拥有平等的权利进行投资,有平等的机会获得财富。尽管在商业公司中,因为个人财富拥有量的不同,投资额度不同,持有的股份也有多少之分,但是不同职业和社会阶层的人都能够参与商业公司的经营。在 19 世纪 40 年代,卡尔文·科尔顿(Calvin Colton)甚至将商业公司与社会平等和人民主权等概念联系起来,这在 50 年前简直是难以想象的。科尔顿描述说,"通过将资本分割成小份额,保证收入不多的人有同等的机会,(商业公司)更好地适应了社会的民主"。[1] 弗朗西斯·鲍恩(Francis Bowen)表示,在一个"相对较少的人拥有大量私人资产"的国家,大型企业形成了"联合股份公司","公司"具有"民主特征",是花费较少的投资方式,"特别适合这个国家,也符合时代的需求"。[2] 还有人将"公司"与平等和财产独立联系起来,认为其提供了社会流动和财富积累的方式。"这种新的公司形象平衡了商业和美德,个人与公共利益",在共和制政府管理下,推动了经济增长。[3]

---

[1] Calvin Colton, *The Junius Tracts* (New York: Greeley & McElrath, 1844), p. 99.
[2] Francis Bowen, *The Principles of Political Economy Applied to the Condition, the Resources, and the Institution of the American People* (Boston, 1856), p. 110, p. 129.
[3] Howe, *The Political Culture of the American Whigs*, pp. 96–122.

结 语

美国建国初期,政治精英普遍相信社会存在"共同福祉"。相当一批精英深受古典共和主义影响,认为推进"共同福祉"与追求个人利益之间存在矛盾,为了推动"共同福祉",个人利益需要做出牺牲。在他们看来,少数社会精英具有"美德",能为公共利益牺牲个人利益。在这些价值取向的影响下,他们支持少数社会精英集合私人资金,建立商业公司,从事国家暂时无力做的公共事务。在公共利益优先于个人利益的前提下,他们赋予商业公司特权,作为推进"共同福祉"的手段。对于他们来说,商业公司是国家的延伸,是为公共利益服务的"国家工具"。

然而,商业公司的建立与经营,却交织着个人利益、党派利益与区域利益。这样的商业公司引发了人们广泛的争论,争论的核心问题是商业公司的性质。反对者批评商业公司的建立者与经营者利用公司的公共属性,获得特权,谋取私利。他们反对扩大国家权力,质疑商业公司被界定为"公共机构"的合理性,主张在商业公司的经营中,限制国家权力,使人们获得更平等的利益分配。除了思想意识领域的争论，商业公司还引发了社会冲突。在包括农民和工匠在内的一批反对者看来，商业公司不是服务于公共利益的机构，而是获取个人利益的经济组织。他们被排除在商业公司之外，追求个人利益的权利被剥夺或者受到侵犯。很多农民与工匠不断给侵犯他们利益的商业公司制造障碍，希望能参与商业公司的经营并从中获利。

在这场围绕商业公司的争论和冲突中，财产观念和人们对公共利益与个人利益关系的理解都发生了变化。主张建立商业公司的政治精英赋予私人财产公共属性，而大多数人更强调私人财产的社会属性，将它视为私人的、能够获得利益的财富。支持建立商业公司的政治精英认为，个人利益与公共利益处于对立状态，而越来越多的人则相信，追求个人利益是推动公共利益的有效途径。这一系列意识形态上的变化推动了对商业公司属性的重新界定。商业公司开始了"去公共化"和"去特权化"的过程。商业公司被承认是个人经济组织。各州纷纷通过一般公司法，取消商业公司的特权。通过商业公司追求个人利益变得合法化和合理化，这使更多的人参与到商业公司的建立与经营中，获得更平等的利益分配。商业公司不再是古典共和主义视野下，依靠美德为公共利益服务的公共机构。商业公司的管理与经营，体现了现代共和主义体系中对个人利益和基本权利的尊重和保护。商业公司的变化成了美国社会民主化进程中的一部分。

有历史学家指出，尽管政府逐渐撤销了商业公司的特权，承认公司的私有性质，但是这并没有为小商人、工匠和农民带来福音。商业精英始终在运用他们的财富扩大产业规模。尤其在19

世纪后期,美国内战结束后国家开始全面复兴经济,东部商业精英开始新一轮产业投资,西部则开始工业化,在这个过程中,商业精英不仅构筑了规模越来越庞大的"商业帝国",而且与政界联合,重塑权力体系,农民、工人与小商人则彻底成为依附者。总之,在 19 世纪中后期,经济领域涌现了大量商业公司,经济精英构建了商业与工业交织的体系,社会中拥有一定财富的商人参与投资,而普通劳动者依然处于"被动处境"。在普通劳动者看来,新经济秩序的建立使他们进入新的依附状态。甚至有历史学家认为,在 19 世纪,各州政府制定的法律本身就蕴含了等级制。[①]

不可否认,随着 19 世纪的市场逐渐扩大,个人利益被"解放",商业公司作为商业机构的身份得到大多数人承认。与此同时,社会中也涌现出一些私人公司。在美国制造业发展过程中,鞋业、帽业和纽扣工业迅速扩张,纺纱和纺线产品也开始增多。一些商人虽然没有获得州议会授予的特权,但也建立了自己的制造工厂,成为新式资本家。

在市场中,雇主和雇佣劳动者两个群体逐渐形成。雇主拥有财富并掌握着财富的支配权,雇佣劳动者依靠劳动所得的工资谋生。在财富积累过程中,雇主越来越富有,而雇佣劳动者的生活并没有太多改善。丹尼尔·韦伯斯特在 1814 年指出,工人虽然在形式上是自由的,但是他们都必须受到资本家的支配,他们进入市场是没有自主权的。[②] 在这种情况下,劳动者与雇主自然处

[①] Larson, *Internal Improvement*; Tomlins, *Law, Labor, and Ideology in the Early America Republic*, p.389.

[②] Henretta, *The Origins of American Capitalism*, p.285.

于对立状态。劳动者视雇主为新的寄生虫阶层,并开始进行"反市场的活动"。

麦迪逊在19世纪20年代预测了美国社会潜在的问题。他认为,社会存在"富有资本家"与"贫穷劳动者"两大对立阶层,劳动者会对少数人形成依附。其中最严重的依附关系来自"制造业和商业的大资本家和被雇佣的劳动者"。[1] 他表示,在一个世纪或者更长一段时间后,美国的很多人会缺少自由财产所赋予的道德与政治独立,这种情况对维持共和主义提出了挑战。[2]

这种新形式的社会不平等的确引来不少批评的声音。在19世纪20年代,政治经济学家丹尼尔·雷蒙德(Daniel Raymond)、思想激进的乌托邦派代表人物弗朗西丝·赖特(Frances Wright)和罗伯特·欧文(Robert Owen)都对"资本主义生产关系"提出谴责。不过,最强烈的反抗还是来自工人阶层。兰顿·毕勒斯比(Langton Byllesby)就是其中的一员。他出生于1789年,在费城和纽约的作坊中长大。像很多同时代的小店主一样,他在19世纪20年代失去了独立身份。19世纪20年代中期,他在纽约失业后,写下了《对财富不平等根源与影响的观察》这本小册子。他指出,生产者不能获得劳动的果实,而其他任何人都能获得劳动的果实。他希望恢复共和自由,谴责对私有财产的追崇,反对建立银行和货币体系,认为这些都促进了投机市场的形成。在市场中,商人资本家接受了生产的新模式,获得利润,加深了大众的苦

---

[1] Meyers, ed., *Mind of the Founder*, pp. 502-509.
[2] "Note During the Convention for Amending the Constitution of Virginia," Hunt, ed., *The Writings of James Madison*, Vol. 9, pp. 358-360.

难。他认为竞争是市场的无情驱动力,当私人财产权、信用的操纵、省工的机器加重劳动力阶层的负担,共和自由也就不能存在了。① 总之,他谴责任何迫使他人劳动的体系,认为这"从本质上是奴隶制"。② 值得注意的是,他似乎并不接受现代社会平等的观念,反对竞争、私有财产等现代社会平等的概念。因此在他看来,即使是鼓励竞争、能提供平等追求个人财富机会的社会,也是不平等的。

除了思想异于大多数人的毕勒斯比,其他工人也对社会的不平等提出尖锐的批评。在纽约,手工织布机纺织工约翰·费拉尔(John Ferral)称,"社会财富的积累掌握在少数人手中"是对"人权的颠覆"。在新英格兰,木匠塞思·卢瑟(Seth Luther)谴责"那些不劳动却衣着光鲜、生活奢侈的人"。③

在这种情况下,不少人提出了缓和社会矛盾的新主张。奥雷斯蒂斯·布朗森(Orestes Brownson)的文章《诸劳动阶级》描述了很多绝望的工资劳动者。他们贫穷潦倒,工作环境恶劣。他批评社会体制,特别是宗教和法律体系,认为政府建立了银行和商业团体等特权阶层。他提出了进行民主改革的方案。④ 托马斯·斯基德莫尔(Thomas Skidmore)的思想更加激进。他强烈谴责私有制,甚至主张重新分配社会所有的私有财产,提出政府

---

① Langton Byllesby, *Observations on the Sources and Effects of Unequal Wealth* (New York: Russell & Russell, 1961), p.90.
② Byllesby, *Observations on the Sources and Effects of Unequal Wealth*, p.50.
③ 引自 Walter Licht, *Industrializing America: The Nineteenth Century* (Baltimore: Johns Hopkins University Press, 1995), p.55.
④ Orestes A. Brownson, "The Laboring Classes," *Boston Quarterly Review*, No.3 (July, 1840), p.358.

也要保护印第安人、黑人和妇女的权利。①

在各地区，工人们也展开了反对依附与不平等的斗争。1827年在费城，制鞋工威廉·海顿（William Heighton）帮助组织了全国第一个城市范围内的贸易联合会，创办《手工业者自由出版物》。② 1829年，当纽约的雇主试图延长工作日来保证自己的利益时，遭到了工人的联盟抗议。

那么，这些新工业和商业体系下的不平等是否意味着围绕着商业公司的冲突没有推进美国社会的民主化呢？历史的发展过程极为复杂，雇主与劳动者之间新的依附形式不能证明美国建国初期商业公司引发的冲突没有推动社会的平等。

从众多批评中可以看出，反对者的焦点集中在雇主与劳动者的权利与财富不平等上。在美国早期资本主义发展的过程中，社会上存在多重复杂与变动的矛盾。这些矛盾存在于不同社会群体之间。随着社会经济环境与政治文化的变动，矛盾与冲突也在不断发生转移与变动。从18世纪末到19世纪初，围绕商业公司的争论与冲突集中体现在精英与民众之间。精英通过商业公司构建的"权力网络"与"等级体系"引发相当一批民众与政治反对派的强烈不满。围绕商业公司的争论和冲突恰恰推进了个人对权利平等的诉求。

在1787年的制宪会议上，美国政治精英设计出遵循"人民主权"原则的代表制政体，这种"代表制民主"在当时被说成是民主的体制，之后也被普遍认为包含了美国现代民主的重要元素。然

---

① 引自 Wilentz, *Chants Democratic*, p.185。
② Licht, *Industrializing America*, p.51。

而在建国初期，相当多的政治精英认为多数人的个人利益对社会的"共同福祉"存在威胁，并且赋予财产权以政治属性，对精英与民众区别看待，这些都导致国家权力时常介入社会生活中的私人领域，侵犯了大多数人的个人利益。从这个角度看，制宪会议之后，社会生活中存在着"不民主"。在私人领域，尤其是经济生活中，民众与精英之间的关系并不平等，精英拥有建立与经营商业公司的特权，民众则被排除在特权之外。而这种权利上的不平等并不仅仅因为财富拥有量的不同，而且因为政治精英赋予了财产额外的公共属性，并且区别对待社会精英与民众。

在美国建国初期由商业公司引发的争论与冲突中，国家与社会的关系在不断调整。以往依靠压制私人利益来延伸国家权力，进而推动公共利益的方式发生了改变。随着对财产、个人利益与公共利益关系的重新界定，商业公司从"公共机构"转为私人经济组织，个人利益被释放，它不再被看作推进公共利益的障碍，反而成为推进公共利益的途径。原先少数人拥有的特权变成了一种普遍的权利，每个人都有平等参与商业公司建立与经营的机会。之前只有少数精英能通过商业公司获取个人利益，而在重新界定商业公司属性之后，无论是社会精英，还是普通民众，他们的个人财产与利益都得到保护与尊重，都能通过经济性社会追求个人利益。可以说，美国民众追求个人利益的权利更加平等了。

随着市场活动增多，公司面临激烈竞争。雇主为开拓事业，获得更多利润，往往压低雇员工资，使雇员的权利得不到保障。雇员与雇主之间的冲突逐渐升级。不否认，在美国资本主义自由化发展的过程中，社会确实出现了新的社会阶级矛盾，产生了新形式的不平等。不过,雇主与雇员的权利与财富不平等显然与早期商业公司的"权力扩张"是两个层面上的问题,体现了美国早期资本主义发展过程的复杂性与变动性。在社会财富本身存在不平等的社会中,若政府赋予少数人特权,少数人以权谋私,就会加剧财富上的不平等。在有关商业公司的争论与冲突中,美国各州政府逐渐取消了商业公司的特权,每个人都有参与商业公司经营的平等权利,都有追求个人利益的平等权利。这种权利上的平等反而使在社会财富不平等的条件下追求平等成为可能。从这个意义上看,这场由商业公司引发的争论与冲突,促成美国早期商业公司从"公"到"私"的演变,推动了美国社会民主化的进程。

参考文献

一、政府文件
1. *American State Papers* (1789–1838)
2. *Annals of Congress* (1789–1824)
3. *House Journal* (1789–1875)
4. *Register of Debates* (1824–1837)
5. *Senate Journal* (1789–1875)

二、个人文集
1. Adams, Henry, ed. *The Writings of Albert Gallatin*. Philadelphia, 1879.
2. Adams, Charles Francis, ed. *The Works of John Adams*. 10 vols. Boston: Little, Brown and Co., 1856.
3. Allen, W. B. ed. *Works of Fisher Ames*. Indianapolis: Liberty Classics, 1983.
4. Amory, Thomas C, ed. *Life of James Sullivan with Selections from His Writings*. 2 vols. Boston: Phillips, Sampson and Company, 1859.
5. Boyd, Julian P., eds. *The Papers of Thomas Jefferson*. Princeton: Princeton University Press, 1950.
6. Cushing, Harry Alonzo, ed. *The Writings of Samuel Adams*. New York: Octagon Books, 1968.

7. Dumbauld, Edward, ed. *The Political Writings of Thomas Jefferson: Representative Selections*. Indianapolis: Bobbs-Merrill, 1955.
8. Ferguson, E. James, ed. *The Papers of Robert Morris, 1781 - 1784*. Pittsburgh: University of Pittsburgh Press, 1973.
9. Fitzpatrick, John C. ed. *Writings of George Washington*. Washington, U.S. Govt. Print. Off., 1931 - 1944.
10. Ford, Paul Leicester, ed. *The Works of Thomas Jefferson*. 12 vols. New York: G.P. Putnam's Sons, 1904 - 1905.
11. Ford, Worthington Chauncey, ed. *Writings of John Quincy Adams*. New York: The Macmillan Company, 1913 - 1917.
12. Hamilton, Luther, ed., *Memoirs, Speeches, and Writings of Robert Rantoul, Jr*. Boston: John P. Jewett and Co., 1854.
13. Hosack, David, ed. *Memoir of DeWitt Clinton: with An Appendix, Containing Numerous Documents*. New York: Printed by J. Seymour, 1829.
14. Hunt, Gaillard, ed. *The Writings of James Madison*. New York: G.P. Putnam's Sons, 1900.
15. Hutchinson, William T. et al. *The Papers of James Madison*. Chicago: University of Chicago Press, vol. 1 - 10, 1962 - 1977; Charlottesville: University Press of Virginia, vol. 11, 1977.
16. John C. Hamilton, ed. *The Federalist: A Commentary on the Constitution of the United States*. Philadelphia: J.B. Lippincott & Co., 1866.
17. Johnston, Henry P., ed. *The Correspondence and Public Papers of John Jay*. New York: G.P. Putnam's Sons, 1793.
18. Massachusetts Historical Society, ed. *Warren-Adams Letters, Being Chiefly a Correspondence among John Adams, Samuel Adams, and James Warren, 1743 - 1814*. Boston, 1917 - 1925.
19. McCloskey, Robert Green, ed. *The Works of James Wilson*. Cambridge, Mass.: Harvard University Press, 1967.
20. McRee, Griffith J. ed. *Life and Correspondence of James Iredell*.

New York: D. Appleton and Co., 1858.
21. Merrill, Michael, and Sean Wilentz, ed. *The Key of Liberty: the Life and Democratic Writings of William Manning, "A Laborer," 1747-1814*. Cambridge, Mass.: Harvard University Press, 1993.
22. Morison, Samuel Eliot. ed. *The Life and Letters of Harrison Gray Otis, Federalist, 1765-1848*. Boston: Houghton Mifflin Company, 1914.
23. Richardson, James D. ed. *A Compilation of the Messages and Papers of the Presidents*. Washington, D.C.: U.S. Government Printing Office, 1896-1899.
24. Smith, James Morton, ed. *The Republic of Letters: The Correspondence between Thomas Jefferson and James Madison, 1776-1826*. New York: Norton, 1995.
25. Syrett, Harold C. eds. *The Papers of Alexander Hamilton*. New York: Columbia University Press, 1961-79.
26. Worthington, R. ed. *Letters and Other Writings of James Madison*. Philadelphia, 1865.

三、当时的论著

1. Baldwin, Loammi. *Thoughts on the Study of Political Economy*. Cambridge, 1809. Bowen, Francis. *Principles of Political Economy*. Boston, 1859.
2. Byllesby, Langton. *Observations of the Sources and Effects of Unequal Wealth*. New York: Russell & Russell, 1961.
3. Campbell, Roy Harold, and Andrew S. Skinner, eds. Adams Smith, *An Inquiry into the Nature and Causes of the Wealth of Nations*. Indianapolis: Liberty Fund, 1981.
4. Phillips, Willard. *Manual of Political Economy*. Boston, 1828.
5. Raymond, Daniel. *Thoughts on Political Economy*. Baltimore, 1820.
6. Richardo, David. *On the Principles of Political Economy and Taxation*. Georgetown, D.C., 1819.
7. Skidmore, Thomas. *The Rights of Man to Property*. New

York, 1829.
8. Sullivan, James. *The Path to Riches*. Boston. 1792. Webster, Pelatiah. *Political Essays on the Nature and Operation of Money, Public Finances and Other Subjects*. Philadelphia, 1791.

四、联邦与各州案例

1. *Andover v. Medford Turnpike Corportaion*. 6 Mass.; 6 Tyng 40 (1809).
2. *Bond v. Appleton*, 8 Mass.; 8 Tyng 472(1812).
3. *Charles River Bridge v. Warren Bridge*, 24 Mass.; 7 Pick. 344 (1829).
4. *Charles River Bridge v. Warren Bridge*, 36 U.S.; 11 Pet (1837).
5. *Child v. Coffin*, 17 Mass.; 17 Tyng 64(1820).
6. *Currie's Administrators v. The Mutual Assurance Society*, 4 Hen. &. M 315, Virginia (1809).
7. *Dartmouth College v. Woodward*, 4 Wheaton. U.S. 668(1819).
8. *Ellis v. Marshall*, 2 Mass.; 2 Tyng 269(1807).
9. *Franklin Glass Co. v. White*, 14 Mass.; 14 Tyng 286(1817).
10. *Gray v. Portland Bank*, 3 Mass.; 3 Tyng 364(1807).
11. *Hollister v. The Union Company*, 9 Conn. 436 Conn. (1833).
12. *Jonathan Wales v. Benjamin Stetson*, 2, Mass., 143(1806).
13. *Lansing v. Smith*, 8 Cow. 146 New York (1828).
14. *Marbury v. Madison*, 5 U.S.; 1 Cranch 137(1803).
15. *Minor v. The Mechanics Bank of Alexandria*, 26 U.S. 46; 7 L. Ed.47(1828).
16. *Palmer v. Mulligan*, 3 Caines 307, New York (1805).
17. *Ripley v. Sampson*, 27 Mass.; 10 Pick.371(1830).
18. *Smith v. Boston*, 61 Mass.; 7 Cush., 254(1851).
19. *Spear v. Grant*, 16 Mass.; 16 Tyng 9(1819).
20. *Terrett v. Taylor*, 9 Cranch U.S. 43(1815).
21. *The Planters' Bank of Mississippi v. Sharp*, 47 U.S.; 6 How 301 (1848).
22. *Tippets v. Walker*, 4 Mass.; 4 Tyng 595(1808).

23. *Turpin v. Locket*, 10 Va. 113(1804).

24. *Vose v. Grant*, 15 Mass. 15 Tyng 505(1819).

25. *Wood v. Dummer*, 30 F. Cas. 435; U.S. (1824).

五、英文报刊和杂志

1. *Alexandria Times*. 1798.
2. *American Jurist and Law Magazine*. 1829–1830.
3. *American Museum*. 1787.
4. *Aurora*. 1803, 1805.
5. *Boston Commercial Gazette*. 1819.
6. *Boston Gazette*. 1789.
7. *Boston Patriot*. 1809.
8. *Boston Quarterly Review*. 1840.
9. *Carlisle Gazette*. 1814.
10. *Centinel*. 1799.
11. *City Gazette*. 1792.
12. *Columbian Centinel*. 1792.
13. *Connecticut Courant*. 1786.
14. *Dunlap's American Daily Advertiser*. 1793.
15. *Federal Gazette*. 1792.
16. *Federal Intelligencer*. 1795.
17. *Gazette of South Carolina*. 1787.
18. *General Advertiser*. 1792, 1794.
19. *Herald*. 1795.
20. *Independent Chronicle*. 1777.
21. *Independent Chronicle*. 1786.
22. *Independent Gazette*. 1786.
23. *Massachusetts Gazette*. 1787.
24. *Massachusetts Spy*. 1800.
25. *The Monthly Anthology and Boston Review*, Boston, 1809.
26. *National Gazette*. 1792.
27. *New-Jersey Gazette*. 1778–1779.
28. *New-Jersey Gazette*. 1779.

29. *New York Daily Gazette*. 1790.
30. *New York Gazette*. 1765.
31. *New York Journal*. 1769.
32. *New-Hampshire Patriot and State Gazette*. 1842.
33. *New-Jersey Journal*. 1792.
34. *New-York Gazette and General Advertiser*. 1801.
35. *New-York Packet*. 1789. *Niles' Weekly Register*. 1817.
36. *North American Review*. 1848.
37. *Pennsylvania Evening Herald*. 1785–1786.
38. *Pennsylvania Gazette*. 1782.
39. *Pennsylvania Journal*. 1789.
40. *Pennsylvania Packet*. 1786, 1790.
41. *Philadelphia Gazette*. 1800.
42. *Providence Gazette*. 1787, 1789.
43. *Richmond Enquirer*. 1834.
44. *Salem Gazette*. 1796.
45. *Spectator*. 1799.
46. *Strength of the People*. 1809.
47. *The Independent Reflector*. 1753.
48. *The Massachusetts Magazine; or, Monthly Museum of Knowledge and Rational Entertainment*. 1790–1791.

六、小册子

1. Adams, John. *A Defence of the Constitutions of Government of the United States of America*. Philadelphia, 1787.
2. Ameleng, John Frederick. *Remarks on Manufactures*. Frederick, Md., 1787.
3. *An Act for Making the River Susquehanna Navigable from the Line of This State to Tide Water*. Annapolis, 1784.
4. *Acts of the General Assembly of the Commonwealth of Pennsylvania*. Philadelphia, 1814.
5. *An Act of the General Assembly of the State of Maryland, Entitled, An Act for Making the River Susquehanna Navigable from*

the Line of This State to Tide Water. Annapolis, 1784.

6. *An Act to Establish the Navigation Canal Corporation.* Boston, 1818.

7. *An Act to Incorporate ... The Farmers and Mechanics Bank.* Philadelphia, 1809.

8. *An Act to Incorporate the President, Directors, and Company of the Dedham Bank.* Dedham, 1815.

9. *An Address to the Assembly of Pennsylvania, on the Abolition of the Bank of North America.* Philadelphia, 1785.

10. *An Historical Account of the Rise, Progress, and Present State of the Canal Navigation in Pennsylvania.* Philadelphia, 1795.

11. Anon. *An Essay on Government Adopted by the Americans.* Philadelphia, 1775.

12. Appleton, Nathan. *Bank Bills or Paper Currency, and the Banking System of Massachusetts: with Remarks on Present High Prices.* Boston, 1856.

13. Austin, Benjamin. *Remarks on a Late Proposition from the Boston and Roxbury Mill Corporation.* Boston, 1818.

14. Barton, William. *The True Interest of the United States, and Particularly of Pennsylvania.* Philadelphia, 1786.

15. *Boston and Roxbury Mill Corporation.* Boston, 1818.

16. *By Laws of the Sixth Massachusetts Turnpike Corporation.* Worcester, Mass., 1799.

17. Carey, Mathew. *Brief View of the System of Internal Improvement of the State of Pennsylvania: Containing a Glance at its Rise, Progress, Retardation: the Difficulties It Underwent, Its Present State, and Its Future Prospects* Philadelphia, 1831.

18. Carter, Nathaniel H., and William L. Stone, eds. *Reports of the Proceeding and Debates of the Convention of 1821.* Albany, 1821.

19. Colton, Calvin. *The Junius Tracts.* New York: Greeley &McElrath, 1844.

20. *The Committee of Both Houses, to Whom Was Referred the Several*

Petitions of Isaac P. Davis ... Exhibit ... a Description of the Works Contemplated. Boston, 1814.

21. Cooper, David. *An Enquiry into Public Abuses.* Philadelphia, 1784.
22. Crèvecœur, Michel Guillaume Jean de. *Letters from An American Farmer, Describing Certain Provincial Situation, Manners, and Customs, and Conveying some Idea of the State of the People of North America.* Philadelphia, 1793.
23. Cumings, Henry. *A Sermon Preached before His Honor Thomas Cushing*, May 28, 1783. Boston, 1783.
24. *Debates in the Senate of the United States on the Judiciary During the First Session of the Seventh Congress.* Philadelphia, 1802.
25. Douglas, William. *A Summary, Historical and Political of the First Planting, Progressive Improvements, and Present State of the British Settlements in North America.* London, 1760.
26. Jean, François, Grieve, George, Washington, George, et al. *Travels in North America in the Years 1780 - 81 - 82.* New York, 1828.
27. Hart, Levi. *Liberty Described and Recommended.* Hartford, 1775.
28. Hastings, William Soden. *Remarks Made in the Senate upon the Manufacturing Bill.* Boston, 1809.
29. Hutchinson, Thomas. *The History of Colony of Massachusett's Bay.* London, 1765.
30. Jay, John. *An Address to the People of the State of New York, on the Subject of the Constitution, Agreed upon at Philadelphia, the 17th of September, 1787.* New York, 1788.
31. *Laws of the Bank of Pennsylvania.* Philadelphia, 1811. (http://infoweb.newsbank.com/)
32. *Laws of the Commonwealth of Pennsylvania.* Philadelphia, 1803.
33. Logan, George. *Five Letters, Addressed to the Yeomanry of the United States.* Philadelphia, 1792.
34. Mandeville, Bernard. *The Fable of the Bees or Private Vices, Publick Benefits.* London, 1725.

35. *Manhattan Company*. New York, 1799.
36. Otis, Warren, Mercy. *Observations on the New Constitution and on the Federal and State Conventions: By a Columbian Patriot*. Boston, 1788.
37. Paleske, Charles G., *Observations on the Application for a Law to Incorporate "The Union Canal Company" Respectfully Submitted to the Members of Both Houses of the Legislature of Pennsylvania*. Philadelphia: Dunae, 1808.
38. *Remarks on a Pamphlet, Entitled, Considerations on the Bank of North-America*. Philadelphia, 1785.
39. Smith, William. *An Historical Account of the Rise, Progress and Present State of the Canal Navigation in Pennsylvania*. Philadelphia, 1795.
40. Stevens, John, and William Livingston. *Observations on Government: Including Some Animadversions on Mr. Adams's Defence of the Constitutions of Government of the United States of America: and on Mr. De Lolme's Constitution of England*. New York, 1787.
41. Taylor, John. *Construction Construed, and Constitutions Vindicated*. Richmond, 1820.
42. Watchman. *To the Inhabitants of the City and County of New York*. New York, 1776.
43. Webster, Noah. *Sketches of American Policy*. New Jersey: The Lawbook Exchange, 2008.
44. Webster, Pelatiah. *An Essay on Credit, in Which the Doctrine of Banks is Considered, and Some Remarks are Made on the Present State of the Bank of North America*. Philadelphia, 1786.
45. Wilson, James. *Considerations on the Bank of North America*. Philadelphia, 1785.

七、地方档案

1. Carey, Mathew, ed. *Debates and Proceedings of the General Assembly of Pennsylvania: on the Memorials Praying a Repeal or*

Suspension of the Law Annulling the Charter of the Bank. Philadelphia, 1786.

2. *Journal of Convention For Framing Constitution of Government For the State of Massachusetts Bay*. Boston, 1832.

3. *Journal of Debates and Proceedings in the Convention of Delegates, Chosen to Revise the Constitution of Massachusetts, Begun and Holden at Boston, November 15, 1820, and Continued by Adjournment to January 9, 1821*. Boston, 1853.

4. *The Laws of the Commonwealth of Massachusetts: From November 28, 1780 to February 28, 1807*. Boston, 1807.

5. *Private and Special Statutes of the Commonwealth of Massachusetts (1780 – 1805)*. Boston, 1805.

6. *Proceedings and Debates of the Convention of the Commonwealth of Pennsylvania, to Propose Amendments to the Constitution*. Harrisburg: Packer, Barrett and Parke, 1837 – 1839.

八、其他资料集

1. Brackenridge, Hugh Henry. *Law Miscellanies: Containing An Introduction to the Study of the Law, Notes on Blackstone's Commentaries*. Union, New Jersey: The Lawbook Exchange, 2001.

2. Elliot, Jonathan, ed. , *Elliot's Debates: The Debates in the Several State Conventions on the Adoption of the Federal Constitution*. 4 vols.

3. Farrand, Max, ed. *The Records of the Federal Convention of 1787*. 4 vols. New Haven: Yale University Press, 1966.

4. Flint, James. *Letters from America*. Edinburgh, 1822.

5. Handlin, Oscar, and Handlin, Mary F. , eds. *The Popular Sources of Political Authority: Documents on the Massachusetts Constitution of 1780*. Harvard University Press, 1966.

6. Hazard, Samuel, ed. *Hazard's United States Commercial and Statistical Register*. Philadelphia, 1840.

7. Hoadly, Charles J. *The Public Reocrds of the Colony of*

Connecticut (1636 – 1776). Hartford: Press of Case, Lockwood, and Brainard, 1868.
8. Jensen, Merrill, et al., eds. *The Documentary History of the Ratification of the Constitution*. Madison, WI.: State Historical Society of Wisconsin, 1976.
9. Lee, Richard Henry, Walter Hartwell Bennett, ed. *Letters from the Federal Farmer to the Republican*. Alabama: The University of Alabama Press, 1978.
10. McMaster, John Back, and Frederick D. Stone, eds. *Pennsylvania and the Federal Constitution, 1787–1788*. Philadelphia: Historical Society of Pennsylvania, 1888.
11. Meyers, Marvin ed. *Mind of the Founder: Sources of the Policial Thought of James Madison*. Hanover, N.H.: Brandeis University Press, 1981.
12. Peden, William, ed. *Notes on the State of Virginia*. Chapel Hill: University of North Caroline Press, 1955.
13. Pole, J. R. ed. *The Revolution in America, 1754 – 1788: Documents on the Internal Development of America in the Revolutionary Era*. Stanford, Calif.: Stanford University Press, 1970.
14. Richardson, James D. ed. *A Compilation of the Messages and Papers of the Presidents, 1789 – 1897*, Washington: Gov't Print Off., 1896–1899.
15. Sullivan, James. *The History of the District of Maine*. Boston: I. Thomas and E.T. Andrews, 1795.
16. Trenchard, John, and Gordon, Thomas. *Cato's Letters, or Essays on Liberty, Civil and Religious and Other Important Subjects*. Indianapolis: Liberty Fund, 1995.

九、英文论著

1. Adams, Sean Patrick. *Old Dominion, Industrial Commonwealth: Coal, Politics, and Economy in Antebellum America*. Baltimore: John Hopkins University Press, 2004.

2. Adams, Willi-Paul. *The First American Constitutions: Republican Ideology and the Making of the State Constitutions in the Revolutionary Era*. Chapel Hill: University of North Carolina Press, 1980.
3. Ambler, Charles Henry. *George Washington and the West*. Chapel Hill: The University of North Carolina Press, 1936.
4. Ammor, William Crawford. *The Lives of the Governors of Pennsylvania... from 1609 to 1872*. Philadelphia: J. K. Simon, 1872.
5. Appleby, Joyce. *Capitalism and a New Social Order: The Republican Vision of the 1790s*. New York: New York University Press, 1984.
6. Appleby, Joyce. *Liberalism and Republicanism in the Historical Imagination*. Cambridge, Mass.: Harvard University Press, 1992.
7. Balch, Thomas Willing. *The Philadelphia Assemblies*. Philadelphia: Allen, Lane, and Scott, 1916.
8. Ball, Terence, and Pocock, J. G. A., eds. *Conceptual Change and the Constitution*. Lawrence, KS.: University Press of Kansas, 1988.
9. Baltzell, Edward Digby. *Philadelphia Gentlemen: The Making of a National Upper Class*. Philadelphia: University of Pennsylvania Press, 1979.
10. Bancroft, George. *History of the Formation of the Constitution of the United States of America*. New York: D. Appleton, 1883.
11. Banning, Lance. *The Jeffersonian Persuasion: Evolution of a Party Ideology*. Ithaca: Cornell University Press, 1978.
12. Beard, Charles A. *Economic Origins of Jefferson Democracy*. New York: Macmillan, 1915.
13. Bodenhorn, Howard. *State Banking in Early America: A New Economic History*. New York: Oxford University Press, 2003.
14. Bolles, Albert. *The Financial History of the United States, from 1789 to 1860*. New York: D. Appleton and Co., 1891.

15. Brown, Richard D. *Knowledge is Power: The Diffusion of Information in Early America, 1700 – 1865*. New York: Oxford University Press, 1989.
16. Bruce, Dickson D. Jr. *The Rhetoric of Conservatism: The Virginia Convention of 1829 – 30 and the Conservative Tradition in the South*. San Marino, CA. : Huntington Library, 1982.
17. Bruegel, Martin. *Farm, Shop, Landing: the Rise of a Market Society in the Hudson Valley, 1780 – 1860*. Durham, N.C. : Duke University Press, 2002.
18. Bushman, Richard L, Neil Harris, and David Rothman, eds. *Uprooted Americans: Essays to Honor Oscar Handlin*. Boston: Little, Brown and Company, 1979.
19. Cadman, John W. Jr. *The Corporation in New Jersey. Business and Politics 1791 – 1875*. Cambridge: Harvard University Press, 1949.
20. Campbell, Morton Carlisle, and Roscoe Pound, eds. *Harvard Legal Essays, Written in Honor of and Presented to Joseph Henry Beale and Samuel Williston*. Freeport, N. Y. : Books for Libraries Press, 1967.
21. Clark, Christopher. *The Roots of Rural Capitalism: Western Massachusetts, 1780 – 1860*. Ithaca: Cornell University Press, 1990.
22. Cole, Arthur Harrison. *Wholesale Commodity Prices in the United States, 1700 – 1861*. Cambridge, Mass. : Harvard University Press, 1938.
23. Cole, Donald B. *Martin Van Buren and the American Political System*. Princeton: Princeton University Press, 1984.
24. Coleman, Frank M. *Hobbes and America: Exploring the Constitutional Foundations*. Toronto: University of Toronto Press, 1977.
25. Commons, John Rogers, David J. Saposs, Helen L. Sumner, et al. *History of Labour in the United States*. New York: The Macmillan

Company, 1918 - 1935.

26. Cornog, Evan. *The Birth of Empire: DeWitt Clinton and The American Experience, 1769 - 1828*. New York: Oxford University Press, 1998.

27. Crowley, John E. *This Sheba, Self: The Conceptualization of Economic Life in Eighteenth-Century America*. Baltimore: John Hopkins University Press, 1974.

28. Davis, Andrew McFarland. *Currency and Banking in the Province of the Massachusetts Bay*, New York, 1901.

29. Davis, John P. *Corporations: Study of the Origin and Development of Great Business Combinations and of their Relation to the Authority of the State*. New York: G. P. Putnam's Sons The Knickerbocker Press, 1905.

30. Davis, Joseph Stancliffe. *Essays in the Earlier History of American Corporations*. 2 vols. Cambridge: Harvard University Press, 1917.

31. Dewey, Davis Rich. *Financial History of the United States*. New York: A. M. Kelley, 1968.

32. Dodd, Edwin Merrick. *American Business Corporations until* 1860; *with Special Reference to Massachusetts*. Cambridge, Mass.: Harvard University Press, 1954.

33. Doerflinger, Thomas M. *A Vigorous Spirit of Enterprise: Merchants and Economic Development in Revolutionary Philadelphia*. Chapel Hill: University of North Carolina Press, 1985.

34. Douglass, Elisha. *The Coming of Age of American Business: Three Centuries of Enterprise, 1600 - 1900*. Chapel Hill, N. C.: University of North Carolina Press, 1971.

35. Durrenberger, Joseph Austin. *Turnpikes: A Study of the Toll Road Movement in the Middle Atlantic States and Maryland*. Valdosta, Ga.: Southern Stationery and Printing Company, 1931.

36. Evans, George Heberton. Jr. *Business Incorporations in the United States 1800 - 1943*. New York: National Bureau of Economic

Research, INC. 1948.
37. Fee, Walter Ray. *The Transition from Aristocracy to Democracy in New Jersey. 1789 – 1829*, Somerville, N. J.: Somerset Press, 1933.
38. Ferguson, James E. *The Power of the Purse*. Chapel Hill: University of North Caroline Press, 1961.
39. Formisano, Ronald P. *The Transformation of Political Culture: Massachusetts Parties, 1790s – 1840s*. New York: Oxford University Press, 1983.
40. Freeman, Joanne B. *Affairs of Honor*. New Haven: Yale University Press, 2001.
41. Freyer, Tony A. *Producers Versus Capitalists: Constitutional Conflict in Antebellum America*. Charlottesville: University Press of Virginia, 1994.
42. Friedman, Lawrence Meir. *A History of American Law*. New York: Simon & Schuster, 2005.
43. Gans, Emmett William. *A Pennsylvania Pioneer Biographical Sketch, with Report of the Executive Committee of the Ball Estate Association*. Mansfield, Ohio: R.J. Ruhl, 1900.
44. Gibson, Alan. *Interpreting the Founding: Guide to the Enduring Debates over the Origins and Foundations of the American Republic*. Lawrence: University Press of Kansas, 2006.
45. Goldin, Claudia, and Gary D. Libecap. *The Regulated Economy: A Historical Approach to Political Economy*. Chicago: The University of Chicago Press, 1994.
46. Goodrich, Carter, ed. *Canals and American Economic Development*. New York: Columbia University Press, 1961.
47. Goodrich, Carter. *Government Promotion of American Canals and Railroads, 1800 – 1890*. New York: Columbia University Press, 1960.
48. Gray, Ralph D. *The National Waterway: A History of the Chesapeake and Delaware Canal, 1796 – 1985*. Urbana: University

of Illinois Press, 1989.
49. Gunn, L. Ray. *The Decline of Authority: Public Economic Policy and Political Development in New York, 1800 – 1860*. Ithaca: Cornell University Press, 1988.
50. Hahn, Steven, and Jonathan Prude, eds. *The Countryside in the Age of Capitalist Transformation: Essays in the Social History of Rural America*. Chapel Hill: The University of North Carolina Press, 1985.
51. Hammond, Bray. *Banks and Politics in America from the Revolution to the Civil War*. Princeton: Princeton University Press, 1985.
52. Hammond, Jabez D. *The History of Political Parties in the State of New-York, from the Ratification of the Federal Constitutional to Dec.*, 1840.
53. Handlin, Oscar, and Mary Flug Handlin. *Commonwealth: A Study of the Role of Government in the American Economy: Massachusetts, 1774 – 1861*. Cambridge, Mass.: Harvard University Press, 1969.
54. Hartz, Louis. *Economic Policy and Democratic Thought: Pennsylvania, 1776 –1860*. Cambridge, Mass.: Harvard University Press. 1948.
55. Heath, Milton Sydney. *Constructive Liberalism: The Role of The State in Economic Development in Georgia to 1860*. Cambridge, Mass.: Harvard University Press, 1954.
56. Hendrik. Hartog, *Public Property and Private Power: the Corporation of the city of New York in American Law, 1730 – 1870*. Chapel Hill: University of North Carolina Press, 1983.
57. Henretta, James A. *The Origins of American Capitalism*. Boston: Northeastern University Press, 1991.
58. Higginbotham, Sanfrod W. *The Keystone in the Democratic Arch: Pennsylvania Politics, 1800 – 1816*. Harrisburg: Pennsylvania Historical and Museum Commission, 1952.

59. Hirsch, Susan E. *Roots of the American Working Class: The Industrialization of Crafts in Newark, 1800－1860*, Philadelphia: University of Pennsylvania Press, 1978.
60. Hoffmann, Susan. *Politics and Banking: Ideas, Public Policy, and the Creation of Financial Institutions*. Baltimore: The John Hopkins University Press, 2001.
61. Holdsworth, John Thom, John S. Fisher. *Financing An Empire: History of Banking in Pennsylvania*. Chicago: The S. J. Clarke Publishing Company, 1928.
62. Horwitz, Morton J. *The Transformation of American Law, 1780－1860*. Cambridge, Mass.: Harvard University Press, 1977.
63. Howe, Daniel Walker. *The Political Culture of the American Whigs*. Chicago: University of Chicago Press, 1979.
64. Hurst, James Willard. *Law and the Conditions of Freedom in the Nineteenth-Century United States*. Madison: University of Wisconsin Press, 1984.
65. Hurst, James Willard. *The Legitimacy of the Business Corporation in the Law of the United States 1780－1970*. Charlottesville: The University Press of Virginia, 1970.
66. Jensen, Merrill. *The New Nation: A History of the United States during the Confederation, 1781－1789*. New York: Knopf, 1950.
67. Johnson, Paul E. *The Early American Republic 1789－1829*. New York: Oxford University Press, 2007.
68. Johnson, Victor Leroy. *The Administration of the American Commissariat during the Revolutionary War*. Philadelphia: University of Pennsylvania, 1941.
69. Klein, Philip Shriver. *Pennsylvania Politics, 1817－1832*. Philadelphia: The Historical Society of Pennsylvania, 1940.
70. Kutler, Stanley I. *Privilege and Creative Destruction: The Charles River Bridge Case*. Baltimore: The Johns Hopkins University Press, 1971.
71. Larson, John Lauritz. *Internal Improvement: National Public*

Works and the Promise of Popular Government in the Early United States. Chapel Hill: The University of North Carolina Press, 2001.
72. Larson, John Lauritz. *The Market Revolution in America: Liberty, Ambition, and the Eclipse of the Common Good*. New York: Cambridge University Press, 2010.
73. Laurie, Bruce. *Working People of Philadelphia, 1800 – 1850*. Philadelphia: Temple University Press, 1980.
74. Licht, Walter. *Industrializing America: The Nineteenth Century*. Baltimore: Johns Hopkins University Press, 1995.
75. Majewski, John D. *A House Dividing: Economic Development in Pennsylvania and Virginia before the Civil War*. New York: Cambridge University Press, 2000.
76. Matson, Cathy D. *A Union of Interests: Political and Economic Thought in Revolutionary America*. Lawrence, KS.: University Press of Kansas, 1990.
77. Matson, Cathy, ed. *The Economy of Early America: Historical Perspective and New Directions*. University Park, Pa.: The Pennsylvania State University, 2006.
78. McCoy, Drew R. *The Elusive Republic: Political Economy in Jeffersonian America*. New York: W. W. Norton & Company, 1980.
79. Mihm, Stephen. *A Nation of Counterfeiters: Capitalists, Con Men and the Making of the United States*. Cambridge, Mass.: Harvard University Press, 2007.
80. Miller, Harry E. *Banking Theories in United States before 1860*. Cambridge: Harvard University Press, 1927.
81. Miller, Nathan. *The Enterprise of a Free People: Aspects of Economic Development in New York State During the Canal Period, 1792 – 1838*. Ithaca: Cornell University Press, 1962.
82. Nelson, William E. *Americanization of the Common Law: the Impact of Legal Change on Massachusetts Society, 1760 – 1830*. Cambridge, Mass.: Harvard University Press, 1975.

83. Nettels, Curtis P. *The Emergence of A Nation Economy, 1775 – 1815*. New York: Holt, Rinehart and Winston, 1962.
84. Newmyer, R. Kent. *Supreme Court Justice: Joseph Story Statesman of the Old Republic*. Chapel Hill: The University of North Carolina Press, 1985.
85. Novak, William J. *The People's Welfare: Law and Regulation in Nineteenth-Century America*. Chapel Hill: The University of North Carolina Press, 1996.
86. Pangle, Thomas L. *The Spirit of Modern Republicanism: The Moral Vision of the American Founders and the Philosophy of Locke*. Chicago: University of Chicago Press, 1988.
87. Perkins, Edwin J. *American Public Finance and Financial Services 1700 – 1815*. Columbus: Ohio State University Press, 1994.
88. Peterson, Merrill D. ed. *Democracy, Liberty and Property: the State Constitutional Conventions of the 1820's*. Indianapolis: Bobbs-Merrill Co., 1966.
89. Pocock, J. G. A. *Politics, Language, and Time; Essays on Political Thought and History*. New York: Atheneum, 1971.
90. Porter, Kenneth Wiggins. *The Jacksons and the Lees: Two Generations of Massachusetts Merchants, 1765 – 1844*. Cambridge, Mass.: Harvard University Press, 1937.
91. Quicy, Josiah. *The History of Harvard University*. Boston: Crosby, Nichols, Lee. Co., 1860.
92. Rakove, Jack N. *Original Meanings: Politics and Ideas in the Making of the Constitution*. New York: Vintage Books, 1997.
93. Raymond, Walters, Jr. *Alexander James Dallas: Lawyer-Politician-Financier 1759 – 1817*. New York: Da Capo Press, 1969.
94. Redlich, Fritz. *The Molding of American Banking: Men and Ideas*. New York: Hafner, 1951.
95. Rock, Howard B. *Artisans of the New Republic: The Tradesmen of New York City in the Age of Jefferson*, New York: New York

Unviersity Press, 1979.
96. Rothbard, Murray Newton. *The Panic of 1819: Reactions and Policies*. New York: Columbia University Press, 1962.
97. Royster, Charles. *Light-Horse Harry Lee and the Legacy of the American Revolution*. New York: Cambridge University Press, 1982.
98. Schocket, Andrew M. *Founding Corporate Power in Early National Philadelphia*. DeKalb: Northern Illinois University Press, 2007.
99. Seavoy, Ronald E. *The Origins of The American Business Corporation, 1784 – 1855*. Westport, CT: Greenwood Press, 1982.
100. Sedgwick, Theodore. *A Memoir of the Life of William Livingston*. New York, 1833.
101. Shade, William G. *Democratizing the Old Dominion: Virginia and the Second Party System, 1824 – 1861*. Charlottesville: University Press of Virginia, 1996.
102. Sharp, James Roger. *American Politics in the Early Republic: The New Nation in Crisis*. New Haven: Yale University Press, 1993.
103. Stearns, Asahel. *A Summary of the Law and Practice of Real Actions: with an Appendix of Practical Forms*. Hallowell: Glazier, Masters, 1831.
104. Stourzh, Gerald. *Alexander Hamilton and The Idea of Republican Government*. Stanford: Stanford University Press, 1970.
105. Taylor, Alan. *Liberty Men and Great Proprietors: the Revolutionary Settlement on the Maine Frontier, 1760 – 1820*. Chapel Hill: University of North Carolina Press, 1990.
106. Tomlins, Christopher L. *Law, Labor, and Ideology in the Early America Republic*. Cambridge: Cambridge University Press. 1993.

107. Walters, Raymond, Jr. *Alexander James Dallas, Lawyer, Politician, Financier, 1759-1817*. New York: Da Capo Press, 1969.
108. Wermuth, Thomas S. *Rip Van Winkle's Neighbors: The Transformation of Rural Society in the Hudson River Valley, 1720-1850*. Albany: State University of New York Press, 2001.
109. Whitford, Noble E. *History of the Canal System of the State of New York*. Albany: Brandow Printing Company, 1906.
110. Wilentz, Sean. *Chants Democratic: New York City & the rise of the American working class, 1788-1850*. New York: Oxford University Press, 1984.
111. Wilentz, Sean. *The Rise of American Democracy: Jefferson to Lincoln*. New York: W. W. Norton & Company, 2005.
112. Winslow, Stephen Noyes. *Biographies of Successful Philadelphia Merchants*. Philadelphia: James K. Simon, 1864.
113. Wood, Gordon S. *Empire of Liberty: A History of the Early Republic, 1789-1815*. New York: Oxford University Press, 2009.
114. Wood, Gordon S. *The Creation of the American Republic, 1776-1787*. Chapel Hill: The University of North Carolina Press, 1998.
115. Wood, Gordon S. *The Radicalism of the American Revolution*. New York: Vintage, 1993.
116. Woodward, P. H. *One Hundred Years of the Harford Bank, Now the Harford National Bank of Harford, Conn., 1792-1892*. Hartford, Conn.: Case, Lockwood & Brainard, 1892.
117. Yearley, Clifton K. *Enterprise and Anthracite: Economic and Democracy in Schuylkill County, 1820-1875*. Baltimore: John Hopkins University Press, 1961.
118. Young, Alfred Fabian. *The Democratic Republicans of New York: The Origins, 1763-1797*. Chapel Hill: University of North Carolina, 1967.

十、英文论文

1. Appleby, Joyce Oldham. "The Vexed Story of Capitalism Told by American Historians." *Journal of the Early Republic*, Vol. 21, No. 1 (Spring, 2001):1 – 18.

2. Appleby, Joyce. "Republicanism in Old and New Contexts." *The William and Mary Quarterly*, Vol. 43, No. 1 (Jan., 1986):20 – 34.

3. Appleby, Joyce. "The American Heritage: The Heirs and the Disinherited." *The Journal of American History*, Vol. 74, No. 3 (Dec., 1987):798 – 813.

4. Baldwin, Simeon Eben. "American Business Corporations Before 1789." *The American Historical Review*, Vol. 8, No. 3 (Apr., 1903):449 – 465.

5. Baumann, Roland M. "John Swanwick: Spokesman for 'Merchant-Republicanism' in Philadelphia, 1790 – 1798." *Pennsylvania Magazine of History and Biography*, Vol. 97, No. 2 (Apr., 1973):131 – 182.

6. Bogin, Ruth. "Petitioning and the New Moral Economy of Post-Revolutionary America." *William and Mary Quarterly*, Vol. 45, No. 3 (Jul., 1988):391 – 425.

7. Bouton, Terry. "Moneyless in Pennsylvania: Privatization and the Depression of the 1780s." *The Economy of Early America: Historical Perspectives & New Directions*. University Park, Pa.: The Pennsylvania State University Press, 2006.

8. Brooke, John L. "Cultures of Nationalism, Movements of Reform, and the Composite-Federal Polity, From Revolutionary Settlement of Antebellum Crisis." *Journal of the Early Republic*, Vol. 29, No. 1 (Spring, 2009):1 – 33.

9. Callender, G. S. "The Early Transportation and Banking Enterprises of the States in Relation to the Growth of Corporations." *The Quarterly Journal of Economics*, Vol. 17, No. 1 (Nov., 1902):111 – 162.

10. Carter, Edward, II. "The Birth of A Political Economist: Mathew Carey and the Recharter Fight of 1810 – 1811." *Pennsylvania History*, Vol. 33, No. 2 (July, 1966): 274 – 288.

11. Chevalier, Michel. "Speculation in Land, Railroad, and Banks." *Ideology and Power in the Age of Jackson*. New York: Anchor Books, 1964.

12. Corwin, Edward S. "The Basic Doctrine of American Constitution Law." *Michigan Law Review*, Vol. 12, No. 4 (Feb. 1914): 247 – 276.

13. Crowl, Philip A. "Anti-Federalism in Maryland, 1787 – 1788." *The William and Mary Quarterly*, Vol. 4, No. 4 (Oct., 1947): 446 – 469.

14. Dodd, Edwin Merrick, Jr. "The First Half Century of Statutory Regulation of Business Corporations in Mass." *Harvard Legal Essays, Written in Honor of and Presented to Joseph Henry Beale and Samuel Williston*. Freeport, N. Y.: Books for Libraries Press, 1967.

15. Eric Hilt, "When did Ownership Separate from Control? Corporate Governance in the Early Nineteenth Century." *The Journal of Economic History*, Vol. 68, No. 3 (Sept., 2008): 645 – 685.

16. Formwalt, Lee W. "Benjamin Henry Latrobe and the Development of Transportation in the District of Columbia, 1802 – 1817." *Records of the Columbia Historical Society*, Vol. 50(1980): 36 – 66.

17. Goodrich, Carter. "Internal Improvements Reconsidered." *The Journal of Economic History*, Vol. 30, No. 2 (June, 1970): 289 – 311.

18. Handlin, Oscar, Handlin, Mary F. "Origins of the American Business Corporation." *The Journal of Economic History*, Vol. 5, No. 1 (May, 1945): 1 – 23.

19. Harrison, Joseph H. Jr. "'Sic Et Non': Thomas Jefferson and Internal Improvement." *Journal of the Early Republic*, Vol. 7, No. 4 (Winter, 1987): 335 – 349.

20. Hurst, James Willard. "Old and New Dimensions of Research in United States Legal History." *The American Journal of Legal History*, Vol. 23, No. 1 (January, 1979):1–20.
21. Huston, James L. "Economic Landscapes Yet to be Discovered: The Early American Republic and Historians' Unsubtle Adoption of Political Economy." *Journal of the Early Republic*, Vol. 24, No. 2 (Summer, 2004):219–231.
22. "Incorporating the Republic: The Corporation in Antebellum Political Culture." *Harvard Law Review*, Vol. 102, No. 8 (Jun., 1989):1883–1903.
23. Grant, J. A. C., "The 'Higher Law' Background of the Law of Eminent Domain," *Wisconsin Law Review*, Vol. 6 (1930–1931): 67–85.
24. Karmel, Jamie. "The Market Moment: Banking and Politics in Jeffersonian Pennsylvania, 1810–1815." *Pennsylvania History*, Vol. 70, No. 1 (Winter, 2003):55–80.
25. Kessler-Harris, Alice. "Social History." *The New American History: Critical Perspectives on the Past*. Philadelphia: Temple University Press, 1997.
26. Klein, Daniel B., and John Majewski. "Economy, Community, and Law: The Turnpike Movement in New York, 1797–1845." *Law and Society Review*, Vol. 26, No. 3(1992):469–512.
27. Kulikoff, Allan. "The Transition to Capitalism in Rural America." *The William and Mary Quarterly*, Vol. 46, No. 1 (Jan., 1989): 120–144.
28. Larson, John Lauritz. "A Bridge, A Dam, A River: Liberty and Innovation in the Early Republic." *Journal of the Early Republic*, Vol. 7, No. 4 (Winter, 1987):351–375.
29. Lively, Robert A. "The American System: A Review Article." *Business History Review*, Vol. 1, No. 29 (March 1955):81–96.
30. Livermore, Shaw. "Unlimited Liability in Early American Corporations." *The Journal of Political Economy*, Vol. 43, No. 5

(Oct., 1935):674-687.
31. Maier, Pauline. "The Revolutionary Origins of the American Corporation." *The William and Mary Quarterly*, Vol. 50, No. 1 (Jan., 1993):51-84.
32. Majewski, John. "Toward a Social History of the Corporation: Shareholding in Pennsylvania, 1800-1840." *The Economy of Early America: Historical Perspectives & New Directions*. University Park, Pa.: Pennsylvania State University Press, 2006.
33. Mansfield, Harvey C. Jr. "Constitutional Government: The Soul of Modern Democracy." *The Public Interest*, Vol. 86 (Winter, 1987): 53-64.
34. Mark, Gregory A. "The Court and The Corporation: Jurisprudence, Localism, and Federalism." *The Supreme Court Review*, Vol. 1997 (1997):403-437.
35. Matson, Cathy D. "Capitalizing Hope: Economic Thought and the Early National Economy." *Journal of the Early Republic*, Vol. 16, No. 2 (Summer, 1996):273-291.
36. Matson, Cathy D. "A House of Many Mansions: Some Thoughts on the Field of Economic History." *The Economy of Early America: Historical Perspectives & New Directions*. University Park, Pa.: Pennsylvania State University Press, 2006.
37. Merrill, Michael. "The Anti-Capitalist Origins of the United States." *Review: Fernand Braudel Center*, Vol. 13, No. 4 (Fall, 1990):465-497.
38. Miller, William. "A Note on the Business Corporations in Pennsylvania, 1800-1860." *Quarterly Journal of Economics*, Vol. 55, No. 1 (Nov., 1940):150-160.
39. Nedelsky, Jennifer. "The Protection of Property in the Origins and the Development of the American Constitution." *To Form a More Perfect Union: The Critical Ideas of the Constitution*. Charlottesville: The University Press of Virginia, 1992.
40. Novak, William J. "Public Economy and the Well-Ordered Market:

Law and Economy Regulation in 19th-Century America." *Law & Social Inquiry*, Vol. 18, No. 1 (Winter, 1993):1-32.
41. Peeling, James H. "Governor McKean and the Pennsylvania Jacobins (1799-1808)." *Pennsylvania Magazine of History and Biography*, Vol. 54, No. 4(1930):32-54.
42. Peskin, Lawrence A. "From Protection to Encouragement: Manufacturing and Mercantilism in New York City's Public Sphere, 1783-1795." *Journal of the Early Republic*, Vol. 18, No. 4 (Winter, 1998):589-615.
43. Peskin, Lawrence A. "How the Republicans Learned to Love Manufacturing: The First Parties and the 'New Economy'." *Journal of the Early Republic*, Vol. 22, No. 2 (Summer, 2002):235-262.
44. Phillips, Kim T. "Democrats of the Old School in the Era of Good Feelings." *The Pennsylvania Magazine of History and Biography*, Vol. 95, No. 3 (July, 1971):363-382.
45. Pisani, Donald J. "Promotion and Regulation: Constitutionalism and the American Economy." *The Journal of American History*, Vol. 74, No. 3 (Dec., 1987):740-768.
46. Pocock, J. G. A. "Review: Virtue and Commerce in the Eighteenth Century." *Journal of Interdisciplinary History*, Vol. 3, No. 1 (Summer, 1972):119-134.
47. Pruitt, Bettye Hobbs. "Self-Sufficiency and the Agricultural Economy of Eighteenth-Century Massachusetts." *The William and Mary Quarterly*, Vol. 41, No. 3 (Jul., 1984):333-364.
48. Reubens, Beatrice G. "Burr, Hamilton and Manhattan Company: Part II: Launching a Bank." *Political Science Quarterly*, Vol. 73, No. 1 (Mar., 1958):100-125.
49. Riesman, Janet A. "Republican Revision: Political Economy in New York after the Panic of 1819." *New York and the Rise of American Capitalism: Economic Development and the Social Political and History of an American State, 1780-1870*. New York: New York

Historical Society, 1989.

50. Rotherbert, Winifred B. "The Market and Massachusetts Farmers, 1750-1855." *The Journal of Economic History*, Vol. 41, No. 2 (Jun., 1981):283-314.

51. Scheiber, Harry N. "Review: Private Rights and Public Power: American Law, Capitalism and the Republican Polity in Nineteenth-Century America." *The Yale Law Journal*, Vol. 107, No. 3 (Dec., 1997):823-861.

52. Schwartz, Anna Jacobson. "The Beginning of Competitive Banking in Philadelphia, 1782-1809." *The Journal of Political Economy*, Vol. 55, No. 5 (Oct., 1947):417-431.

53. Seaman, John W. "Thomas Paine: Ransom, Civil Peace, and the Natural Right to Welfare." *Political Theory*, Vol. 16, No. 1 (Feb., 1988):120-142.

54. Seavoy, Ronald E. "The Public Service Origins of the American Business Corporation." *The Business History Review*, Vol. 52, No. 1 (Spring, 1978):30-60.

55. Sellers, Charles G. Jr. "Banking and Politics in Jackson's Tennessee, 1817-1827." *The Mississippi Valley Historical Review*, Vol. 41, No. 1 (Jun., 1954):61-84.

56. Soltow, Lee. "Economic Inequality in the United States in the Period from 1790 to 1860." *Journal of Economic History*, Vol. 31, No. 4 (Dec., 1971):822-839.

57. Katz, Stanley N. "Republicanism and the Law of Inheritance in the American Revolutionary Era." *Michigan Law Review*, Vol. 76, No. 1 (Nov., 1977):1-29.

58. Stott, Richard. "Artisans and Capitalist Development." *Journal of the Early Republic*, Vol. 16, No. 2 (Summer, 1996):257-271.

59. Strum, Harvey. "Property Qualifications and Voting Behavior in New York, 1807-1816." *Journal of the Early Republic*, Vol. 1, No. 4 (Winter, 1981):347-371.

60. Swanson, Donald F. "Bank-Notes Will Be but as Oak Leaves:

Thomas Jefferson on Paper Money." *Virginia Magazine of History and Biography*, Vol. 101, No. 1 (Jan., 1993):37-52.
61. Sylla, Richard, Legler, John, and Wallis, John. "Banks and State Public Finance in the New Republic: The United States, 1790-1860." *Journal of Economic History*, Vol. 47, No. 2 (June, 1987):391-403.
62. Sylla, Richard. "Forgotten Men of Money: Private Bankers in Early U. S. History." *Journal of Economic History*, Vol. 36, No. 1 (Mar., 1976):173-188.
63. Sylla, Richard. "U. S. Securities Markets and the Banking System, 1790-1840." *Federal Reserve Bank of St. Louis*, Vol. 80, No. 2 (May/June, 1998):83-98.
64. Taylor, Alan. "'A Kind of Warr': The Contest for Land on the Northeastern Frontier." *William and Mary Quarterly*, Vol. 46, No. 1 (Jan., 1998):3-26.
65. Taylor, Alan. "Agrarian Independence: Northern Land Rioters after the Revolution." *Beyond the American Revolution: Explorations in the History of American Radicalism*, Dekalb, Northern Illinois University Press, 1993.
66. Thornton, Tamara Plakins. "'A Great Machine' or a 'Beast of Prey': A Boston Corporation and Its Rural Debtors in an Age of Capitalist Transformation." *Journal of the Early Republic*, Vol. 27, No. 4 (Winter, 2007):567-597.
67. Wallis, John Joseph, Sylla, Richard, and Legler, John B. "Interaction of Taxation and Regulation in Nineteenth-Century U. S. Banking." *The Regulated Economy: A History Approach to Political Economy*. Chicago: University of Chicago Press, 1994.
68. Wood, Gordon S. "The Enemy is Us: Democratic Capitalism in the Early Republic." *Journal of the Early Republic*, Vol. 16, No. 2 (Summer, 1996):293-308.
69. Wood, Gordon S. "The Origins of Vested Rights in the Early Republic." *Virginia Law Review*, Vol. 85, No. 7 (Oct., 1999):

1421-1445.
70. Wright, Robert E. "Artisans, Banks, Credit, and the Election of 1800." *The Pennsylvania Magazine of History and Biography*, Vol.122, No.3 (Jul., 1998):211-239.
71. Wright, Robert E. "Bank Ownership and Lending Patterns in New York and Pennsylvania, 1781-1831." *The Business History Review*, Vol.73, No.1 (Spring, 1999):40-60.

十一、博士论文

1. Clawson, Mark Alban. *The Development of Business Combinations Doctrine in American Corporate Law*. J.S.D. Stanford University, 1997.
2. Gough, Robert. *Towards a Theory of Class and Social Conflict: A Social History of Wealthy Philadelphia, 1775-1800*. PhD. Diss., University of Pennsylvania, 1978.
3. Mihm, Stephen. *Making Money, Creating Confidence: Counterfeiting and Capitalism in the United States, 1789-1877*. PhD. Diss., New York University, 2003.
4. Phillips, Kim Tousley. *William Duane, Revolutionary Editor*. PhD. Diss., University of California, Berkeley, 1968.

十二、中文论著(含译著)

1. 罗伯特·达尔著,顾昕译:《民主理论的前言》,东方出版社,2009年版。
2. 罗伯特·达尔著,李柏光等译:《论民主》,商务印书馆,1999年版。
3. 邓正来、杰弗里·亚历山大主编:《国家与市民社会——一种社会理论的研究路径》,上海人民出版社,2006年版。
4. 查尔斯·蒂利著,魏洪钟译:《民主》,上海人民出版社,2009年版。
5. 韩铁:"美国法律史研究领域的'赫斯特革命'",载《史学月刊》2003年第8期。
6. 韩铁:"美国法律史研究中有关私人产权的几个问题",载《美国研究》2003年第1期。
7. 韩铁:"美国公司的历史演变和现代大企业的崛起",载《南开大学学报》2002年史学增刊。

8. 韩铁:"试论美国公司法向民主化和自由化方向的历史性演变",载《美国研究》2003年第4期。
9. 韩铁:"英属北美殖民地法律的早期现代化",载《史学月刊》2007年第2期。
10. 汉密尔顿、杰伊、麦迪逊著,程逢如等译:《联邦党人文集》,商务印书馆,2004年版。
11. 戴维·赫尔德著,燕继荣等译:《民主的模式》,中央编译出版社,2008年版。
12. 艾伯特·奥·赫希曼著,李新华等译:《欲望与利益——资本主义走向胜利前的政治争论》,上海文艺出版社,2003年版。
13. 洪朝辉:《社会经济变迁的主题——美国现代化进程新论》,杭州大学出版社,1994年版。
14. 胡国成:《塑造美国现代经济制度之路——美国国家垄断资本主义制度的形成》,中国经济出版社,1995年版。
15. 胡晓进,任东来:"联邦最高法院与现代美国公司的成长",载《南京大学学报》2005年第4期。
16. 黄洋:"民主政治诞生2500周年?——当代西方雅典民主政治研究",载《历史研究》2002年第6期。
17. 黄洋:"古代与现代的民主政治",载《史林》2007年第3期。
18. 莫顿·J.霍维茨著,谢鸿飞译:《美国法的变迁》,中国政法大学出版社,2004年版。
19. 李剑鸣:"'共和'与'民主'的趋同——美国革命时期对'共和政体'的重新界定",载《史学集刊》2009年第5期。
20. 李剑鸣:《美国的奠基时代(1585—1775)》(修订版),中国人民大学出版社,2011年版。
21. 李剑鸣:"美国革命时期民主概念的演变",载《历史研究》2007年第1期。
22. 李剑鸣:《历史学家的修养与技艺》,上海三联书店,2007年版。
23. 李剑鸣:"'人民'的定义与美国早期的国家构建",载《历史研究》2009年第1期。
24. 满运龙:《思想·意识形态·语言——共和修正派与美国思想史学》,齐文颖编《美国史探研》,中国社会科学出版社,2001年版。

25. 乔万尼·萨托利著,冯克利等译:《民主新论》,上海人民出版社,2009年版。
26. 托克维尔著,董果良译:《论美国的民主》(下卷),商务印书馆,2002年版。
27. 王希:《原则与妥协:美国宪法的精神与实践》,北京大学出版社,2000年版。
28. 约瑟夫·熊彼特著,吴良健译:《资本主义、社会主义与民主》,商务印书馆,2000年版。
29. 袁靖:"探寻美国革命的思想渊源——保罗·拉厄的《古代和现代的共和国》与共和主义范式之争",载《史学集刊》2009年第5期。

索　引

1812年英美战争(War of 1812)
1819年经济危机(Panic of 1819)

A

阿尔伯特·加勒廷(Gallatin, Albert)
阿伦·伯尔(Burr, Aaron)
阿默斯特马车运输公司(Amherst Carriage Company)
埃布尔·库欣(Cushing, Abel)
埃德蒙·彭德尔顿(Pendleton, Edmund)
埃尔布里奇·格里(Gerry, Elbridge)
埃尔卡纳·沃森(Watson, Elkanah)
艾伦·泰勒(Taylor, Alan)
艾萨克·帕克(Parker, Isaac)
安德鲁·杰克逊(Jackson, Andrew)
安多福与梅德福收费公路诉古尔德案(Andover and Medford Turnpike Corporation v. Gould)
安娜·施瓦茨(Schwartz, Anna)
奥雷斯蒂斯·布朗森(Brownson, Orestes)
奥利弗·沃尔科特(Wolcott, Oliver)
奥斯卡·汉德林(Handlin, Oscar)

B

巴尔的摩(Baltimore)
邦联国会(Confederation Congress)
《邦联条例》(Articles of Confederation and Perpetual Union)
保险公司(Insurance Company)
暴政(Tyranny)
北美银行(Bank of North America)
贝弗利棉花制造厂(Beverly Cotton Manufactory)
本杰明·奥斯汀(Austin, Benjamin)
本杰明·富兰克林(Franklin, Benjamin)
本杰明·亨利·拉特比(Latrobe, Benjamin Henry)
本杰明·拉什(Rush, Benjamin)
本杰明·拉特罗布(Latrobe, Benjamin)
本杰明·林肯(Lincoln, Benjamin)
本土制造协会(Home Manufacturing Society)
宾夕法尼亚(Pennsylvania State)
宾夕法尼亚银行(Bank of Pennsylvania)
波林·梅尔(Maier, Pauline)
波士顿—罗克斯伯里磨坊厂(Boston and Roxbury Mill Corporation)
波士顿—缅因铁路公司(Boston and Maine Railroad Company)
波托马克公司(Potomac Company)
伯纳德·曼德维尔(Mandeville, Bernard)
布雷·哈蒙德(Hammond, Bray)

C

财产权(Property Right)
查尔斯河桥公司(Charles River Bridge Company)
查尔斯·平克尼(Pinckney, Charles)
查尔斯·乔伊(Joy, Charles)

D

达特茅斯学院案(The Case of Dartmouth College)

大陆会议(Continental Congress)
大卫·李嘉图(Ricardo, David)
代表制政体(Representative Government)
戴德姆银行(Dedham Bank)
丹尼尔·雷蒙德(Raymond, Daniel)
丹尼尔·韦伯斯特(Webster, Daniel)
党派斗争(Partisan Conflict)
党派利益(Partisan Interest)
德威特·克林顿(Clinton, DeWitt)
第二合众国银行(The Second Bank of Unite States)
都铎王朝(Tudor Dynasty)

F

法国革命(French Revolution)
反联邦主义者(Anti-federalists)
费城农工银行(The Farmers and Mechanics Bank of Philadelphia)
费城银行(The Bank of Philadelphia)
费城与兰开斯特收费公路公司(Company of the Philadelphia and Lancaster Turnpike Road)
费希尔·埃姆斯(Ames, Fisher)
佛蒙特(Vermont)
弗朗西丝·赖特(Wright, Frances)
弗朗西斯·鲍恩(Bowen, Francis)
弗朗西斯·罗恩·尚克(Shunk, Francis Rawn)
弗里茨·雷德利克(Redlich, Fritz)
腐败(Corruption)

G

戈登·S.伍德(Wood, Gordon S.)
工人阶层(Working Class)
公共机构(Public Institution)
公共利益(Public Interest)

公共属性(Public Character)
公司(Corporation)
共和党(The Republicans)
共和思想(The Republican Ideology)
共和制(Republican Government)
共和主义(Republicanism)
共同福祉(Common Good)
共同体(Commonwealth)
古典共和思想(Classical Republican Ideology)
古利安·维普兰克(Verplanck, Gulian)
股票(Stock)
贵族制(Aristocracy)
国内改进(Internal Improvement)

H

哈里森·奥蒂斯(Otis, Harrison)
哈里斯堡桥梁公司(Harrisburg Bridge Company)
哈特福德银行(Harford Bank)
合众国银行(The Bank of the United States)
黑德和艾默里诉普罗维登斯保险公司案(Head and Amory v. Providence Insurance Company)
亨利·克莱(Clay, Henry)
亨利·李(Lee, Henry)
亨利·利文斯顿(Livingston, Henry)

J

集权(Authoritarian rule)
《加图信札》(*Cato's Letters*)
精英(Elites)
精英统治(Elite ruling)
竞争(Competition)

K

卡尔文·科尔顿(Colton, Calvin)
卡莱尔银行(Carlisle Bank)
卡姆登-安博伊铁路公司(Camden-Amboy Railway Company)
凯普泰尼·韦尔顿(Welton, Captaini)
克里斯托弗·莱芬韦尔(Leffingwell, Christopher)
孔特·德穆斯捷(Moustier, Comte De)

L

莱尔银行(Carlisle Bank)
莱缪尔·肖(Shaw, Lemuel)
兰顿·毕勒斯比(Byllesby, Langton)
兰斯·班宁(Banning, Lance)
兰辛博格农业者银行(Farmers Bank of Lansingburgh)
劳动者(Labors)
里万纳河(Rivanna River)
联邦党人(Federalists)
联邦主义者(Federalists)
《联邦主义者文集》(*The Federalist*)
联合运河公司(Union Canal Company)
垄断(Monopoly)
鲁弗斯·金(King, Rufus)
路易斯·奥托(Otto, Louis)
罗伯特·富尔敦(Fulton, Robert)
罗伯特·赖特(Wright, Robert)
罗伯特·利文斯顿(Livingston, Robert)
罗伯特·莫里斯(Morris, Robert)
罗伯特·欧文(Owen, Robert)
罗伯特·约瑟夫·泰勒(Taylor, Robert Joseph)
罗杰·舍曼(Sherman, Roger)
罗杰·托尼(Taney, Roger)

M

马丁·范布伦(Buren, Martin Van)

马丁·格拉斯(Glass, Martin)

马基雅维利(Machiavelli)

马萨诸塞(Massachusetts)

马萨诸塞火灾与航海保险公司(Massachusetts Fire and Marine Insurance Company)

马萨诸塞人身保险公司（Massachusetts Hospital Life Insurance Company）

马萨诸塞银行(Massachusetts Bank)

马修·凯里(Carey, Mathew)

玛丽·汉德林(Handlin, Mary Flug)

迈纳诉讼亚历山德里亚手工业者银行案(Minor v. Mechanics Bank of Alexandria)

曼哈顿公司(Manhattan Company)

贸易禁运(Embargo)

美德(Virtue)

美国革命(American Revolution)

孟德斯鸠(Montesquieu)

米歇尔-纪尧姆·让·德·克雷弗克(Crèvecœur, Michel Guillaume Jean de)

民众(common people)

民主党(Democratic Party)

民主共和社团(Republican-Democratic Societies)

民主化(Democratization)

民主制(Democracy)

名誉(Honor)

莫尔登桥梁公司(Malden Bridge Company)

N

内陆航线(Inland Navigation)

内陆运河公司(Navigation Canal Corporation)

内森・阿普尔顿(Appleton, Nathan)
纽伯里波特毛纺织品制造厂(Newburyport Woollen Munufactory)
纽约商人银行(Merchant's Bank of New York)
纽约市(New York City)
纽约银行(The Bank of New York)
农民(Yeoman)
农民与手工业者银行(The Farmers and Mechanics Bank)
诺森伯兰桥梁公司(Northumberland Bridge Company)
诺亚・韦伯斯特(Webster, Noah)

P

《泡沫法》(*The Bubble Act*)
佩拉泰亚・韦伯斯特(Webster, Pelatiah)
平等(Equality)

Q

契约(Contract)
前街公司(Front Street Corporation)
乔治・M. 凯姆(Keim, George M.)
乔治・华盛顿(Washington, George)
乔治・克林顿(Clinton, George)
乔治・洛根(Logan, George)
乔治・梅森(Mason, George)
桥梁(Bridge)
切萨皮克与特拉华运河(Chesapeake and Delaware Canal)
权利(Right)
《权利宣言》(*The Declaration of Rights*)

S

萨斯奎汉纳运河公司(Susquehanna Canal Company)
塞勒姆公路(Salem Turnpike)
塞勒姆造铁厂(The Salem Iron Factory Company)

塞缪尔·M. 福克斯(Fox, Samuel M.)
塞缪尔·亚当斯(Adams, Samuel)
塞思·卢瑟(Luther, Seth)
商人(Merchant)
商业市场(Business Market)
绅士阶层(Gentry)
史蒂芬·辛普森(Simpson, Stephen)
收费公路(Turnpike)
手工业者(Mechanics)
《曙光报》(*Aurora*)
私人财产(Private Property)
私人公司(Private Company)
私人利益(Private Interest)
私人银行(Private Bank)
私有化(Privatization)
斯彭斯·罗恩(Roane, Spence)

T

坦奇·考克斯(Coxe, Tench)
汤普森诉讼拉塞尔案(Thompson v. Russell)
特雷特诉讼泰勒案(Terrett v. Taylor)
特权(Privilege)
特许状(Charter)
"天然的贵族"(natural aristocracy)
托克维尔(Tocqueville, Alexis de)
托马斯·菲茨西蒙斯(Fitzsimons, Thomas)
托马斯·戈登(Gordon, Thomas)
托马斯·哈钦森(Hutchinson, Thomas)
托马斯·库珀(Cooper, Thomas)
托马斯·米夫林(Mifflin, Thomas)
托马斯·斯基德莫尔(Skidmore, Thomas)
托马斯·威林(Willing, Thomas)

索 引

托马斯·威斯塔(Wistar, Thomas)

W

威克斯-巴雷桥梁公司(Wikes-Barre Bridge Company)
威拉德·菲利普斯(Phillips, Willard)
威廉·保罗·亚当斯(Adams, William Paul)
威廉·宾厄姆(Bingham, William)
威廉·布兰奇·贾尔斯(Giles, William Branch)
威廉·杜安(Duane, William)
威廉·杜尔(Duer, William)
威廉·芬德利(Findlay, William)
威廉·格雷森(Grayson, William)
威廉·海顿(Heighton, William)
威廉·利文斯顿(Livingston, William)
威廉·鲁宾逊(Robinson, William)
威廉·曼宁(Manning, William)
威廉·琼斯(Jones, William)
威廉·史密斯(Smith, William)
威廉·约翰·杜安(Duane, William John)
沃伦桥(Warren Bridge)
伍德诉讼达默案(Wood v. Dumme)

X

西奥多·塞奇威克(Sedgwick, Theodore)
西部内陆航运公司和北部内陆航运公司(Western and Northern Inland Lock Navigation Companies)
西北收费公路公司(North western Turnpike Road Corporation)
西部地区(Western Area)
西蒙·斯奈德(Snyder, Simon)
乡村(Countryside)
小罗伯特·兰托尔(Rantoul, Robert, Jr.)
小制造业商(Manufacturer)

387

谢斯起义(Shays' Rebellion)
新伦敦贸易公司(New London Trade Company)
新伦敦协会(New London Society)
新泽西制造公司(New Jersey Manufacture Company)
信用(Credit)

Y

亚当·斯密(Smith, Adam)
亚历山大·汉密尔顿(Hamilton, Alexander)
一般公司法(General Corporation Law)
银行(Bank)
英国银行(Bank of England)
英属北美殖民(British Colonies in North America)
有限责任制(Limited Liability)
"有用的制造业团体"(The Society for establishing useful Manufactures)
约翰·F. 阿米龙格(Amelung, John F.)
约翰·费拉尔(Ferral, John)
约翰·惠洛克(Wheelock, John)
约翰·霍巴特(Hobart, John)
约翰·杰伊(Jay, John)
约翰·马歇尔(Marshall, John)
约翰·莫里斯(Morris, John)
约翰·默里(Murray, John)
约翰·皮克林(Pickering, John)
约翰·泰勒(Taylor, John)
约翰·特伦查德(Trenchand, John)
约翰·瓦伊宁(Vining, John)
约翰·亚当斯(Adams, John)
约瑟夫·斯托里(Story, Joseph)
运河(Canal)

Z

詹姆斯·A.贝亚德(Bayard, James A.)
詹姆斯·哈林顿(Harrington, James)
詹姆斯河公司(James River Company)
詹姆斯·亨雷塔(Henretta, James)
詹姆斯·肯特(Kent, James)
詹姆斯·麦迪逊(Madison, James)
詹姆斯·沙利文(Sullivan, James)
詹姆斯·威尔逊(Wilson, James)
政治精英(Political Elite)
政治文化(Political Culture)
纸币(Banknote)
《制造业报告》(Report on Manufactures)
制造业公司(Manufacture Company)
《致富之路》(The Path to Riches)
中央收费公路公司(The Centre Turnpike Road Company)
主权州(Sovereign State)
自由市场经济(Free Market Economy)
自由主义(liberalism)
自治市镇(Autonomous Town)

后　记

　　闯入美国早期商业公司这个领域,实属机缘巧合。2006年秋,我攻读博士学位的第一年,选修了富布赖特学者、佐治亚大学历史系的艾伦·库利科夫教授在南开大学开设的美国经济史课程。在乱翻书寻找课程论文题目时,我读到戈登·伍德的《美国革命的激进主义》中有章节论及美国早期的特许公司。文中谈到,在美国建国时期,各州政府授予少数人垄断性的特许状,建立公司,以推进社会的共同福祉。不禁疑惑,为何在美国革命后视"权力"为"洪水猛兽"的社会中,会出现拥有特权的商业公司? 由此我一发不可收拾地陷入一个看似"纸醉金迷"的世界。

　　博士毕业后渐渐发觉,之前的文字与思路有诸多破绽,心有不安。这本小书对一些史料重新梳理解读,力图将相关的人与事及其复杂关系清晰呈现。翻读18世纪末到19世纪初的报刊、各种小册子、文集、立法文献与司法判决,眼前总会浮现一些画面。立法者的立场、商业公司运作者的思绪、反对派的愤怒、乡村居民与城市工匠的悲喜统统交织在一起,这些画面似乎逐渐由模糊变得清晰。我尝试与这些人对话,去"复活"他们,希望打破政治史与经济史之间的界限,透过美国早期商业公司的演变过程,展现18世纪末到19世纪初美国复杂的社会冲突与观念转变,探寻美国早期商业公司的演变与政治文化之间的互动。然而时过境迁,我是否能理解牵涉早期商业公司建立与运行的当事人的心境呢?

在电子资源极为丰富的时代,穷尽史料似乎是不可能完成的任务。每下结论,总会有"言不及义"的担忧。对于美国早期商业公司,前辈学人已做开拓性探索。我不过是越趄而进。自觉行文力不从心,很多问题没有说深说透,幸而任何研究都不是作为定见,或许我的疏漏与错处,正是新研究的起点。想到这点,才略感宽慰。

书中部分内容已在期刊发表。以下是相关情况:

引言的部分内容取自《美国史学界关于美国建国初期商业组织的研究》(《史学月刊》2010年第8期);第一章与第二章的部分内容取自《商业公司的建立与美国建国初期政治文化的转型》(《中国社会科学》2015年第6期);第三章的部分内容取自《美国建国初期商业公司引发的争论及其意义》(《四川大学学报》2015年第6期)、《美国建国初期商业公司授予权的归属与政府权力的划分》(《史学月刊》2014年第8期);第四章的部分内容取自《美国建国初期商业公司的兴起与北方乡村社会变迁》(《社会科学战线》2018年第6期)、《模糊不清的"共和主义":费城工匠的诉求与美国早期资本主义的发展》(《世界历史》2020年第2期);第五章的部分内容取自《1819年经济危机与美国政治文化的变动》(《史学集刊》2017年第6期)、《美国建国初期商业公司的界定与私有财产观念》(《南开学报》[哲学社会科学版]2015年第2期)。

过去十几年的学术轨迹,幸蒙诸多师友鼎力相助。17年前,我本想写完一篇小论文给课程交差,业师李剑鸣教授鼓励我将它扩展为一篇博士学位论文。李老师逐字逐句审读初稿,在文字、逻辑与框架方面的建议于我具有无可替代的意义。李老师是我终身的良师,如果没有老师的言传身授,我不会走上学术之路,更不会有这本小书了。佐治亚大学的阿伦·库利科夫教授和他的夫人谢力红老师在我赴美求学期间,亦毫无保留地提供各种帮助与支持。此外,我要特别感谢以下师友所提供的帮助,他们是(以姓氏拼音字母为序):波林·梅尔、蔡萌、丁见民、杜丹、杜娟、付成双、韩铁、何芊、胡国成、焦兵、梁红光、梁茂信、刘莉、罗宣、满运龙、潘迎春、任东来、斯蒂芬·米姆(Stephen Mihm)、宋欧、王立新、王希、王晓德、王心扬、王旭、伍斌、肖军、谢国荣、徐再荣、徐国琦、杨令侠、原祖杰、袁靖、于留振、赵学功、张聚国、周祥森、周学军。感谢诸位师友成就了这本书的可能性。

最后,我要感谢我的家人。在小书即将定稿时,先父董铁生因病不治辞世。先父待人宽厚,为人正派,对我影响深远。谨以小书纪念先父。

2024年岁末于南开园